O ENEAGRAMA DO SEXO

Ann Gadd

O ENEAGRAMA DO SEXO

O Guia dos Relacionamentos Apaixonados para os Nove Tipos de Personalidade

Tradução
Marta Rosas

Editora Cultrix
SÃO PAULO

Título do original: *Sex and the Enneagram*.
Copyright © 2019 Dorothy Ann Gadd.
Copyright da edição brasileira © 2022 Editora Pensamento-Cultrix Ltda.
Publicado originalmente nos EUA por Park Street Press, uma divisão da Inner Traditions International, Rochester, Vermont.
Esta edição foi publicada mediante acordo com a Inner Traditions International.
1ª edição 2022.
Todos os direitos reservados. Nenhuma parte desta obra pode ser reproduzida ou usada de qualquer forma ou por qualquer meio, eletrônico ou mecânico, inclusive fotocópias, gravações ou sistema de armazenamento em banco de dados, sem permissão por escrito, exceto nos casos de trechos curtos citados em resenhas críticas ou artigos de revistas.
A Editora Cultrix não se responsabiliza por eventuais mudanças ocorridas nos endereços convencionais ou eletrônicos citados neste livro.

Editor: Adilson Silva Ramachandra
Gerente editorial: Roseli de S. Ferraz
Preparação de originais: Karina Gercke
Gerente de produção editorial: Indiara Faria Kayo
Editoração Eletrônica: Join Bureau
Revisão: Luciana Soares da Silva

Dados Internacionais de Catalogação na Publicação (CIP)
(Câmara Brasileira do Livro, SP, Brasil)

Gadd, Ann
  Eneagrama do Sexo: o guia dos relacionamentos apaixonados para os nove tipos de personalidade / Ann Gadd; tradução Marta Rosas. – 1. ed. – São Paulo: Editora Cultrix, 2022.

  Título original: Sex and the enneagram: a guide to passionate relationships for the 9 personality types

  ISBN 978-65-5736-136-8

  1. Autoajuda 2. Eneagrama 3. Paixão 4. Personalidades 5. Relacionamentos 6. Tipologia (Psicologia) I. Rosas, Marta. II. Título.

21-92252   CDD-155.26

Índices para catálogo sistemático:
1. Eneagrama: Tipologia: Psicologia 155.26
Maria Alice Ferreira – Bibliotecária – CRB-8/7964

Direitos de tradução para a língua portuguesa adquiridos com exclusividade pela EDITORA PENSAMENTO-CULTRIX LTDA., que se reserva a propriedade literária desta tradução.
Rua Dr. Mário Vicente, 368 — 04270-000 — São Paulo, SP – Fone: (11) 2066-9000
http://www.editoracultrix.com.br
E-mail: atendimento@editoracultrix.com.br
Foi feito o depósito legal.

Para Anthony

Sumário

Prefácio de John Luckovich 9
Introdução: Algumas Preliminares 15

1. Então, o que É Exatamente o Eneagrama? 21
2. Criando Intimidade com o Eneagrama 31
3. Tríades: Um Tipo Diferente de *Ménage à Trois* 39

Investigando os Tipos Sexuais: o Grupo Condicional
Tipos Um, Dois e Seis

4. Tipo Um: o Santo Pecador 53
5. Tipo Dois: o Sedutor *Sexy* 83
6. Tipo Seis: o Amante Leal 115

Investigando os Tipos Sexuais: o Grupo Atirado
Tipos Três, Sete e Oito

7. Tipo Três: o Incrivelmente Orgástico 143
8. Tipo Sete: o Pretendente Espontâneo 171
9. Tipo Oito: o Amante Voluptuoso 199

**Investigando os Tipos Sexuais: o Grupo Arredio
Tipos Quatro, Cinco e Nove**

10.	Tipo Quatro: o Romantismo de Romeu (ou de Julieta)....	227
11.	Tipo Cinco: o Amante Solitário	257
12.	Tipo Nove: o Queridinho Sensual......................................	289

O Tipo que Você Ama

13.	Por Que Sentimos Atração por Diferentes Tipos	319
14.	Como Interagir com Diferentes Tipos.............................	329
15.	O que Esperar Quando as Coisas Dão Errado	341

Perguntas e Respostas..	351
Agradecimentos...	357
Notas	361
Bibliografia	387

Prefácio

John Luckovich

O Eneagrama é um símbolo sagrado. Quando George Ivanovich Gurdjieff o apresentou a seus alunos, descreveu-o como "o hieróglifo fundamental de uma linguagem universal cujos diferentes sentidos são tantos quantos os níveis do homem" (P. D. Ouspensky, *In Search of the Miraculous*).* Tal afirmação não é exagero. Se corretamente entendido, o Eneagrama pode revelar as sutis conexões entre superior e inferior, profundeza e superfície, essência e forma.

Portanto, aplicar esse sistema profundo ao tema profano do sexo e da sexualidade pode, a princípio, parecer a alguns uma irreverência, porém é justamente nesse território tão humano, tão carnal, que a força do Eneagrama se presta a esclarecer onde o anjo que há em nós encontra o animal que há em nós. A sexualidade nos desvela. Ela nos deixa física, psicológica e emocionalmente nus diante de nós mesmos. Por isso, continua sendo talvez a faceta da vida humana moderna que temos mais dificuldade em esconder de nós mesmos, uma faceta na qual manter a venda e a presunção do ego é mais difícil. Isso a torna um território excepcionalmente auspicioso para o trabalho do

---

* *Fragmentos de um Ensinamento Desconhecido: Em Busca do Milagroso*, publicado pela Editora Pensamento, São Paulo, 1982.

Eneagrama: a promoção de relações cada vez mais profundas entre nossas qualidades mais nobres e o que temos de mais básico, vulnerável e humano.

Com humor e sensibilidade, Ann Gadd revela alguns dos traços fundamentais da personalidade e da psicologia que nos impedem de criar intimidade com nossa sexualidade e com nossos parceiros sexuais. A compaixão com que ela aborda seu tema é contrabalançada por percepções às vezes contundentes dos traços de personalidade que, inconscientemente, colocamos em nosso próprio caminho para não estarmos presentes para nossa experiência nem para o tema desta obra: nossa sexualidade.

Com admirável destreza, ela aborda, sob a óptica da Tipologia do Eneagrama, uma vasta gama de temas que, por estarem inscritos na rubrica do sexo, tendem a estar emocionalmente carregados de problemas e idiossincrasias psicológicas. Tal esforço é tão vasto que livro algum conseguiria dar cabo dele. Porém Ann, habilmente, dá ao material a forma de um convite para dar início a um exame pessoal do que significa sermos seres sexuais dotados de corações sensíveis e psicologias complexas.

Embora sejam raros os confrontos significativos com as dimensões pessoais e psicológicas da sexualidade, os seres humanos estão entre os animais mais sexuais do planeta. Nosso período de acasalamento estende-se 24 horas por dia, 7 dias por semana. Além de ocuparem enormes proporções de nossa energia, amor e sexo têm fortes implicações para nosso senso de individualidade e finalidade.

Infelizmente, pelo fato de ser o sexo considerado um tema tabu, há pouca representação na cultura que ofereça espelhamento ou exemplifique a vasta gama de expressões sexuais humanas. De modo geral, a cultura tende a restringir as nuances de sexualidade e expressão ao sustentar uma visão genérica de como o sexo "deveria ser" e apresentar imagens contraditórias do que é "natural" ou moral no comportamento sexual. O que isso quer dizer é que, para o indivíduo comum, resta muito pouca orientação em termos de demonstração daquilo que podemos estar negligenciando ou deixando de integrar em nossa expressão sexual. Isso pode gerar muita neurose e compartimentalização psicológica. Afortunadamente, o trabalho de Ann representa uma valiosa contribuição no sentido de suprir essa lacuna.

Todos nós estamos habituados a ver em um livro como este a resposta à pergunta: "Qual é meu estilo sexual?" ou algo semelhante. Contudo, a leitura deste livro torna evidente que ele exige de nós, como leitores, outra sensibilidade. Ann apresenta o Eneagrama como uma espécie de paleta do autoconhecimento sexual. Embora cada Tipo tenha sua constelação própria de estilos sexuais e problemas psicológicos, convém lembrarmos sempre que, assim como a descoberta de nosso tipo pode nos beneficiar, podemos restringir o alcance da sabedoria ganha se não aproveitarmos a compreensão dos estilos sexuais de todos os nove tipos. O Eneagrama convida-nos a ser plenamente humanos, em vez de vivermos só da nona parte de nosso potencial. Seguindo o mesmo raciocínio, por que nos limitar a apenas uma postura sexual básica se podemos ver e aprender com nossos obstáculos pessoais à integração de uma gama mais completa de formas de expressão sexual?

A sexualidade constitui um tema extremamente pessoal, vulnerável e sensível, e muitos de nós sofremos traumas sexuais reais. Isso, aliado à intensidade da autoexposição que o Eneagrama geralmente desencadeia, por vezes, transforma essa exploração em um difícil confronto para nós mesmos. E esse confronto pode suscitar emoções fortes, lembranças difíceis e a sensação de uma profunda limitação. Não escolhemos o corpo que temos e não escolhemos nosso estilo de personalidade. Tampouco pudemos escolher nossa sexualidade e, por isso, nesse processo de entender onde nossa personalidade e nossa sexualidade se encontram, vá devagar, seja gentil consigo mesmo. O

Eneagrama se revela em camadas; portanto, o convite ao longo da leitura deste livro é experimentar este material e explorá-lo para nós, para nossa própria experiência. Certas coisas terão repercussão imediata; outras precisarão ser assimiladas com mais tempo para ser devidamente compreendidas. Para nossa sorte, Ann lança luz sobre uma vasta gama de obstáculos universais à cura de nossas feridas sexuais, mantendo o humor e a leveza que impedem que essa investigação se torne demasiado sentimentalista ou preciosista.

Em meu próprio trabalho sobre as Pulsões dos Instintos e o Eneagrama, pelo bem do processo interno, procuro esclarecer a diferença entre as pulsões sexuais do corpo e o anseio de intimidade que acalentamos no coração. Nisso, há uma grande afinidade entre a obra de Ann e a minha. No texto que você lerá em seguida, ela mostra como a sexualidade livre e vibrante representa um meio de nos ligar mais profundamente ao corpo, ao coração e à mente. Suas percepções provocam um verdadeiro confronto com os problemas relacionados ao sexo que decorrem de nosso tipo, pois ela aborda o território sexual com tanta amplitude e tão pouco julgamento que evoca curiosidade e autoaceitação entre aqueles de nós que estivermos nesse caminho.

Aceitar nossa sexualidade e vivê-la é um dos principais pontos de partida no caminho da busca interior e do desenvolvimento da capacidade de presença. Gurdjieff considerava o "abuso de sexo" uma importante contribuição para o domínio do ego. A seu ver, nossas ilusões e nossos autoenganos quanto à sexualidade são um grande obstáculo ao trabalho de lembrar-nos de nós com presença. Deixar de aceitar nossa sexualidade como ela é e impor a imaginação ou usar a sexualidade para atingir ou bloquear necessidades emocionais é uma condição quase universal, apesar de tão restritiva, da sexualidade da maioria das pessoas.

Gurdjieff reconhecia que, em vez de propor-se atingir um padrão imaginário ou ideal de comportamento sexual (como pregam tantas religiões e tradições espirituais), o despertar pessoal que tem no corpo sua base exige a presença em nossa sexualidade individual como ela é. Libertar nossa sexualidade de nossos próprios julgamentos, vergonhas e medos é uma enorme tarefa da jornada interior, e a contribuição generosamente dada por Ann revela um caminho por meio do qual podemos vir a reconhecer as limitações que nos impusemos enquanto defendemos uma visão do que pode ser, pela óptica do Eneagrama, a grande liberdade sexual.

John Luckovich, abril de 2019

Introdução: Algumas Preliminares

Sua tarefa não é buscar o amor; é apenas buscar e encontrar dentro de si todas as barreiras que criou contra ele.

— RUMI

Sexo. Ele pode nos levar nas asas do mais puro prazer sensual, bem como nos oprimir e nos humilhar. Ele pode nos tirar do sagrado e do sublime para nos revelar os aspectos mais sombrios e depravados da humanidade. O sexo apresenta o paradoxo: prazer e dor, amor e ódio, delicadeza e brutalidade, transcendência espiritual e necessidade primal, doação incondicional e autogratificação, diversão brincalhona e injúria grave etc. Na experiência humana, só as necessidades básicas de sobrevivência – alimentação, água e abrigo – criam tanto desejo. No entanto, desde a primeira vez em que a mulher pré-histórica virou-se para ver de frente o amante masculino, o sexo deixou de ser um breve encontro aleatório e instintivo para se tornar algo mais intenso e mais prazeroso. Até então, assumindo a posição típica dos primatas, a fêmea virava-lhe as costas; foi a nova posição frontal que criou o orgasmo feminino.[1]

Ela, porém, fez mais do que isso: criou intimidade. Quando alguém o pega por trás, a fisionomia dessa pessoa pouco importa. Cara a cara, é impossível não ver a expressão do parceiro e não participar de suas emoções: felicidade, dor, êxtase ou (deus não permita) tédio? O objetivo deste livro não é oferecer sugestões nem técnicas sexuais, mas sim levar seu relacionamento com o parceiro a um nível mais profundo e autêntico, orientando-o para estar mais Presente, em vez de preso em suas fixações.

O mundo exterior é um espelho do nosso mundo interior. O dr. David Daniels afirmou que a vida sexual reflete nossa vida, que nossa interação com o sexo indica como interagimos com todos os aspectos da vida.[2] Descobrir mais sobre sua sexualidade abre-lhe a porta para empolgantes experiências de transformação, tanto na cama quanto fora dela. A compreensão mais profunda de nossa sexualidade gera mais autopercepção e mais cura.

O Eneagrama nos dá uma ferramenta maravilhosa para revelar e explorar nossa sexualidade; para entrar em contato com nosso oculto lado sombra e, ao trazê-lo à luz, vivenciar uma expressão mais profunda e mais holística de nós mesmos. Vendo todos os aspectos de quem nós somos, vemos também o potencial do que podemos ser. Compreender nosso tipo no Eneagrama nos ajuda a investigar quem realmente somos e como podemos ir além das restrições do ego. Já que a maioria de nós gira em torno dos níveis "medianos" de integração emocional, concentrei boa parte do conteúdo deste livro nesse nível, porém incorporando também o potencial de cada tipo e os aspectos menos integrados. A maioria dos atributos do seu tipo (mas não necessariamente todos) se aplica a você. Na descrição de cada tipo, procuro criar um quadro geral. Acho importante também frisar que cada um de nós é mais que nosso tipo – estamos em todos os tipos – e que nosso tipo é uma plataforma que podemos usar para começar nossa jornada de volta a nós mesmos.

Se eu tivesse feito um livro voltado só para os aspectos mais positivos de cada tipo e ignorasse os aspectos mais sombrios, teria criado sofás confortáveis para todos nós nos sentarmos. Mas que crescimento isso poderia trazer? Só estaríamos afagando o ego, sem inspiração alguma para mudar e crescer. Investigar esses recônditos obscuros é nos libertar. É por isso que, como disse Russ Hudson, autor e mestre do Eneagrama, de vez em quando usei de "remédio forte"[3] para nos fazer ver além das limitações que vemos.

Alguns podem questionar a inclusão aqui de tópicos como literatura erótica, pornografia, fantasias e divórcio. Com mais de 40 milhões de adultos nos EUA consumindo pornografia regularmente,[4] escrever um livro que fale de sexo sem mencionar pornografia seria, na minha opinião, evitar algo que se tornou parte da sexualidade do indivíduo comum. Em seu relatório de 2018, o conhecido *site* pornô PornHub afirma ter registrado 33,5 bilhões de visitas – ou seja, 92 milhões de visitas diárias[5] – e dados suficientes para encher todos os iPhones em uso no mundo.[6] Sem dúvida, gostamos de ver!

No meu entender, não podemos simplesmente abraçar nosso lado luz e ignorar nosso lado sombra. Para transcender a polaridade, precisamos ser capazes de honrar ambos. Geralmente, é no mundo da fantasia que deixamos nosso lado sombra ocupar o primeiro plano. A fantasia propicia um espaço seguro que nos permite interagir com comportamentos que talvez normalmente não adotássemos no dia a dia. Em um livro escrito com a intenção de estimular o crescimento pessoal, é importante reconhecer e incluir todos os aspectos da expressão sexual.

Presença é a essência da qual surge a excitação. Se estamos presentes em corpo, coração e mente, estamos mais abertos à excitação e à conexão com a experiência sensual do mundo à nossa volta. Estar presente não quer dizer estar sempre querendo sexo. Porém, quando estamos vivendo o sexo, convém sempre querermos estar presentes.

Ao captar sensações do olfato, da audição e do paladar, nossa percepção se amplia, propiciando-nos uma maior conexão com tudo e com todos. No livro *Aware* e na palestra que proferiu no Enneagram Global Summit de 2018, Dan Siegel descreve seu trabalho com mais de 30 mil pessoas: quando em presença ou em ciência, elas relataram sentir receptividade, às vezes junto com alegria e amor. A presença também influencia nossa saúde e nosso bem-estar geral.[7]

A. H. Almaas afirma que temos potencial para acessar aspectos mais profundos da consciência quando estamos em relacionamentos abertos e verdadeiros. Essa reciprocidade implica o fato de que, quando entramos em sintonia com outra pessoa, nós alteramos nossa consciência. Tocar o amante com percepção das necessidades *dele* abre-nos para uma maior conexão com *nossas* necessidades e para mais amor para os dois. À medida que vivenciamos esse amor, nosso próprio amor se aprofunda e se expande, crescendo em espiral. Essa é a maior expressão do sexo.[8] Agora, eu lhe pergunto: como você quer mostrar-se quando estiver nos braços de seu amante? Como uma pessoa presa no próprio ego ou como uma pessoa genuinamente presente e cativante?

Advertência

É tentador (e pode ser divertido) brincar com seu(s) amante(s) nos bastidores e expor-lhe(s) a intimidade do mundo sexual dele(s). Mas lembre-se de que todos tendemos a classificar as pessoas com os tipos errados e que, mesmo que suas pressuposições estejam corretas, esse tipo de exposição raramente é bem recebido! As pessoas admitem as coisas quando as descobrem por si mesmas. Espero que este livro o leve mais longe em sua própria jornada sexual e, em seu lento desabrochar, abra caminho para que seu parceiro faça o mesmo.

Uma Nota Sobre Gênero

Um dos deleites do Eneagrama é que não importa que você se identifique como homem ou mulher (ou qualquer coisa entre um extremo e outro), não importa sua raça, sua religião nem o continente em que você vive: seu tipo continua sendo o mesmo. Embora os tipos do Eneagrama não estejam arquetipicamente relacionados ao gênero, alguns deles aparentam ter mais características tradicionalmente masculinas ou femininas. Quando você inclui o sexo na mistura do Eneagrama, o gênero pode fazer alguns aspectos dos tipos se manifestarem de modo diferente. Montes de pesquisas e leituras confirmam que os hormônios desempenham um papel importante em nossa sexualidade. Vejamos a simples ideia de quantas vezes por dia o homem e a mulher comuns pensam em sexo. Em um estudo, deu-se um *clicker* a 283 alunos de psicologia para que registrassem todas as vezes em que pensavam em sexo. A média das mulheres ficou em 9,9 vezes por dia, enquanto a dos homens foi 18,6 vezes.[9] Uma estatística do *software* de filtragem Covenant Eyes revelou que 68% dos homens usavam pornografia toda semana contra 18% das mulheres.[10] Após uma análise de 400 milhões de pesquisas *on-line* entre julho de 2009 e julho de 2010, os pesquisadores concluíram que, independentemente da orientação sexual, os homens preferem *sites* de imagens e sexo gráfico, ao passo que as mulheres preferem histórias eróticas e *sites* românticos.[11]

Vale a pena dizer que, sim, o gênero influencia nosso comportamento sexual, e eu tenho indicado isso sempre que possível. Para facilitar a escrita, na maioria das vezes refiro-me a relacionamentos homem-mulher, mas as ideias podem aplicar-se a uma vasta gama de orientações sexuais nos relacionamentos. O que queremos investigar é como o comportamento sexual desabrocha em cada tipo.

Então, o que É Exatamente o Eneagrama?

O ser humano tem dentro de si tantas peles que cobrem as profundezas do coração. Conhecemos tantas coisas, mas não nos conhecemos! Ora, trinta ou quarenta peles ou couros, duros e espessos como o do boi ou o do urso, cobrem a alma. Entre em seu próprio território e aprenda a conhecer-se nele.

— Mestre Eckhart

> Caso já esteja plenamente familiarizado com o Eneagrama, pode saltar este capítulo. Mas, se você só tiver topado com a palavra "Eneagrama" na primeira vez em que pegou este livro ou se estiver precisando de uma reciclagem, convém ler esta breve introdução. Sua capacidade de entender as sutilezas que extrapolam os nove tipos básicos enriquecerá muitíssimo sua compreensão deste livro.

Muita gente associa o Eneagrama à caracterização de diferentes personalidades, mas o Eneagrama da Personalidade é apenas um aspecto desse sistema notável e complexo. Quando descobrir a que tipo você pertence, a ideia não é dizer: "Ah, então eu sou do Tipo Seis; já achei minha descrição" e depois simplesmente se acomodar aos limites dessa descrição. Em vez disso, conhecer seu tipo propicia-lhe uma incrível fonte de informações e uma oportunidade única de superar as restrições desse tipo. Por quê? Porque as partes do nosso tipo com as quais nos identificamos são, em sua maioria, construtos da nossa personalidade baseada no ego; não o verdadeiro eu da nossa alma.

Diz-se que George Gurdjieff, o místico, filósofo e compositor que trouxe o símbolo do Eneagrama para o Ocidente em 1916, afirmou que a compreensão profunda do Eneagrama torna supérfluo todo o conhecimento escrito.[1] Poderíamos dizer que ele constitui um esboço do universo. Analisar tais verdades foge ao escopo deste livro. O que ele busca é, sobretudo, conscientizar o leitor de que compreender nosso tipo no Eneagrama é só o primeiro passo na estrada que conduz ao nosso potencial em sua mais completa expressão. Conhecer seu tipo é como ter um manual personalizado para seu próprio crescimento. Vamos começar pelo símbolo propriamente dito e suas nove pontas, que representam os nove tipos de personalidade.

Síntese do Símbolo do Eneagrama

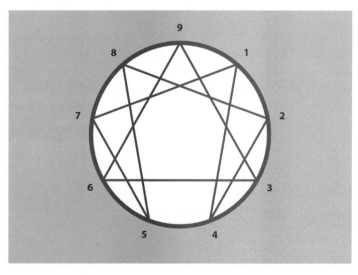

O Símbolo do Eneagrama: Uma Estrela de Nove Pontas

O símbolo do Eneagrama (do grego *ennea*, que significa "nove", e *grammos*, que significa "figura") mostra nove pontos equidistantes em um círculo, sendo que cada número representa no Eneagrama um diferente tipo de personalidade. As linhas entre os tipos representam importantes aspectos de nosso desenvolvimento, sobre os quais falaremos daqui a um instante.

O símbolo consiste em três elementos:

* Um círculo que significa plenitude, unidade e infinitude e corresponde à verdade de que "Todos são Um".
* Um triângulo interno, que conecta as pontas Três, Seis e Nove, correspondente à Lei do Três de Gurdjieff.[2] Essas três energias (e os números que estão em cada lado) podem ser vistas de diferentes maneiras: como os centros do Pensamento, do Sentimento e do Instinto/Ação ou como os centros ativo, passivo e conciliador/neutro, por exemplo.
* Um hexágono irregular (polígono de seis pontas) que conecta os Tipos Um, Dois, Quatro, Cinco, Sete e Oito. Isso responde à Lei do Sete de Gurdjieff: quando se divide 1 por 7, o resultado é a repetição dos decimais 1-4-2-8-5-7-1, o que reflete o movimento ao longo das linhas do hexágono. Segundo Gurdjieff, essa lei é usada para explicar processos de energia.[3]

Os Fundamentos do Eneagrama

Abaixo, uma breve visão geral do Eneagrama:

* Todos nós nascemos com um estilo de personalidade básico do Eneagrama (Tipo Cinco, Tipo Sete etc.). Esse tipo permanece o mesmo durante toda a nossa vida.

- Temos dentro de nós aspectos de todos os tipos.
- Nenhum tipo é melhor nem pior que os demais. Não há um tipo específico a desejar, ou seja, na escala da consciência, o Tipo Um não está acima do Tipo Dois, por exemplo.[4]
- Os tipos aplicam-se a todas as raças, os sexos, as religiões etc.
- Cada tipo tem sua "cruz a carregar", no sentido de ter lições específicas a aprender.
- A boa notícia é que, além de uma contribuição única para dar ao mundo, cada tipo também tem muitos aspectos positivos.
- Seu grau de consciência ou "integração" altera seu comportamento. Por isso, apesar de terem o mesmo tipo, as pessoas comportam-se de maneiras diferentes.
- As "asas" (os números dos dois tipos que estão em cada lado do seu), as Pulsões dos Instintos e sua saúde emocional como um todo também influem.
- Existem muitas diferentes tríades, ou grupos de três tipos. Isso os "matiza", acrescentando-lhes diversidade e possibilidades.
- Alguns descobrem bem rápido qual é o seu tipo; para outros, essa descoberta é um longo e demorado processo. Não há uma forma certa ou errada de descobrir seu tipo. Às vezes, um processo mais lento permite uma maior compreensão. Portanto, não se aborreça caso não se reconheça de imediato em um dos tipos. Testes, livros e *feedback* de pessoas que o conheçam bem podem ajudar.
- Às vezes, nós resistimos à ideia de admitir que somos de um determinado tipo porque nos identificamos negativamente com alguns de seus atributos. (No meu caso, foi preciso investigar dois tipos antes de acabar tropeçando por acaso no meu.)

O Que são as Paixões, as Fixações, as Virtudes e as Ideias Sagradas?

As Paixões: tomara que o termo "paixão" não fique de fora em um livro sobre sexo! Entretanto, no Eneagrama, a Paixão não é aquilo que o induz a ter sexo erótico e selvagem, mas sim a ferida – a mágoa – associada a cada tipo que nos leva a agir de determinada maneira. As Paixões baseiam-se nos sete pecados capitais da Bíblia (ira, soberba, inveja, avareza, gula, luxúria e preguiça), acrescidos de duas Paixões extras (medo e falsidade). Cada um desses nove "vícios" está relacionado a um diferente tipo do Eneagrama.

Oscar Ichazo usou o termo "Paixões" para descrever o que acontece quando a Virtude de cada tipo do Eneagrama se torna um vício: por exemplo, no Tipo Dois, a humildade pode desintegrar-se na soberba.[5] A palavra "paixão" vem do latim *passionem* (*passio*), que significa "sofrer ou suportar", com base no sofrimento de Cristo, e do radical do particípio passado do latim *pati*, que significa "suportar, submeter-se, padecer". Subsequentemente, o termo "paixão" foi usado para descrever o sofrimento dos mártires. Sua relação com o desejo data do século XIV, sendo que sua associação ao amor sexual só aparece a partir de 1580.[6]

O uso mais antigo da palavra, que conota "sofrimento", é mais útil no contexto do Eneagrama, pois sofremos por causa de nossas paixões. São as Paixões que nos distanciam da verdadeira Presença e nos fazem perder o rumo. Quando nos desintegramos da unidade de todas as coisas e resvalamos para nossos estados egoicos, as Virtudes que expressamos quando estamos integrados ou conscientes (serenidade, humildade, autenticidade, equilíbrio emocional, desapego, sobriedade, ação) tornam-se vícios: são as assim chamadas Paixões.

Claudio Naranjo conecta a palavra também a "passivo",[7] derivada de *passivus*, que significa "capaz de sentir ou sofrer".[8] O que isso quer dizer é que somos passivos diante de nossas Paixões, esquecidos de sua influência em nossa vida. O Tipo Dois, por exemplo, em geral não percebe nem um pouco como é arrogante quando fala de suas boas ações. E é aí que vemos como a Virtude da humildade se torna seu paradoxo, a soberba. A conscientização das Paixões pode orientar-nos a mudar.

As Fixações: são os comportamentos ou as convicções que surgem das Paixões. Por exemplo, no Tipo Um, a Paixão é a ira, e a Virtude, a serenidade. A serenidade (aceitação/"tudo está bem") desintegra-se na Paixão da ira quando achamos que nada está como deveria e, por isso, reagimos com raiva e ressentimento. Onde há raiva, não pode haver serenidade. A Fixação é o ressentimento que temos daqueles que provocaram nossa raiva quando deixaram de fazer as coisas como "deveriam" ser feitas. Tomemos outro exemplo, o Tipo Nove, cuja Virtude é a ação. Quando não agimos, nós nos tornamos a Paixão e somos indolentes ou preguiçosos. Essa preguiça pode manifestar-se na forma de uma simples ociosidade, mas também pode evoluir para a Fixação de evitar a realidade ou a ação pelo recurso ao devaneio ou à inércia, a uma incapacidade de entregar-se à vida.

As Virtudes: são os níveis mais altos da expressão de cada tipo quando estão integradas. Serenidade, humildade, autenticidade, equilíbrio emocional, desapego, coragem, sobriedade, inocência e ação.[9] Elas são o contrário das Paixões (por exemplo, a sinceridade se opõe à falsidade).

Ideias Sagradas: consistem na realidade de que Todos são Um e postulam a Totalidade, em contraposição ao mundo da dualidade. Nossas nove Paixões e suas Fixações afastam-nos da experiência dessa Totalidade.

Linhas de Movimento (Extensão e Liberação)[10]

É importante lembrar que podemos ter os comportamentos de todos os nove tipos do Eneagrama. As Linhas de Movimento (veja os diagramas nesta página e na seguinte) são relevantes porque são consideradas os pontos *mais* acessíveis de cada tipo: elas conectam seu tipo ao tipo cujo comportamento você pode adotar com mais facilidade para favorecer seu crescimento. Você pode dirigir-se para um ou ambos os pontos das extremidades dessas linhas. Por exemplo, o Tipo Um pode "estender-se" para o Tipo Quatro ou "liberar-se" para o Tipo Sete, adotando certos comportamentos conforme seu próprio grau de integração.

Linhas de extensão: seu movimento segue a direção 1-4-2-8-5-7-1 e 9-6-3-9. No passado, essa era considerada a direção da nossa integração, porém agora ela é mais vista como voltada para os aspectos do tipo que nos propõe mudanças ou desafios. Assim, vemos que se pode incentivar o Tipo Um a estabelecer contato com aspectos do Tipo Quatro para se tornar mais criativo, expressivo e seguro de si, embora para ele ser mais leve e menos rígido seja um verdadeiro desafio. Você seguirá até sua linha de extensão nesse mesmo nível de integração.

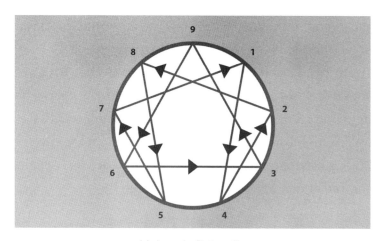

Linhas de Extensão

Linhas de liberação: são linhas que se movem na direção oposta à das linhas de extensão: 1-7-5-8-2-4-1 e 9-3-6-9. Usamos os aspectos do nosso tipo de liberação para aliviar a tensão. Portanto, o Tipo Um que "se liberar" no Tipo Sete pode se tornar alguém de mentalidade mais aberta; uma pessoa mais espontânea e divertida como um representante saudável do Tipo Sete.

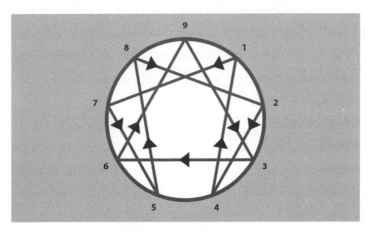

Linhas de liberação

Níveis Emocionais: Integrado, Mediano e Desintegrado

A jornada rumo à iluminação ou integração nos afasta dos estados mais embasados no ego. Os professores, escritores e cofundadores do Enneagram Institute, Russ Hudson e o saudoso Don Riso, reconheciam nove diferentes estados em cada um dos nove tipos, que agruparam em três faixas de comportamento egoico: Saudável, Média e Não Saudável. A tais faixas, referiram-se como Níveis de Desenvolvimento (NdD).[11] Neste livro, refiro-me em termos gerais aos três estágios egoicos como Integrado, Mediano e Desintegrado.

Sua integração ou desintegração está relacionada à sua adoção dos aspectos superiores ou inferiores, respectivamente, do tipo. Como nosso nível não é fixo, nós podemos subir ou descer alguns níveis (e de fato o fazemos) conforme as circunstâncias.

OBSERVAÇÃO: Caso se encontre na faixa desintegrada, você está vivendo as versões mais feridas do seu tipo. Talvez seja preciso contar com apoio externo e recorrer a algum tipo de terapia. Procure a ajuda que for necessária.

Criando Intimidade com o Eneagrama

Um aspecto peculiar ao Eneagrama quando comparado a outros sistemas tipológicos é não se restringir a definir nove tipos de personalidade: o símbolo do Eneagrama também explora diversas associações *entre* esses tipos. Os nove tipos não atuam isoladamente; eles compreendem um todo energético que vai muito além de sua simples definição.

Permitindo descrições de personalidade cada vez mais precisas, os nove tipos básicos do Eneagrama podem dividir-se em vários subtipos e outras sutilezas. Isso significa que, embora sejamos de um determinado tipo, em tese podemos ter dentro de nós todos os tipos. A ideia é superar as limitações da personalidade (restrita ao ego) para nos aproximarmos da integração.

As Asas

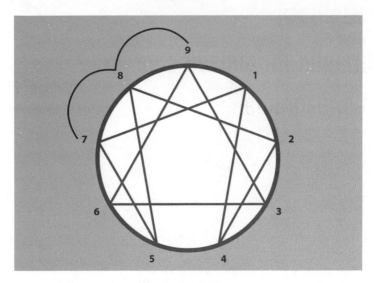

As Asas do Tipo Oito

Um dos meios pelos quais um tipo pode variar são as asas, os números que estão em cada lado desse tipo. O Tipo Oito tem uma Asa Sete e uma Asa Nove (veja o diagrama acima). O Tipo Cinco tem uma Asa Quatro e uma Asa Seis, mas não uma Asa Oito. Diferentemente do nosso tipo básico, que é fixo, as asas podem mudar: uma ou outra exercerá maior influência, e isso pode mudar com o tempo. O Tipo Sete pode ter uma Asa Oito forte na juventude e, à medida que for envelhecendo, poderá investir em fortalecer mais a Asa Seis. As asas também podem mudar conforme mudem as circunstâncias: você pode aproveitar os pontos fortes de uma de suas asas em casa e os da outra no trabalho, por exemplo.[1]

Jerome Wagner afirma que os tipos básicos são a síntese dos seus dois tipos vizinhos (as asas).[2] Como as asas estão muito próximas de nosso tipo básico, seus atributos estão ao nosso alcance e guardam um potencial para nosso crescimento e nossa integração. Por exemplo, já que costuma hesitar em perturbar a paz, o Tipo Nove não valoriza ou não verbaliza a própria opinião. Mas, se ele entrar em contato com sua Asa Oito, talvez se descubra mais capaz de enfrentar os problemas, pois esse é um atributo do Tipo Oito. Ele também poderia entrar em contato com sua Asa Um, caso manifestasse sua opinião em vez de ficar em cima do muro e soubesse a coisa certa a fazer, pois esses são atributos do Tipo Um. Assim, o Tipo Nove poderia aumentar seu senso de individualidade aproximando-se de uma de suas asas ou de ambas.

As Pulsões dos Instintos[3]

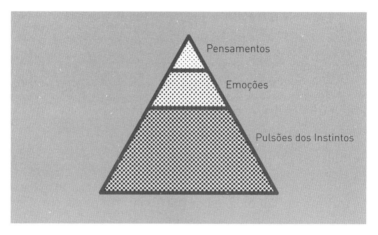

A Força das Pulsões dos Instintos

Os Subtipos Instintivos são os aspectos animalescos do comportamento humano que se escondem sob a personalidade. Essenciais à sobrevivência, eles desempenham um enorme papel na forma como nos comportamos. Os instintos aliciam nossa personalidade no sentido de promover a satisfação de nossas necessidades primárias. Eles geram o ímpeto e a energia que nos permitem satisfazer nossas necessidades percebidas, sejam elas de recursos básicos, como a alimentação, ou de recursos menos tangíveis, como a sensação de pertencimento ou a animação que sentimos quando nos conectamos com alguém.[4] Como mostra o diagrama anterior, as pulsões são mais fortes em nossa motivação subconsciente que os pensamentos ou sentimentos. Os Subtipos Instintivos também são chamados de Subtipos, Orientações Instintivas, Instintos Básicos, Variantes Instintivas ou Sub-orientações.[5] O Eneagrama reconhece três Pulsões Instintivas.

A Pulsão da Autopreservação

O foco do instinto de autopreservação está no físico: *De que preciso para sobreviver no mundo? De que preciso para manter meu eu físico?* Esse instinto impele-nos a buscar recursos de proteção como alimento, abrigo, afeto, dinheiro e segurança. Ele pode revelar-se na capacidade de cultivar recursos físicos ou de satisfazer necessidades físicas, o que poderia incluir exercitar-se, enfrentando elementos naturais (em atividades ao ar livre como corridas e escaladas) ou outras pessoas (em esportes competitivos), ou simplesmente dedicar-se ao cuidado físico do corpo. Quanto mais esse subtipo se desintegra, mais radical se torna seu comportamento.

Esse instinto nos ajuda a evitar potenciais riscos e a conscientizar-nos de nossos problemas de saúde. Ele pode levar tanto à prevenção de riscos quanto ao desejo excessivo de correr riscos, fazendo-nos sentir mais vivos fisicamente. John Luckovich diz que esse instinto cria uma personalidade mais contida que a dos outros dois subtipos por dizer respeito à autopreservação, e não à interação com os demais.[6] Os Autopreservacionistas desintegrados podem ser fisicamente negligentes ou excessivamente conscientes da segurança e prevenidos quanto a riscos, demonstrando uma necessidade de agarrar-se a suas reservas, como um esquilo que guarda nozes para muitos anos, em vez do suficiente apenas para o inverno.

A Pulsão Social

O foco do subtipo Social está na conexão, na participação e no modo como nos relacionamos com os outros. Esse instinto cria o desejo de fazer parte de um grupo, uma causa ou uma religião. Entre os animais, ele se manifestaria na adesão a uma matilha ou um rebanho, que representa a segurança pelo número: separado do rebanho, um cavalo estará mais vulnerável ao ataque de predadores.

Muitas vezes, o instinto Social é interpretado de forma errônea como se fosse a expressão de uma necessidade de estar constantemente com outras pessoas ou de se entreter em sociedade, mas isso não é necessariamente verdade. Em vez de serem a alma da festa, os tipos que têm essa pulsão valorizam o bom conceito em seu grupo ou na comunidade, assim como a associação a uma equipe, pois dão muita importância à sensação de pertencimento. Esse instinto pode ser visto naquilo que apresentamos ao mundo (nossas roupas, tatuagens, interesses e passatempos) para ser aceitos.[7] É como, em vez de criaturas solitárias, nos sentimos parte de alguma coisa. Embora menos concentrado que a pulsão sexual (veja a seguir), ele também pode manifestar-se na relação entre duas pessoas, como ocorre com um amigo muito íntimo.

Se estivermos desintegrados, o instinto Social cria a necessidade de reconhecimento, *status*, fama e controle ou poder sobre os demais. Falamos de "mídia social", contamos ao mundo nossas viagens, nosso humor, nossas histórias, nossas vidas (e, às vezes, até nosso café da manhã!). Suspeito que as pessoas que costumam postar excessivamente em mídias sociais sejam desse subtipo.

A Pulsão Sexual

A pulsão Sexual é imprescindível à sobrevivência. Do estranho ritual de acasalamento do hipopótamo macho, que urina e defeca em si mesmo e usa a cauda para espalhar os excrementos o máximo que puder, à espetacular exibição do pavão diante da pavoa, a ânsia do acasalamento é uma pulsão irresistível que influi em nosso comportamento. O instinto Sexual se expressa nos relacionamentos sexuais, não só em como nós os promovemos e mantemos, mas também no receio de não ter qualidades suficientes para isso.

Os tipos sob a influência do instinto Sexual se excitam com o *frisson* dos encontros humanos. É o que nos inspira a ampliar nosso poder de atração por meio de nossa aparência, do que fazemos ou da impressão que causamos a nossos potenciais parceiros. É a química que se forma quando duas pessoas se conectam mental, física ou emocionalmente e a paixão que sentimos pela vida.

Os tipos Sexuais desintegrados podem desconsiderar os limites alheios ou permitir que seus próprios limites sejam transgredidos, o que gera uma dependência doentia. Além disso, eles podem investir energia excessiva na própria aparência no intuito de suscitar uma conexão de caráter sexual.

Tipos Contrafóbicos

Cada tipo do Eneagrama tem uma Pulsão Instintiva conhecida como "contrafóbica", isto é, contrária à sua respectiva "Paixão". Por exemplo, a Paixão do Tipo Seis é o Medo. Mas, quando contrafóbico, em vez de *fugir* do medo, o Tipo Seis *vai ao seu encontro*.

Todas essas três Pulsões dos Instintos estão em cada tipo do Eneagrama, o que totaliza 9 x 3 = 27 variantes. Todos nós tendemos a ter um instinto predominante, e a maneira como os três instintos se classificam por ordem de força define boa parte de nosso comportamento instintivo. O ideal seria que houvesse equilíbrio entre os três.

A classificação por ordem de força das pulsões de nossos instintos pode ter um profundo efeito sobre nossos relacionamentos mais importantes. Por exemplo, qualquer que seja o seu tipo no Eneagrama, se você for um tipo Sexual casado com um tipo Social, suas necessidades básicas vão envolver passar o tempo juntos como um casal, enquanto seu parceiro terá mais propensão a investir na convivência social. Para comemorar seu aniversário de casamento, você provavelmente vai imaginar uma noite romântica a sós, mas ele talvez pense em dar uma festa de arromba para a família e os amigos. Essas diferenças de necessidades podem gerar conflito nos relacionamentos. Se ambos fossem tipos Sexuais, é provável que desejassem o mesmo tipo de comemoração, tendo em vista a semelhança entre suas visões de mundo.

Do mesmo modo, se você for um Autopreservacionista, a aparente indiferença do seu parceiro Social diante de questões como sua segurança e a proteção do lar pode deixá-lo perplexo e até mesmo zangado. Ou, quando planejarem uma caminhada, talvez você se ressinta porque, enquanto você checa se estão levando água, suprimentos de emergência, manta isotérmica, protetor solar, repelente de insetos e praticamente tudo o que você poderia precisar em todas as circunstâncias, ele está telefonando para convidar uma multidão de amigos. Nenhum dos dois está certo ou errado, mas prevalece a percepção de que o outro está errado pelo fato de não compartilhar de suas necessidades.

Entender as Pulsões Instintivas do parceiro pode contribuir muito para aumentar a compreensão e a qualidade de seus relacionamentos. Agora, o primeiro prêmio vai para os casais cujos instintos seguem o mesmo padrão. Se os dois instintos mais fortes se alternarem, ainda haverá um certo grau de compreensão. É quando eles ocupam posições completamente opostas que podem surgir problemas. Porém, como ocorre com qualquer outra coisa, essa situação mais difícil também pode propiciar crescimento. Se você for Social-Autopreservacionista-Sexual e seu parceiro, Sexual-Autopreservacionista-Social, seu crescimento virá da compreensão e do desenvolvimento de seus instintos Sexuais. Seu parceiro, então, terá apresentado um dom singular para a aprendizagem.

Tríades: Um Tipo Diferente de *Ménage à Trois*

Aquela coisa multifacetada chamada amor consegue construir pontes da solidão desta margem à solidão da outra. Por mais belas que possam ser, essas pontes raramente são feitas para durar a eternidade e, muitas vezes, não resistem sem ruir a cargas demasiado pesadas.[1]

— KAREN HORNEY

O Eneagrama divide-se em muitas diferentes tríades, grupos de três tipos que têm motivações ou expressões semelhantes. Além de nossas asas e nossos pontos de extensão e liberação, nossa conexão com outros tipos em tríades diversas é uma das razões pelas quais nós nos vemos em diferentes tipos. Em última análise, explica por que potencialmente podemos abarcar todos os nove tipos em nossa evolução rumo à transcendência do tipo.[2]

A tríade mais comumente usada volta-se para os centros do Corpo, da Cabeça e do Coração, com três tipos do Eneagrama agrupados em cada centro. Ela também é chamada de tríade Instintiva/Visceral,

Senciente e Pensante.[3] Nos próximos capítulos, eu me referirei a esses centros na discussão geral sobre os vários tipos.

Para o nosso enfoque no sexo e nos relacionamentos, duas outras tríades são particularmente úteis porque se voltam para o modo como os tipos se relacionam uns com os outros e para o que motiva seu desejo de relacionar-se. A primeira é a tríade Horneviana: o movimento em direção aos demais (aquiescência), contra os demais (agressividade) ou para longe dos demais (distanciamento). A segunda consiste nos três tipos de amor propostos por Naranjo: Maternal, Paternal e Erótico,[4] que se referem a três diferentes tipos ou abordagens daquilo que chamamos "amor".

Vejamos essas três diferentes tríades.

A Tríade Instintiva, Pensante e Senciente

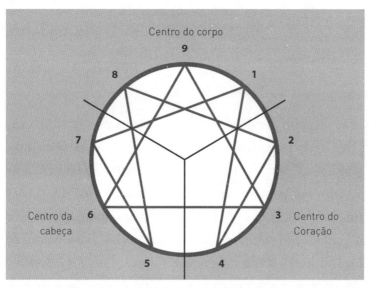

A Tríade dos Tipos do Corpo, da Cabeça e do Coração

Todos os tipos do Eneagrama inserem-se em um dos três centros dessa tríade: Corpo/Visceral (Instintivo), Coração (Senciente) e Cabeça (Pensante). Para viver da melhor maneira, as pessoas precisam recorrer a todos esses três centros. Viver concentrado em um centro em detrimento dos outros dois causa desequilíbrio, e nossa desintegração se mede com base no ponto até o qual vai o desequilíbrio entre os três centros. Assim, um representante mais integrado do Tipo Sete (da tríade da Cabeça) terá um desequilíbrio na área do Pensamento (Cabeça). Caso ele se torne menos integrado, inicialmente haverá um desequilíbrio em outro centro e, em seguida, uma desintegração em todos os três.[5] Aqui vai um resumo de cada centro:

Os Tipos do Corpo ou Instintivos:

- Os tipos do Corpo são os Tipos Um, Oito e Nove.
- Eles têm problemas com a raiva (sua ferida comum), que podem ser exprimidos ou reprimidos.
- São tipos que se pautam pela ação e se voltam para o presente.
- Os tipos do Corpo desejam autonomia.
- Embora queiram afetar o mundo, eles não querem que o mundo os afete.[6]

Os Tipos do Coração ou Sencientes:

- Os tipos do Coração são os Tipos Dois, Três e Quatro.
- Eles têm problemas com a vergonha (sua ferida comum).
- Os tipos do Coração concentram-se no remorso ou na tristeza do passado.
- Eles têm dificuldades com sua autoimagem (o eu real, o eu idealizado e o eu envergonhado/exposto).

Os Tipos da Cabeça ou Pensantes:

- ❖ Os tipos da Cabeça são os Tipos Cinco, Seis e Sete.
- ❖ Eles têm problemas com o medo (sua ferida comum).
- ❖ Os tipos da Cabeça orientam-se pelo futuro no sentido de preocupar-se com o que poderia acontecer: "E se...?"
- ❖ Eles têm dificuldades quando se trata de seu próprio apoio e orientação interior.

Em cada centro, um tipo reprime, um exprime e um faz um pouco das duas coisas. Assim, o Tipo Dois, o Tipo Sete e o Tipo Oito exprimem sua vergonha, seu medo e sua ira, respectivamente, no mundo. O Tipo Um, o Tipo Quatro e o Tipo Cinco reprimem sua vergonha, seu medo e sua ira, respectivamente. E, por fim, o Tipo Três, o Tipo Seis e o Tipo Nove reprimem e exprimem sua vergonha, seu medo e sua ira, respectivamente.

A Tríade Horneviana: os Tipos Aquiescente, Assertivo e Retraído

Karen Horney foi uma psicanalista alemã radicada nos Estados Unidos. Colocando-se contra a visão de Sigmund Freud a respeito das diferenças psicológicas entre os sexos quando a questão é sexo, ela creditava a diferença mais à nossa biografia que à nossa biologia.[7]

Indiscutivelmente, sua maior contribuição para a psicologia foi a definição dos dez padrões que adotamos para satisfazer nossas necessidades instintivas. Esses padrões, ela condensou posteriormente em três grupos: o Aquiescente, o Assertivo e o Retraído.[8] Para os fins deste livro, usei os termos Condicional, Atirado (vai até as pessoas) e Arredio (foge das pessoas) para melhor descrever as formas de interação sexual adotadas por esses grupos:

❖ Os Tipos Um, Dois e Seis formam a tríade dos Condicionais (equivalem aos Aquiescentes de Horney).
❖ Os Tipos Três, Sete e Oito formam a tríade dos Atirados (equivalem aos Assertivos de Horney).
❖ Os Tipos Quatro, Cinco e Nove formam a tríade dos Arredios (equivalentes aos Retraídos de Horney).

Embora os grupos que proponho baseiem-se no modo como atuamos para satisfazer nossas necessidades sexuais, nossas necessidades gerais obedecem ao mesmo padrão.

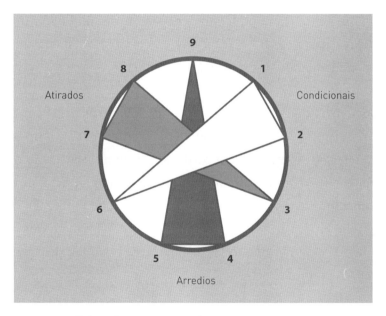

Tríade Baseada nos Três Grupos de Horney

O Grupo Condicional (Tipos Um, Dois e Seis)

Esse grupo acha que, para satisfazer suas necessidades, primeiro é preciso atender a certas condições: fazer por merecer afeto e aprovação, pautar-se por suas convicções sociais ou religiosas, ser leal e até tomar um banho antes do sexo. Essas condições diferem de acordo com o tipo de cada um. Alguns impõem condições a si mesmos ("Qual é a maneira certa de agir?"; "Quais são as regras que preciso cumprir?"; "O que devo fazer?"), ao passo que outros impõem condições aos parceiros.

Tipo Um: acha que, se for um "bom menino" ou uma "boa menina" (se arrumar a casa, cortar a grama, lavar a louça, lembrar-se de um aniversário, gerar renda e for fiel), fará jus à felicidade conjugal. As pessoas desse tipo seguem os ideais da doutrina em que creem ou do grupo a que pertencem, podendo (a depender de sua Pulsão Instintiva) aplicar essas "regras" a si ou aos parceiros. E definem altos padrões, condicionando o sexo a seu cumprimento.

Tipo Dois: acha que o sexo deve ser condicionado às necessidades do parceiro. As pessoas desse tipo podem paparicar o parceiro preparando uma refeição especial, fazendo as coisas de que ele gosta (ainda que pessoalmente não gostem dessas coisas), segurando a mão dele ou fazendo uma massagem relaxante, preparando seu banho. O Tipo Dois tem orgulho em ser necessário, achando que só ele sabe o que o parceiro quer. E acredita que todas as boas ações que faz pelo parceiro conferem-lhe o direito ao sexo.

Tipo Seis: impõe condições como ser o parceiro responsável e confiável que paga as contas, comparece aos eventos da escola e é leal, zeloso e solidário. E, por mais que possa desejar apoio, ele também receia se tornar demasiado dependente. Seu desejo é ter um parceiro tão leal e solidário quanto ele mesmo acredita ser, e isso se transforma em condição para o compromisso.

O Grupo Atirado (Tipos Três, Sete e Oito)

Esse grupo volta-se para fora, para distrações físicas, pensamentos ou sentimentos, no intuito de potencializar a intensidade sexual. Esses tipos acham que só conseguirão satisfazer suas necessidades sexuais se inflarem o próprio senso de individualidade e "avançarem" sobre os outros, em geral tentando dominá-los ou impor-se. Depois de identificar quem e o que querem sexualmente, eles se dedicam a uma verdadeira caçada porque, quando buscam um parceiro, são capazes de abordagens bem agressivas. Além disso, tendem a priorizar as próprias necessidades em detrimento das do parceiro e consideram-se os mais importantes em seus relacionamentos. Em termos sexuais, eles seriam os dominantes, os que "estão por cima".

Tipo Três: tenta atender às próprias necessidades por meio do sucesso pessoal. Assim, o Tipo Três quer melhorar de *status* para ser reconhecido quando "avança" para os demais. Ele precisa da admiração alheia; os outros dois tipos, não: eles mesmos se admiram (a exceção é o Sete Social do tipo Instintivo contrafóbico). Caso sua luz tenha brilho suficiente, o Tipo Três acredita que vai atrair o parceiro almejado e, com ele, o sexo que deseja: "Eu sou uma estrela, e isso me dá o direito de ter você como tiete".

Tipo Sete: aborda os demais convicto de que, se apresentar uma *persona* interessante, animada e otimista, conseguirá atraí-los e ganhar o direito de fazer exigências: "A diversão só começa quando eu chego!". Ele é aquele tipo que planeja excursões exóticas, dá festas loucas ou prepara comida afrodisíaca; tudo para chamar atenção. Como gosta de arriscar-se, uma rapidinha com um estranho o deixaria encantado.

Tipo Oito: avança pelo mundo convencido de estar no comando. Ele precisa assumir o controle das coisas e pode ser bem impetuoso e direto em sua abordagem, aparentemente sem ligar a mínima para possíveis rejeições. Se quiser sexo o exigirá sem o menor acanhamento, mesmo sabendo que o parceiro não está com vontade. As pessoas do Tipo Oito são os centros de seus próprios universos. Elas buscam autonomia e autossuficiência em tudo, temem a intimidade e não deixam transparecer nenhuma vulnerabilidade. Sua trajetória é de colisão contra o mundo e contra quem estiver no relacionamento com elas.

O Grupo Arredio (Tipos Quatro, Cinco e Nove)

Esse grupo volta-se para dentro de si, recorrendo a distrações físicas, pensamentos ou sentimentos no intuito de potencializar a intensidade sexual. No sexo, esses tipos agem de uma das seguintes formas: esquivam-se das pessoas ou submetem-se às necessidades delas. Nem sempre sua esquivez é física: ela pode ser emocional, pois eles também se refugiam em seu próprio espaço mental ou sua imaginação. Eles querem ser abordados pelos outros, ser "caçados" em vez de tomar a iniciativa para o sexo. Por isso, muitas vezes esses tipos se afastam, se desligam ou evitam interagir com os outros (embora, no fundo, estejam loucos por isso). O grupo Arredio busca segurança tanto nos relacionamentos íntimos quanto no trato com as pessoas em geral.

Tipo Quatro: procura satisfazer suas necessidades sexuais inicialmente se aproximando da pessoa desejada para, em seguida, tornar a se afastar. Nesse jogo de esconde-esconde, esse tipo procura parecer misterioso, intenso e inatingível, embora também possa ser apenas indiferente ou hesitar em conviver socialmente. Interessado em distinguir-se por ser diferente (e, portanto, desejável), ele pode adotar um estilo inconformista no vestir. Além disso, o Tipo Quatro pode ficar egocêntrico e, em vez de envolver-se com outra pessoa, perder-se em fantasias sexuais em torno de uma alma gêmea imaginária, o que é mais uma maneira de esquivar-se dos outros. Ele pode intensificar a imaginação na esperança de intensificar o sexo, mas na verdade estará apenas desligando a conexão com seu centro no Corpo.[9]

Tipo Cinco: é um tipo que não gosta de depender demais de nada nem de ninguém e acha menos complicado contar consigo mesmo que entrar num relacionamento que poderia oprimi-lo. Esse tipo tenta dominar o sexo estudando-o, em vez de vivê-lo emocionalmente. Sua esquivez pode assumir a forma de uma preferência por relacionamentos a longa distância ou pela atividade sexual intensa e rápida, que não acarrete obrigações duradouras. Outra opção pode ser simplesmente evitar o sexo fugindo para seu próprio espaço racional ou suas fantasias (observar, em vez de interagir).

Tipo Nove: foge das pessoas recorrendo ao espaço seguro do devaneio para preservar seu mundo feliz, no qual a hostilidade alheia não entra. Por preocupar-se demais com a felicidade dos outros, esse tipo pode confundir as necessidades do parceiro com as suas. Os representantes do Tipo Nove podem dar a impressão de ser santos desinteressados que sempre cedem aos caprichos sexuais de seus parceiros. Só que, ao mesmo tempo, estão suprimindo a raiva por suas necessidades não serem reconhecidas. O sexo em si pode se tornar um meio de se desconcentrar para libertar-se e reforçar a autonomia.[10] Em geral mais sociável que os outros dois tipos, este pode estar fisicamente presente, mas mental ou emocionalmente longe.

A Tríade do Amor: os Tipos Maternais, Paternais e Eróticos[11]

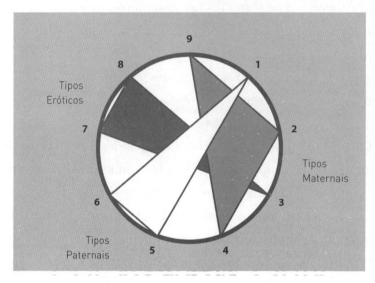

A Tríade do Amor

Também podemos dividir os nove tipos básicos do Eneagrama em uma tríade que reflete três maneiras de abordar o amor. Em uma conversa com Jessica Dibb no Enneagram Global Summit de 2017, Naranjo descreveu esses tipos de amor como Maternal, Paternal e Erótico.[12]

Recentemente fiz um safári e tive a sorte de presenciar uma demonstração de cada um desses três tipos de amor em uma alcateia de leões. Um filhote tentava interagir com o pai, um leão magnífico, que simplesmente rosnou e não lhe deu muita bola, demonstrando uma forma distante, porém protetora, de amor Paternal. O leãozinho então começou a brincar com os demais filhotes em uma farra espontânea e divertida (amor Erótico) antes de aproximar-se da leoa, que demonstrou seu amor Maternal deixando-o mamar.

Sem dúvida, os nomes usados para essas formas de abordar o amor não implicam que o homem não possa demonstrar amor maternal nem que a mulher esteja impedida de agir com amor paternal. Esses rótulos simplesmente descrevem o tipo de energia desses diferentes estilos de amor, não tendo nenhuma relação com o sexo real das pessoas.

Por fim, foi refletindo sobre esses três tipos de amor conforme Naranjo os descreve que me dei conta de contratipos na tríade. Cada grupo revela um tipo cuja expressão do estilo de amor é diferente da dos outros dois. Observe que tais contratipos do amor não devem ser confundidos com as Pulsões Instintivas contrafóbicas.

O Amor Maternal

Essa é a abordagem do amor adotada pelos Tipos Dois, Quatro e Nove, que se caracterizam por sua solicitude, sua sensibilidade e seu caráter protetor, respectivamente. Seu estilo de amar é afetuoso, generoso e incondicional.

O contratipo do amor Maternal: nesse grupo, os Tipos Dois e Nove se exteriorizam para nutrir os outros, enquanto o movimento do Tipo Quatro é reflexivo. Eles podem até ser gentis com os demais, mas são o contratipo porque seu foco está mais em seus próprios mundos interiores.

O Amor Paternal

Os Tipos Um, Cinco e Seis ilustram uma espécie de amor mais distante ou fria, mais "Estrela do Norte".[13] O grupo paternal abarca as pessoas do Tipo Um, cuja energia é paterna, disciplinada, do Tipo Cinco, mais propensas a observar que a se entrosar com os demais, e do Tipo Seis que, quando não querem ser figuras de autoridade, como as dos outros dois tipos, sentem atração pela autoridade.

O contratipo do amor Paternal: aqui, os Tipos Um e Cinco visam a ser figuras de autoridade, ao passo que o Tipo Seis busca encontrar uma figura de autoridade, configurando o contratipo paternal.

O Amor Erótico ou Infantil

Infantil e centrado em si mesmo, a abordagem desse grupo tem como lema "tudo gira em torno de mim". Entre os Tipos Eróticos incluem-se o exigente Oito; o alegre e brincalhão Sete e o Três, que quer ser adorado.[14]

O contratipo do amor Erótico ou Infantil: Nesse grupo, os Tipos Sete e Três almejam a admiração alheia, mas o Tipo Oito admira a si mesmo. Na verdade, já que não se importa se você gosta dele ou não, o Tipo Oito é o contratipo do amor erótico.

Este capítulo explica a terminologia que você encontrará neste livro. Daqui em diante, ele divide-se em grupos que refletem as três tríades Hornevianas. Além disso, na discussão sobre cada tipo, também recorro aos tipos de amor de Naranjo. Chegou a hora de tirar a roupa!

Investigando os Tipos Sexuais:
o Grupo Condicional

Tipos Um, Dois e Seis

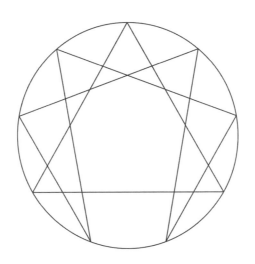

Tipo Um: o Santo Pecador

O lema do Tipo Um: "Eu faço a coisa certa".

O Tipo Um como amante: é aquele amante perfeccionista, conservador e controlado que, embora aprecie a rotina no sexo, fora do ambiente familiar permite-se um pouco mais de loucura. Ele costuma ter uma visão rígida quando o assunto é sexo, o que pode implicar uma certa dissimulação para aliviar a tensão.

Para ele, o sexo depende de: trabalhar duro, ser confiável e, primeiro, fazer a coisa "certa" para merecê-lo. E ele espera que o parceiro retribua na mesma moeda.

Você pode identificar-se com alguns aspectos do Tipo Um, mesmo que não seja seu próprio tipo: se você for do Tipo Dois ou Nove (asas) ou do Tipo Quatro ou Sete (pontos de extensão e liberação).

Tipo de amor: Paternal. O Tipo Um gosta de funções que envolvam autoridade ou ensino (para tornar o mundo um lugar melhor). Por isso, nos relacionamentos ele se considera moralmente superior.

Convicção nos relacionamentos: "Sou um bom parceiro e faço amor corretamente".

Frustração sexual: "Tento ser uma pessoa melhor e aperfeiçoar meu desempenho como amante, mas meu parceiro não valoriza meus esforços".

Como Entender a Sexualidade do Tipo Um

Breve Visão Geral

O Tipo Um procura fazer jus ao sexo fazendo aquilo que ele imagina que se espera de uma "boa" pessoa: "Trabalhei arduamente para sustentar a família, limpei a casa e o sexo é minha recompensa". Ele acha que, para ser "bom", precisa saber controlar os impulsos naturais (geralmente vistos como "maus"). Na visão das pessoas do Tipo Um, há uma forma certa e uma forma errada para tudo no mundo. Esqueça *Cinquenta Tons de Cinza*: para ele, tudo é ou preto ou branco!

Prazer é algo que se torna irrelevante quando você faz as coisas de forma correta. Por isso, o Tipo Um é o que tem maior probabilidade de reagir com pudor e hipocrisia aos "pecados" alheios adotando uma atitude de superioridade moral. O prazer provém menos da satisfação no sexo que da sensação de ter agido da forma correta e esperada. Em vez de ser uma expressão prazerosa do amor, o sexo pode facilmente acabar transformando-se em um dever conjugal.

Às vezes, os valores e pontos de vista do amante do Tipo Um em relação ao sexo são inflexíveis. O parceiro pode tentar convencê-lo a experimentar alguma coisa dizendo: "Por que não? Nós estamos a sós...". Mas, se ele não se convencer de que essa é a coisa certa, pode resistir à sugestão até com puritanismo. Essa inflexibilidade pode desintegrar-se em ideias distorcidas, como "as preliminares são desnecessárias", "as mulheres são inferiores" ou "o sexo é um direito meu".

As pessoas do Tipo Um gostam de pensar que fazem tudo corretamente e, por terem certeza de que os deveres conjugais fazem parte do pacote, procuram cumpri-los da melhor maneira possível. Porém, elas tendem a julgar-se, pensando com seus botões: *Será que fui boa o bastante?* Além disso, podem ser extremamente críticas em relação aos demais, não pensando duas vezes antes de dizer ao parceiro que seu desempenho ficou aquém do esperado.

Esse tipo é capaz de tentar controlar o desejo e até de manifestar um zelo autoritário no sexo, criando regras e compromissos que determinam a frequência e o modo de agir.[1] A desconfiança em relação aos desejos do corpo pode gerar um turbilhão interior que opõe o instinto ao intelecto.

O Tipo Um tende à moderação no temperamento (já que demonstrar raiva é "feio"), de modo que é bem improvável que ele atire um copo de um lado a outro da sala em um instante para, no outro, jogar-se nos braços do parceiro para uma noite de paixão tórrida. Mas eventualmente, quando não consegue reprimir a raiva, ele explode para morrer de vergonha depois. Por ser do tipo Paternal, talvez seu amor seja considerado morno e distante.

Esse tipo vê seu próprio papel como especial, até predestinado a melhorar o mundo (e a si mesmo). A resposta típica que ele daria se lhe pedissem que preenchesse um questionário do Eneagrama seria: "Farei tudo que puder se isso me ajudar a ser alguém melhor".

O Tipo Um também é trabalhador, sincero e consciencioso. Ele aprecia a ordem em todos os detalhes da vida e (quando integrado) sem dúvida agirá com integridade em todas as questões, inclusive as relativas ao coração. Os primeiros missionários do filme *A Missão* ilustram as dificuldades dos representantes do Tipo Um: eles querem tornar o mundo um lugar melhor e não conseguem entender por que as pessoas não compreendem isso!

Quando se apaixonam e renunciam à necessidade de controlar e regular o sexo, eles podem se tornar amantes intensos e apaixonados, curiosos e abertos como são as pessoas integradas do Tipo Sete.

O Nascimento do Tipo Um

O que gera o comportamento do Tipo Um? Na verdade universal de que "Todos são Um", não pode haver julgamento porque o julgamento causa divisão. A crítica e o perfeccionismo são forças que separam porque, para se fazer algo perfeito (certo), é preciso que outra coisa seja imperfeita (errada). A Fixação do julgamento presente no Tipo Um cria um mundo dividido: "Se estou certo, você precisa estar errado".

As pessoas desse tipo crescem acreditando que o amor é a recompensa de quem é "bem-comportado". Elas são as crianças que foram castigadas por se sujarem na lama quando brincavam ou que não podiam tocar os genitais sem ouvir uma reprimenda. Por isso, elas tiveram que se tornar precocemente sensatas, como se fossem miniadultos. Eram as crianças sérias do parquinho, que fiscalizavam se os amiguinhos estavam cumprindo as regras.

Quando se desintegram, os representantes do Tipo Um começam a se afastar da verdade universal da plenitude (santidade) e começam a ver o mundo por meio de opostos, acreditando que, para ser amados, precisam ser bons (não maus) e fazer o certo (não o errado). E eles assumem esse juízo convictos de que lhes cabe "corrigir" ou "melhorar" o comportamento alheio ou o seu próprio. E, assim, se irritam e se ressentem com quem se recusa a seguir seus preceitos. No sexo, isso pode se traduzir em um sentimento de superioridade: o de achar que sua maneira de fazer sexo é a melhor. Mas, quando integrados, aceitam as coisas com serenidade e demonstram muita sabedoria e integridade.

O Tipo Um Quando se Apaixona

Se for Integrado: os representantes integrados do Tipo Um têm altos padrões morais. Como querem ser justos e se tornar pessoas melhores, muitos deles sonham em transformar o mundo. Sábios e imparciais, valorizam a autodisciplina e a opção pelo caminho certo. Depois que aprendem a aceitar que seu caminho não é necessariamente *o caminho*, eles se tornam imparciais e, assim, conseguem tolerar outros pontos de vista e aceitar a si e ao parceiro, com todos os defeitos que possam ter. Adquirem uma percepção muito grande da coisa certa a fazer em todas as circunstâncias e, em vez de considerar-se superiores, são nobres. Com a integração, a severidade é substituída pelo afeto e o moralismo, por um comportamento genuinamente impecável.

Como amante, o Tipo Um é gentil e fiel. Quando integrado, ele para de reprimir os próprios desejos e, se recorrer ao seu ponto de liberação (o Tipo Sete), a mulher desse tipo poderá ser, como diz o vulgo, "uma dama em sociedade e uma prostituta na cama".

Os representantes integrados desse tipo procuram valorizar o que seus parceiros têm de bom, em vez de corrigir o que há de "ruim". Além de buscar a perfeição em si mesmos, eles a querem em seus relacionamentos. Essa tarefa não é nada fácil!

Se for Mediano: os representantes medianos do Tipo Um podem ser bem possessivos com os parceiros.[2] Além disso, podem ser meio mandões e controladores com seus amantes, que jamais conseguem atender totalmente às suas expectativas: "Ele me fez uma massagem, só que carregou na mão"; "Ela até que tentou ser mais ativa sexualmente, mas nós ainda não estamos transando tanto quanto eu gostaria"; "Seu cabelo ficaria tão mais bonito se você o deixasse mais curto"; "Ele até caiu de boca em mim, só que mais parecia um cachorrinho tomando sopa" e por aí vai. Além disso, demoram a perceber que suas críticas mais magoam que ajudam os parceiros.

Agradar a alguém do Tipo Um às vezes é uma tarefa impossível. Mas, apesar disso, ele costuma lutar para aprender a lidar com as críticas. Se a pergunta "Foi bom, meu bem?" não for respondida afirmativamente, ele pode reagir com ciúme e amargura: "Com quem você já dormiu que era melhor que eu?"; "Como foi que ele/ela fez?"; "Ele/Ela era uma pessoa promíscua?", "Como é que você pôde sentir atração por ele/ela?". Eles querem saber dos mínimos detalhes, e é justamente aí que mora o problema!

As pessoas do Tipo Um podem ver desejos naturais como se fossem sujos. É como se tivessem medo de se entregar a qualquer coisa que cheire a prazer e libertação. Nesse sentido, elas às vezes nos fazem lembrar de antigas ordens religiosas que exigiam frugalidade e viam o sexo como pecado, como uma forma de denegrir o corpo, em vez de revitalizá-lo; ou como um processo puramente reprodutivo, em vez de um meio de prazer: a vida começa acima da linha da cintura ou "relaxe e pense na Inglaterra", que lembra o pressuposto das eras vitoriana e eduardiana, segundo o qual uma "dama", no verdadeiro sentido da palavra, não poderia gostar de sexo. Isso era relegado às prostitutas (cujo contingente pode ter chegado a 80 mil na Londres de 1839, ou seja, uma prostituta para cada 12 homens em idade sexualmente ativa).[3]

Se alguém conseguir convencer um parceiro do Tipo Um a dar uma rapidinha no banheiro antes que as crianças acordem, ele imediatamente se preocupará em garantir que ninguém perceba nada e em sumir com todos os vestígios de seu "mau comportamento".

Se for Desintegrado: quando se desintegram, os representantes do Tipo Um começam a se tornar o oposto daquilo que pregam, discorrendo horas e horas sobre bondade, embora ajam com crueldade: como os soturnos e cruéis padres e freiras dos livros das irmãs Brontë, que espumam de tanta indignação moralista, mas costumam cometer os mesmos pecados que afirmam desprezar. Além disso, exaltam as próprias ações, mas diminuem os esforços alheios ou lutam para ser perfeitos e acabam sendo rígidos ou austeros. Do ponto de vista sexual, isso pode levá-los à condenação de determinadas práticas enquanto furtivamente abusam delas.

As pessoas do Tipo Um querem que os parceiros compartilhem sua necessidade de hábitos exemplares e não hesitam em fazer críticas implacáveis no intuito de refrear comportamentos "inaceitáveis". Elas podem se tornar cada vez mais mesquinhas, denunciando tudo que ponha sua visão de mundo em cheque, particularmente quando se trata de questões que envolvam o sexo. Qualquer que seja sua opinião (até a defesa da liberdade de expressão sexual ou da poligamia), elas buscarão promover com veemência a própria causa.

Os representantes desintegrados desse tipo podem flagelar-se, mutilar-se e se tornar hipócritas com uma necessidade perversa e masoquista de "purificar" a si e aos demais. Além de ser incapazes de admitir qualquer visão que não seja igual à sua, eles podem também evitar a masturbação, acreditando-se imunes à lascívia que acomete os pobres mortais.

As estranhas engenhocas criadas na era vitoriana, para impedir que os meninos se masturbassem ou ejaculassem, bem poderiam ter sido invenções de algum representante desintegrado do Tipo Um (com a ajuda de alguém do Tipo Cinco no *design* do projeto) obcecado em livrar o corpo dos "pecados da carne".[4] (No fim do século XVIII, julgava-se que a masturbação causasse, entre outros males, cegueira, loucura e acne.[5])

O Tipo Um tem em si o potencial de ser alguém com quem viver inspire muita alegria. Além de intrinsecamente confiável, responsável e sincero, ele quer ser sempre o melhor que puder, tanto no amor quanto em todos os aspectos da vida.

Como Seriam os Perfis de Namoro de Pessoas do Tipo Um

Joan, 56
Levo uma vida ativa. Sou professora aposentada e agora trabalho para instituições de caridade. Atualmente, estou organizando um evento para angariar fundos para o tratamento da fibrose cística escalando uma montanha perto da minha cidade. Se eu não fizer isso, quem fará?

Gosto de caminhadas e atividades ao ar livre, de café e de camping. Adoro quem me inspira e adoraria ser uma inspiração para as pessoas. Acho que sou meio antiquada para certas coisas. Gosto de homens educados, mas não dos que fumam ou bebem. Se você está em busca de diversão e de um sorriso enorme, já achou!

Noah, 40
Faço questão de pagar as contas. Uso meias e não tenho antecedentes criminais. Sou um cidadão correto com carreira estável. Trabalho com números, organizo equipes e facilito tudo que for possível para o bom funcionamento da empresa. Nas horas vagas, gosto de pedalar, de correr trilhas e de socializar. Duas vezes por mês, faço trabalho voluntário em uma organização sem fins lucrativos. Como gosto de viajar, nas férias vou para a Europa percorrer as ruas de cidadezinhas antigas ou explorar as ilhas gregas (cujo dialeto local já estou quase falando).

O que busco em uma mulher é um corpo esbelto e uma mente aberta! Agora, sério: gostaria de encontrar alguém com sensatez (nada de dramas), integridade, autossuficiência e vontade de tornar o mundo um lugar melhor. Se você achar que é essa pessoa, me procure.

A Paixão da Ira e a Fixação do Ressentimento

Juntamente com os Tipos Oito e Nove, o Tipo Um faz parte da Tríade da Ira. Mas quando você está concentrado em tentar ser perfeito, não pode (ou acha que não deveria) direcionar sua raiva contra as pessoas. O resultado é que a ira vai se assentando e começa a fervilhar em ressentimento. "Por que vocês simplesmente não fazem o que deveriam?", lamenta-se o Tipo Um. Enquanto está nos estágios iniciais de um relacionamento, esse tipo se comporta de uma forma muito parecida com a do Tipo Sete e se mostra divertido, aventureiro e espontâneo. Mas, quando o namoro começa a mostrar os primeiros sinais de desgaste, os aspectos mais característicos do Tipo Um podem vir à tona. Os parceiros "simplesmente não entendem", e aí é que entram a raiva e o ressentimento.

Uma Espiada no Quarto de um Representante do Tipo Um

Quem entra no quarto de uma pessoa desse tipo encontra tudo limpo e em seu devido lugar. Ai do parceiro que se esquecer de fazer a cama ou de catar a roupa íntima do chão, pois pode ter que ouvir um sermão ou até enfrentar uma greve de sexo. As roupas estarão bem dobradas em suas gavetas e geralmente organizadas por estilo, cor ou estação. O cômodo pode até estar entulhado, mas tudo estará asseado e arrumado.

O quarto será de "bom gosto", sem nada de muito exagerado nem ostentativo. Pode até dar a impressão de ter saído de um catálogo, com predomínio de cores neutras e tons pastel e quadros mais conservadores (e pendurados direito). Naturalmente, cabeças rolarão se um parceiro deixar de entender a importância do asseio, já que "a limpeza é fundamental"!

Fantasias e Literatura Erótica

Vestindo uma saia plissada azul-marinho e uma jaqueta bem cortada, com o cabelo bem cortado e bem penteado, a mulher do Tipo Um será a própria imagem da organização e do autocontrole. No entanto, quem costuma ser assim tão controlado (e controlador) na vida pode achar uma verdadeira excitação estar fora do controle.

Permitindo-se ter fantasias (coisa que muitos representantes do Tipo Um considerariam fraqueza), eles provavelmente visitarão partes da própria imaginação que considerariam inadmissíveis no dia a dia. Fantasias de sexo submisso podem funcionar como válvula de escape para toda aquela ira e o ressentimento reprimidos. O desejo pode ser movido por frutos proibidos, como os parceiros dos melhores amigos, um líder religioso, alguém bem mais jovem ou qualquer coisa que eles desejem, mas geralmente não se permitam. Algo "mau"... embora bem gostoso.

As pessoas do Tipo Um podem explorar o próprio lado sombra fantasiando sobre o que consideram ser atos sexuais "sujos", ou seja, coisas que não são "certas", que vão contra suas convicções morais ou religiosas ou que provoquem reprovação. Na fantasia, o sexo convencional cede lugar a qualquer outro tipo de sexo: com alguém do mesmo sexo ou com mais de um parceiro, se isso for contrário ao que elas julgam ser "o certo". Outra fantasia é a da punição por comportar-se "mal": levar uma surra ou ser amarrada por ter sido "má" sem precisar responsabilizar-se pelo que acontecer porque "Ele/Ela me obrigou a fazer isso!".

As mulheres também podem fantasiar que são donzelas aflitas, salvas por um herói saído das páginas de Barbara Cartland em uma fuga de corpete rasgado. Trata-se de amor e paixão conservadores, possivelmente cheios de caprichos, sem a bagunça do sexo real do cotidiano.

Acreditando que o amor é um meio respeitável de canalizar seus impulsos sexuais e que deve evitar fantasias audaciosas, o Tipo Um pode lançar mão de seu aspecto romântico (associado ao Tipo Quatro, sua linha de extensão) e começar a escrever poesia ou prosa, em vez de exprimir fisicamente as emoções. Porém, por não ser o Tipo Quatro, talvez o objeto de sua afeição jamais chegue a ler o fruto de seus efusivos derramamentos.

Muita gente do Tipo Um já se atormentou com questões ligadas ao sexo e à sexualidade em contextos nos quais a vida abaixo da linha da cintura é considerada pecaminosa e precisa ser suprimida. É triste imaginar o quanto esse tipo de ideia já interferiu na expressão sexual, bem como a polaridade surgida quando necessidades suprimidas foram expressas de forma violenta e invasiva.

Uma terapeuta sexual descreveu uma cliente muito religiosa que fantasiava que o ministro de sua igreja fazia sexo com ela ou a observava enquanto ela transava. A experiência provocou nessa cliente culpa e recriminação e, em vez de fazer uma prece em silêncio para agradecer ao sacerdote por apimentar sua vida sexual, ela se sentiu moralmente obrigada a confessar o "pecado" ao marido,[6] em um bom exemplo de comportamento ao estilo do Tipo Um.

Em geral considerada "ruim", a literatura erótica pode representar para as pessoas um meio de entrar no seu próprio lado sombra. O Tipo Um se esforça muito para ser bom. Só que, enquanto não conseguir atingir um certo ponto de aceitação e não renunciar ao julgamento, sempre haverá uma atração pela "maldade" oposta. O desejo de rebelar-se contra toda essa "bondade" acaba fazendo a literatura erótica funcionar como um ímã para o coitado do Tipo Um e induzi-lo a tentar domar o desejo com regras como: "Se eu fizer tais e tais coisas, terei direito a 15 minutos de pornografia por semana" ou "Vou assistir pornografia, mas só se for sexo heterossexual e só quando minha mulher estiver viajando".

Quando a tentação é grande demais e o Tipo Um quebra as próprias regras para poder assistir pornografia, ele faz penitência com atos altruístas ou flagela-se emocionalmente do jeito que mais lhe parecer adequado. Ele pode ser rigoroso com os outros, mas às vezes é ainda mais rigoroso consigo mesmo.

O Tipo Um nos Diferentes Sexos

Mulheres: as boas meninas são femininas e bonitas; já as más são *sexy* – pelo menos isso foi o que a famosa sexóloga Dra. Eve descobriu quando trabalhou com uma gama diversificada de grupos de mulheres. "Feminina" atraiu palavras como "pura", "noiva" e outras que refletem uma visão romântica das mulheres. Mas o termo *"sexy"*, por sua vez, foi associado a palavras como "confiante", "cabeleira esvoaçante", "vermelho" e "roupa colada".[7] As mulheres do Tipo Um querem ser mais femininas que *sexy*.

Naranjo refere-se ao Tipo Um como "excessivamente civilizado" e "excessivamente virtuoso".[8] Nele há um aspecto puritano que transparece em seus representantes de ambos os sexos. As mulheres desse tipo acham que, se trabalharem com afinco, forem "boas meninas", ajudarem os outros, suprimirem a raiva e almejarem a perfeição, vão atrair o companheiro perfeito. Quando isso não ocorre, elas acabam ficando confusas e irritadas, além de dispostas a esforçar-se ainda mais para ser melhores. Então podem começar a julgar os possíveis pretendentes, usando a crítica para evitar a dor do abandono ou da rejeição. Aumenta a distância entre sua expectativa do parceiro "ideal" e a realidade. É possível que ter um parceiro chegando em casa com vontade de transar, suado da corrida e todo sujo de terra não seja apreciado, ainda que o sexo com um desconhecido sedutor e suado seja um grande estímulo em suas fantasias.

Um estudo com 457 casais revelou que as mulheres do Tipo Um geralmente se casam com homens do Tipo Nove e, em segundo lugar, com homens do Tipo Cinco.[9] Isso faz sentido quando consideramos que os representantes masculinos relaxados do Tipo Nove fugirão dos conflitos ou aceitarão as críticas para manter a paz e que os do Tipo Cinco também se refugiarão na segurança de suas cavernas literais ou figuradas. Ambos os tipos se deixarão controlar. Não raro a mulher do Tipo Um considera trabalhar, cuidar dos filhos, realizar as tarefas domésticas ou fazer qualquer outra coisa mais importante que fazer sexo. O sexo é agendado. Só depois de cumprir suas tarefas é que ela fecha cuidadosamente as cortinas, ajeita a cama, toma banho, penteia o cabelo e finalmente se permite desfrutar do sexo. A necessidade de fazer primeiro as tarefas pode acabar se transformando em uma defesa obsessiva e controladora contra todas as formas de atividade sexual. Apesar disso, como é que o parceiro vai reclamar quando sua mulher do Tipo Um trabalha tanto?[10]

Quando se desintegram, as representantes femininas desse tipo podem ficar incrivelmente ciumentas e controladoras, mas não têm nenhuma válvula de escape para dar vazão à sua fúria enciumada: "Que direito essa vadia acha que tem sobre meu marido?". Elas querem se vingar, mas sua impecabilidade as impede, de modo que a ira acaba degringolando em rancores muitas vezes guardados por anos.

Homens: como os representantes masculinos menos integrados do Tipo Um costumam ter muita cautela com o próprio dinheiro, é melhor não esperar um jantar no Ritz logo no primeiro encontro! Como suas contrapartes femininas, os homens do Tipo Um querem ser cidadãos bons, respeitáveis e dignos. Eles tendem a se vestir de modo convencional e procuram atrair parceiras valendo-se da confiabilidade que inspiram, sendo capazes de resistir à tentação mesmo quando têm acesso fácil a "sexo proibido", pois isso é a coisa certa a fazer.

De acordo com uma pesquisa com 457 casais, os homens desse tipo têm maior probabilidade de se casar, nesta ordem, com alguém do Tipo Dois, do Tipo Nove, seguidos igualmente pelos Tipos Sete e Quatro.[11] As mulheres do Tipo Dois estariam interessadas em agradar aos parceiros do Tipo Um e apoiá-los em sua missão na vida, ao passo que as do Tipo Nove têm mais propensão que as de qualquer outro tipo a tolerar críticas e repreensões. Naranjo sugere que há mais mulheres que homens no Tipo Um. Além disso, ele comenta que é comum que um dos pais das pessoas desse tipo também seja do Tipo Um.[12]

Alguns homens do Tipo Um podem desenvolver uma obsessão com a vida sexual e com a própria genitália, estudando seu ângulo de ereção, a duração da relação sexual ou a profundidade da penetração. Por trás dessa obsessão está o receio de que seu desempenho esteja aquém da expectativa (ou seja, de não serem perfeitos). Quanto maior for a preocupação com o desempenho, maior também a tensão, porém menor a probabilidade de ter uma ereção ou de atingir o orgasmo. Por medo de fracassar, os homens desse tipo podem negar-se o prazer do sexo, citando como motivo o trabalho, a convicção religiosa ou qualquer outra causa "nobre".[13]

Os representantes masculinos do Tipo Um estão conscientes da existência de níveis de precedência. Em especial quando encontram respaldo em seu credo, eles podem facilmente considerar-se pertencentes aos níveis mais altos do sistema hierárquico da família ou de um relacionamento.[14] Assim, podem acreditar que a mulher tem um papel a desempenhar, o qual por acaso é subserviente ao seu próprio: "O homem é o chefe da família, portanto quem dita as regras sou eu". Por julgarem ter respostas para tudo, inclusive quando se trata de normas sexuais, podem não aceitar de bom grado críticas nem questionamentos a suas opiniões.

Como suas contrapartes femininas, os homens do Tipo Um acham que seu comportamento impecável lhes confere o direito ao amor: "Você deve amar-me, tendo em vista tudo que eu faço".

Tipo de Amor: Paternal

Como sugere Naranjo,[15] o amor Paternal do Tipo Um tem uma certa frieza, como se o trabalho e o dever fossem a língua da paixão, em vez da paixão em si. As pessoas desse tipo precisam sentir-se aprovadas; precisam sentir-se vistas como melhores que seus parceiros: "Olha, eu tenho nível. Estou acima das censuras. Embora não possa atingir esse nível, você pode admirar-me amorosamente por minha posição (superior)"; "Respeite-me, mesmo que não possa chegar aonde eu estou emocionalmente". Isso é algo que pode deixar os parceiros sentindo-se frustrados e indignos.

Sexo é "Sujeira"?

Tentando ser perfeito, o Tipo Um pode, pelo parceiro, realizar atos sexuais que talvez não lhe agradem e depois ficar ressentido.

As pessoas desse tipo podem ter dificuldade em decidir o que é e o que não é sexualmente aceitável. O desejo de fazer a "coisa certa" pode impor muito estresse à tentativa de viver conforme suas próprias regras: "Transar (ou me masturbar) mais de duas vezes por semana é um exagero"; "Não é certo desejar quem não é meu parceiro"; "A pornografia é nociva"; "A homossexualidade é antinatural". Elas podem acabar compilando cada vez mais regras e juízos e, assim, tornando impossível viver de acordo com os próprios ideais.

Quando tudo isso passa dos limites, o Tipo Um pode descambar para algum tipo de desvio de comportamento, só para depois jurar que vai refrear a "luxúria" e ter mais autodisciplina no futuro. Moderação ou supressão em tudo, inclusive no sexo, passa a ser a regra, independentemente das necessidades do parceiro (ou das suas próprias).

É possível que condenem brinquedos ou *gadgets* sexuais como "antinaturais", mas que tenham fetiches secretos: por exemplo, o marido pode não permitir que a mulher tenha um vibrador e, no entanto, apelar na surdina para o sexo por telefone. Se puderem, talvez eles troquem os lençóis logo após o sexo ou, pelo menos, disfarcem todos os indícios do que possa ter acontecido!

Críticas

As pessoas do Tipo Um não gostam de nenhuma forma de crítica. Por serem tão autocríticas, elas sofrem muito com as desaprovações que recebem; algo que é dito com a intenção de elogiá-las ("Uau, você está linda nesse novo roupão!") pode ser mal interpretado (*Isso só pode ser porque eu estava horrorosa com aquele pijama velho*). Do mesmo modo, durante o sexo, um comentário do tipo "Será que dá pra ir um pouco mais devagar?" pode ser visto como uma inequívoca reprovação do desempenho. Devido à sua convicção de que "A raiva é ruim; preciso saber me manter acima dela e suprimi-la", elas acabam extravasando a própria fúria em comentários ferinos depois. A maneira de contornar isso é o parceiro desculpar-se de modo imediato ou diplomaticamente começar com um elogio: "Adoro suas massagens. Vamos ver o que acontece se formos mais devagar desta vez?".

Por medo de ouvir críticas a seu corpo, juntamente com a ideia de que a discrição é sempre a opção certa, talvez elas acabem optando por alguma regra do tipo "na cama, a ordem é apagar as luzes". Quando o parceiro tem a audácia de dizer que gostaria de ter mais sexo, a resposta do Tipo Um pode ser: "Procure investigar se está havendo algum problema com a sua libido".

A Positividade

A tendência ao perfeccionismo e a necessidade de fazer a coisa certa que caracterizam o Tipo Um têm como resultado a visão de que tudo que é negativo (inclusive as emoções negativas) é inaceitável. Isso se aplica particularmente aos que têm uma asa do Tipo Nove, já que a asa do Tipo Dois pode amenizar um pouco a postura típica do Tipo Um. Ele é o tipo que não gosta nem um pouco de ouvir reclamações sobre sua falta de perícia sexual (nem sugestões para melhorá-la).

Veja-se o caso do sujeito que, arrasado porque a noiva acabara de romper o noivado, ouviu de sua mãe do Tipo Um o seguinte comentário: "Não fique triste, não. O que não falta no mar é peixe". Se o parceiro de um representante do Tipo Um lhe disser que está triste ou com saudade de uma pessoa querida, poderá ouvir: "Mas você tem tanta coisa boa para fazer, tanta coisa boa pela frente", "Tudo vai dar certo; você vai ver" ou algo do gênero. O Tipo Um é capaz até de dizer a uma pessoa deprimida que, na verdade, o que ela está sentindo não é depressão.

Essa necessidade de positividade pode manifestar-se inclusive no domínio físico, quando o Tipo Um quer o pênis ou a vagina "perfeitos"!

Férias no Paraíso

Aqui vai algo interessante a respeito de muita gente do Tipo Um: quando sai da rotina normal e está longe de todos os que considera possíveis críticos é que esse tipo realmente se solta. Nas férias, se comporta com espontaneidade e animação dignas do Tipo Sete[16] (o que provavelmente explica por que gosta tanto de viajar!).

No fundo, românticas e divertidas, as pessoas do Tipo Um acabam esquecendo-se de convocar os parceiros para apontar-lhes as falhas quando estão diante de um belo pôr de sol em uma praia paradisíaca. As férias serão o prêmio por todo o seu trabalho, o que as habilita a finalmente relaxar, se divertir e compensar o tempo que precisaram suportar a frustração sexual "tirando o atraso". Se o parceiro não fizer nada de muito constrangedor e as acomodações forem limpas e corresponderem à expectativa, ficará tudo bem.

Quando estão de férias, os solteiros do Tipo Um podem fazer algo completamente inesperado, como passar uma noite com um estranho muito *sexy*. Ao voltar para casa, eles passarão um bom tempo se recriminando por terem agido de uma forma tão "inadmissível".

Sob Pressão

Pode-se criar uma bomba-relógio quando o Tipo Um resolve ser "bom" o tempo todo, criticando os outros sem saber exprimir a própria raiva e evitando lidar com as pessoas que eventualmente irritaram. Quanto menos integrado ele for, maior a pressão para a explosão.

Quanto mais indesejáveis ou "reprováveis" forem os desejos sexuais que surgirem em seu consciente, mais puritano ele se tornará. E será recorrendo à projeção e ao moralismo que ele tentará se livrar de seu próprio "demônio".

O Sexo como Autocomplacência

Acreditando ter uma importante missão na vida, os representantes do Tipo Um podem acabar vendo o sexo como uma desnecessária perda de tempo, algo que se interpõe no caminho da realização. Também é possível que a frugalidade se infiltre no sexo com a convicção de que menos é mais, já que se abandonar e sucumbir ao desejo é receita certa para o desastre.

No Eneagrama, o Tipo Um se aproxima do Tipo Sete, de modo que sua frugalidade é o oposto da Paixão ávida própria desse tipo. O Tipo Sete quer tudo. Já o Tipo Um não quer nada. O Tipo Sete quer alegria. Mas o Tipo Um tem necessidade de inibir a espontaneidade, a liberdade de expressão e, às vezes, até o prazer dos outros, o que pode ser visto como indulgência.

Sigmund Freud acreditava que, quando disciplinadas com demasiada severidade pelos acidentes durante seu treinamento para uso do vaso sanitário, as crianças muitas vezes ficavam fixadas na fase anal e tornavam-se retentivas, ou seja, aprendiam a desejar controle e organização extremos.[17] Defecar pode ser prazeroso, e é essa preservação do prazer que tipifica o Tipo Um: ele instintivamente deseja retardar a gratificação. Em matéria de sexo, desejo, dinheiro ou qualquer coisa que dê prazer, ele sublima e controla os próprios impulsos, pois vê a protelação da recompensa como moralmente correta.

Rigidez ou Frigidez?

Eis a descrição de um marido do Tipo Um feita pela própria parceira:

> *Nós nos casamos virgens, pois éramos muito religiosos. Ele [do Tipo Um] parecia ser um ótimo partido: bonito, trabalhador, sóbrio e responsável. No entanto, quando se tratava de sexo, achava que a decisão cabia apenas a ele, como "chefe" da casa, e que o sexo destinava-se basicamente ao prazer do homem. Inexperiente e canhestro na arte do amor (mas não admitindo isso), se ele quisesse sexo, nós transávamos. Eu não tinha voz alguma. Sem preliminares, o sexo era uma coisa dolorosa e desconfortável. Era simplesmente um meio para ele liberar a tensão sexual; só um veículo para o tesão dele.*
>
> *"É sua obrigação me satisfazer", dizia ele. Eu sentia raiva, mas não tinha opção. Ele se recusava a acreditar que estivesse fazendo alguma coisa errada. E começou a se referir a mim em termos depreciativos: frígida, pouco feminina, mulher de mentira. Não tinha nenhuma vontade de criar intimidade. Por fim, apesar de nossas convicções religiosas, o casamento acabou. A arrogância o impediu de ver como as coisas poderiam ter sido se ele tivesse me tratado como uma pessoa atraente, dotada de necessidades próprias. Eu lamento pelo que poderia ter sido.*

O que o Tipo Um em geral não reconhece é que, no afã de fazer o bem ou de "melhorar" as pessoas, ele, muitas vezes, magoa por ser vingativo, crítico ou excessivamente rigoroso. Admitir as mágoas que infligiu aos demais implica reconhecer que a causa não justificava os meios.

Felizmente, enquanto alguns representantes desse tipo podem negar o sexo ou vê-lo como "raiz de todos os males", outros podem vê-lo como um caminho para o prazer e a base que reforça e consolida o relacionamento.

Representantes Virtuosos e Obsessivos do Tipo Um

Às vezes, a atitude do Tipo Um parece arrogante,[18] como se a natureza instintiva e animal do sexo estivesse abaixo de seus desejos morais e mortais. Para ele, "domínio" não é o domínio da arte do amor, mas sim o domínio de si mesmo: adiar e sublimar o prazer e os impulsos sexuais naturais é visto como um meio de se tornar uma pessoa melhor. Isso é difícil para o parceiro que não compartilha dos mesmos ideais e que deve suportar a indignação se ousar questionar o *status quo*. Depois que o Tipo Um estabelece *sua* maneira certa de fazer sexo, ela se torna *a* maneira certa.

Ele geralmente dá a impressão de ser hipócrita em religião, vegetarianismo ou qualquer outra coisa que seja considerada um meio de "agir corretamente". O que é menos comum, mas ocasionalmente ocorre, é que uma determinada parte das pessoas desse tipo siga um caminho que a sociedade em geral considera não convencional ou até errado. Portanto, talvez você encontre alguém do Tipo Um que acredite piamente que o amor livre ou a poligamia seja a forma correta de viver.[19]

Eu Deveria, Tu Deverias...

"Dever" é um verbo muito usado pelas pessoas do Tipo Um. Elas se sentem obrigadas a fazer a coisa certa, mesmo que seja a última coisa que desejem. Isso as leva a querer corrigir ou "ensinar" as pessoas o jeito certo de fazer as coisas, e daí o número de pessoas desse tipo em profissões ligadas à religião ou ao ensino: "Fazendo o que é certo eu conquisto amor e respeito".

Se alguém do Tipo Um disser: "Deveríamos fazer sexo uma vez por semana", assim será, com pouco ou nenhum espaço para a espontaneidade. Os impulsos precisam ser controlados. A rigidez suprime a ternura. Como os do Tipo Quatro, os desse tipo sentem-se autorizados inclusive ao sexo, mas esse "direito" surge da percepção de que seu comportamento exemplar precisa ser recompensado.

Mesmo os mais liberados ainda usam muito o verbo "dever", embora de modo um tanto diferente: "Você deveria fazer sexo regularmente com o parceiro"; "Nós deveríamos relaxar mais"; "Nós deveríamos explorar nossa sexualidade".[20]

Com tantos "deveres", o sexo pode acabar virando uma espécie de obrigação, sem nada de surpreendente ou excitante. Enquanto o Tipo Um lutar para superar suas rotinas massacrantes e suas maneiras fixas de fazer as coisas, o sexo pode continuar sendo repetitivo, regrado e até tedioso.

As Pulsões dos Instintos

O Tipo Um Autopreservacionista: é o subtipo que mais se preocupa em ser perfeito. O foco e a ansiedade desse subtipo giram mais em torno de seu próprio desempenho como amante que da perfeição do parceiro. Ele perdoará todas as fraquezas reais ou imaginárias que o parceiro possa ter. Respondendo a um questionário sobre amor e sexo, um representante desse subtipo do Tipo Um disse: "[O sexo] faz parte da vida, mas não peque".[21]

Esse subtipo é o mais ansioso, principalmente quando a questão é a autopreservação: "Tem certeza de que o preservativo não vai rasgar?"; "Você tomou banho? Não quero sujar os lençóis!". Colocando-se sob enorme pressão, ele se sujeita à ansiedade de desempenho. Às vezes, é mais fácil para ele abster-se do sexo que achar que seu desempenho foi fraco.

O Tipo Um aborda a vida e tudo que diz respeito ao coração de modo decente. Se uma namorada engravidar, ele fará a coisa certa e se casará com ela. Mas não se engane: só porque não demonstra sua irritação, não quer dizer que o subtipo Autopreservacionista não esteja furioso. A raiva em geral transparece indiretamente, em pequenas explosões que podem não ter nenhuma relação com o verdadeiro problema. No afã de controlar as coisas, ele pode planejar o sexo: "Sempre transamos três vezes por semana. Nossas noites são as de quarta, quinta e sexta-feira". Talvez não demonstre, mas pode se aborrecer caso o parceiro tome a iniciativa para o sexo em uma noite não prevista ou queira uma posição diferente, já que isso o faz se sentir desprevenido e sem controle.

O Tipo Um Social: por focar em grupos, o subtipo Social orgulha-se de ser um modelo para o restante de nós, simples mortais. À medida que ele se torna menos integrado, seu desejo de estar "certo" pode levá-lo a tornar os outros "errados".

Ele tem opiniões firmes sobre o modo como as pessoas deveriam fazer as coisas, inclusive o sexo: quantas vezes, como, com quem... O subtipo Social do Tipo Um tem resposta para tudo. Vendo-se como um salvador cuja missão é retificar os erros do mundo, ele pode ser quase messiânico em seu propósito. Além disso, é o mais frio e severo dos três Subtipos Instintivos, a ponto mesmo de restringir os próprios desejos físicos. A busca de "amor verdadeiro" pode apresentar-se como um meio respeitável de canalizar os impulsos sexuais desse subtipo. "Ame aqueles com quem você está, pois eles estão a seu lado para ajudá-lo a ser um parceiro melhor":[22] assim expressou sua opinião sobre o amor e o sexo um representante social do Tipo Um.

Por trás de sua retidão está um desejo genuinamente nobre de transformar o mundo num lugar melhor.

O Tipo Um Sexual (*contrafóbico*): esse subtipo quer que os outros sejam perfeitos. Acreditando haver atingido um estado superior da existência, ele julga ter o direito de insistir em que as pessoas ajam conforme suas regras. Respondendo a um questionário sobre amor e sexo, um representante desse subtipo do Tipo Um afirmou: "O amor vem do coração e se compartilha por meio do compromisso", mas o sexo é "uma forma de liberar a tensão".[23]

Em vez do desempenho dele, o seu é que estará na berlinda. É bom preparar-se porque ele vai querer educar e controlar você. Após os inebriantes dias iniciais de amor e paixão, o subtipo Sexual pode começar a implicar com o modo como o parceiro se prepara e age durante o sexo. Por achar que ninguém consegue entender nada, é ele quem define as regras que os demais precisam obedecer.

Esse subtipo pode assediar com grande fervor a pessoa desejada. Muito consciente da hierarquia, é nele que a expressão do amor Paternal se manifesta com mais intensidade, permitindo-lhe sentir-se superior ao parceiro e motivado pela justiça para ditar a lei.

Trabalhei com uma mulher desse subtipo do Tipo Um que enfrentava dificuldades em um novo relacionamento. Ela atribuía o problema inteiramente ao parceiro, já que era ele quem precisava de mudanças de hábitos e posturas, e simplesmente não conseguia ver que ela própria poderia ter falhado de alguma maneira. Quando lhe sugeri que observasse seu próprio comportamento, encontrei uma verdadeira muralha de resistência.

O subtipo Sexual é também o mais obviamente irascível e controlador dos Subtipos Instintivos do Tipo Um. Ele se julga no direito de manifestar sua ira e seus desejos ("Como seu marido, tenho direito a transar com você duas vezes por semana") e sente-se totalmente à vontade para sair por aí melhorando os outros sem ao menos perguntar-lhes se querem ser melhorados.

Os indivíduos menos saudáveis desse subtipo projetam nas pessoas um desejo de perfeição que costuma descambar em comportamentos que de perfeitos não têm nada: é o caso, por exemplo, do ministro que prega o celibato, mas transa com uma fiel que é casada: "Ela simplesmente se recusa a melhorar", lamenta ele, sem reconhecer as próprias falhas.

As Asas

Tipo Um com Asa Nove (*Amor Paternal e Maternal*): nesse subtipo, a perfeição do Tipo Um encontra a paz do Tipo Nove. Seus representantes têm uma visão idealista do sexo. Mas, quando o sexo real não corresponde a esse ideal, eles reagem com críticas ou ressentimentos. Com essa asa, o Tipo Um costuma ser mais austero e menos apaixonado que o subtipo da outra asa e sabe exatamente o que é "certo para nós". É possível que pretenda se elevar e "educar" o parceiro quanto ao modo "correto" de transar. Emocionalmente mais desapegado que o Tipo Um que tem Asa Dois, ele pode até gostar que o deixem em paz.

Como o Tipo Nove e o Tipo Um são tipos do Corpo, esse subtipo deseja autonomia, ao contrário do subtipo de Asa Dois, cujo centro no Coração torna seus representantes mais afetivos. Caso ache que seu desempenho não está bom o bastante, esse subtipo pode, assim como o Tipo Nove, evitar o sexo com desculpas como "Primeiro, tenho que lavar os pratos", "Preciso antes pagar as contas" e outras do gênero. Diferentemente dos representantes do Tipo Nove, os do Tipo Um costumam atribuir mais importância às próprias tarefas, que muitas vezes envolvem educação, trabalhos comunitários ou cumprimento de tarefas domésticas.[24] Os representantes do Tipo Um com Asa Nove também podem usar a desculpa de que o parceiro (ou ele mesmo) não manteve os padrões ou o comportamento que, a seu ver, lhe dariam direito ao sexo.

Tipo Um com Asa Dois (*Amor Paternal e Maternal*): nesse subtipo, a perfeição do Tipo Um encontra o afeto do Tipo Dois. Menos críticos e mais acessíveis que suas contrapartes de Asa Nove, os representantes desse subtipo aliam a vontade de ser "bons" (que caracteriza o Tipo Um) à necessidade de ser bons para os outros (que é típica do Tipo Dois). Porém também podem criticar os parceiros e culpá-los por suas "falhas". Eles lutam para conseguir aceitar alguma forma de crítica e, embora guardem profundos ressentimentos, não gostam de ser vistos como nada menos que modelos de virtude e gentileza.

Com a influência do Tipo Dois, eles ficam mais voltados para as necessidades alheias, menos rígidos e mais propensos a interagir com o mundo. À medida que vão se integrando mais, começam a lembrar-se de pequenos detalhes relacionados aos parceiros e procuram atender a essas necessidades, comprando o vinho de que os parceiros gostam ou um buquê com suas flores preferidas, no intuito de canalizar o próprio desejo para uma expressão de amor que possam julgar mais aceitável ou elevada.

Como Desfrutar da Presença Sexual

O Que Dificulta a Satisfação Sexual do Tipo Um

As crianças finalmente pegaram no sono, o casal teve uma ótima noite de romance e tudo se encaminha para o *gran finale*: o sexo. Só que, quando chegar o momento, o Tipo Um vai perceber o que não está "certo": o quarto desarrumado, as próprias imperfeições físicas (*Estou muito acima/abaixo do peso*), a ducha que o parceiro não tomou, a parede que precisa de pintura, as preliminares que faltaram/sobraram... Enfim, tudo que não estiver do jeito que ele acha que deveria estar. Isso pode transformar uma noite que tem tudo para ser maravilhosa em uma decepção para os dois, só que por motivos diferentes. O desejo de perfeição abafa o desejo de sexo. O Tipo Um pode postergar o sexo até que as coisas fiquem "melhores" ou até que ele considere já ter trabalhado ou se sacrificado o bastante para merecê-lo.

Ele busca perfeição: o amor perfeito, o parceiro perfeito e o sexo perfeito. Porém, a menos que esteja integrado e tenha chegado a um estado de serenidade e aceitação, esse tipo vai criticar o que acontece entre quatro paredes. E a crítica funciona como um balde de água fria na manifestação da excitação e do prazer: *Será que fui bom o bastante? Será que ele/ela foi bom/a o bastante? Fui meio sacana? Poderia ter sido mais sacana? Ele/Ela teve orgasmo depressa demais? Ele/Ela não chegou ao orgasmo? Nossos corpos fizeram ruídos constrangedores?*

Esse crítico interior não para de martelar esse tipo de coisa na cabeça do Tipo Um, distraindo-o da Presença. Qualquer detalhezinho do sexo pode ser considerado um fracasso e dificultar o desejo de futuras relações. Em vez de relaxar e gozar do prazer e do alívio propiciados pelo sexo, ele o vivencia como mais uma arena que o faz travar e estressar-se, o que limita tanto o desejo quanto a possibilidade de ter um orgasmo.

Logo que se apaixona, ele geralmente consegue deixar as críticas de lado. Caso se permita relaxar ou ache que o parceiro ou o ambiente é perfeito (e se estiver integrado), ele se mostra um amante relaxado e disposto que gosta de sexo.

De tanto tentar fazer a coisa "certa" ou o que acha que se espera dele, o Tipo Um pode sentir ansiedade de desempenho, que provoca disfunção erétil, falta de lubrificação ou frigidez. A ansiedade de desempenho também pode fazer o sexo parecer "artificial",[25] como se decorresse da necessidade de cumprir requisitos, e não de seus próprios desejos.

O melhor sexo é uma mistura de ideias e ideais, em vez de uma tentativa de dominar o parceiro. Esse tipo pode criar regras ou expectativas à revelia do parceiro e, no entanto, recusar-se a admitir que o sexo é uma mistura de pontos de vista. Da perspectiva masculina, isso pode assumir a forma de um cala-boca como "Sou o chefe da família. Portanto, o que eu digo está dito". Já a mulher pode ter alterações súbitas de humor e mostrar-se pouco comunicativa de um modo que não permite contestação ("Estou com dor de cabeça").

Se for do Tipo Um e reconhecer esse comportamento, você poderá usar sua percepção consciente para detectar quando ele está acontecendo e perguntar-se se ele lhe traz algum benefício.

Como o Tipo Um Pode se Tornar Sexualmente Presente

Aceite-se: se consegue aceitar as próprias fraquezas e as fraquezas alheias sem precisar criticar nem julgar, o Tipo Um atinge a aceitação serena. Ele abraça o parceiro inteiramente, pois já não precisa "consertá-lo". Do mesmo modo, ele para de procurar o que está "errado", e isso o conduz à Presença. Quando entende que a perfeição não se limita a seu próprio ponto de vista, ele pode de fato transcender a dicotomia do certo *versus* errado e passar a abraçar a tudo serenamente.

Atinja o equilíbrio: quando consegue assumir seu maravilhoso desejo de fazer o que é sexualmente certo e, ao mesmo tempo, refrear o espírito crítico de sua parte sombra, o Tipo Um atinge o equilíbrio e transcende a discordância.

Deixe de ser rígido e controlador: o Tipo Um consegue curar-se quando se permite ser mais espontâneo e explorar com mais abertura, experimentando novas posições ou papéis sexuais sem expectativa nem preconceito. O controle diminui nosso senso de individualidade; a renúncia à necessidade de controlar expande a nossa conscientização.

Aprenda a se expressar: quando integrado, o Tipo Um sabe exprimir seus verdadeiros sentimentos de raiva ou aborrecimento *antes* de ter uma explosão de fúria ou manifestar sua raiva por meio de comentários ferinos.

Abandone a ideia de que sexo é merecimento: no sexo, não é preciso impor condições. Deixe-se levar pela excitação, não por uma lista de deveres cumpridos.

Ame-se por ser, não por ser "bom": se conseguir aceitar ser amado pelo que é (e não pelo que faz), o Tipo Um se permitirá sentir alegria e felicidade (os atributos saudáveis do Tipo Sete).

Aceite as críticas: isso é difícil para o Tipo Um, que é tão perfeccionista, mas ele pode mudar muito quando deixa de ver uma sugestão no sexo como crítica e quando consegue aceitar seus erros sem precisar dar-se cem chibatadas.

Pare de considerar-se moralmente superior: o sexo pode se tornar perfeito do jeito que é quando o Tipo Um aceita os pontos de vista e os desejos do parceiro. Em vez de sentir-se superior e, por isso, precisar "corrigir" os outros, ele pode cultivar uma nobreza de espírito que inspire a todos.

Perguntas para o Diário

OBSERVAÇÃO: Vale a pena responder a estas perguntas, seja qual for o seu tipo.

- De que modo a necessidade de julgar as pessoas afeta a maneira como você desfruta do sexo?
- Em vez de aceitar o parceiro, você quer mudá-lo? Isso impede o fluxo natural da energia sexual entre vocês?
- De que maneira o ressentimento se manifesta em sua sexualidade?
- Como você poderia trabalhar isso para melhorar sua vida sexual?

Tipo Dois:
o Sedutor Sexy

O lema do Tipo Dois: "Por você, meu amor!".

O Tipo Dois como amante: é o amante sensual, sedutor e atencioso que faz tudo por você (embora, no fundo, espere retribuição à altura).

Para ele, o sexo depende de: ser carinhoso e, para merecê-lo, esse tipo faz tudo que achar que agradará ao parceiro ("Eu sei do que você gosta").

Você pode identificar-se com alguns aspectos do Tipo Dois, mesmo que não seja seu próprio tipo: se você for do Tipo Um ou Três (asas) ou do Tipo Quatro ou Oito (pontos de liberação e extensão).

Tipo de amor: Maternal. Muito carinhoso e protetor, o Tipo Dois orgulha-se pelo fato de o amor girar em torno do outro, e não dele.

Convicção nos relacionamentos: "Sou um parceiro carinhoso e amoroso".

Frustração sexual: "Sempre sou eu quem doo no relacionamento, mas minha atenção ao orgasmo e ao prazer sexual de meu parceiro raramente é retribuída ou mesmo valorizada".

Como Entender a Sexualidade do Tipo Dois

Breve Visão Geral

Muitos dos grandes amantes do mundo eram do Tipo Dois. Seu temperamento empático e romântico juntamente com o desejo de entender as necessidades do parceiro dão origem ao amante arquetípico.

Esse tipo faz jus ao sexo mostrando-se útil. Os homens desse tipo gostam de cortejar as amantes com flores e refeições sedutoras e sempre sabem com qual perfume presentear-lhes e quais experiências mais as deleitarão. As mulheres do Tipo Dois inserem-se no clássico papel da sedutora que sabe quais botões deve apertar para incendiar o desejo.

Os representantes desse tipo às vezes empenham-se tanto em agradar sexualmente ao parceiro que deixam as próprias necessidades em segundo plano ou até abdicam delas inteiramente. A sedução pode entremear-se à manipulação. Eles investem muito em estabelecer um relacionamento: por detestarem ficar sós, manter um relacionamento é sua tentativa de satisfazer as próprias necessidades. A menos que tenham saúde emocional, a conta de toda essa doação um dia será cobrada. E, então, eles chegarão ao estágio em que começam a sentir-se depreciados. O que esse tipo quer é reciprocidade! Mesmo que parecesse feliz em doar-se infinitamente, em algum momento o pêndulo começa a oscilar ao contrário: ele pode valer-se de aspectos de um Tipo Oito inferior (linha de extensão) e se tornar vingativo e ameaçador, exigindo atenção ou terminando os relacionamentos abruptamente. De repente, o doador outrora "altruísta" transforma-se em uma pessoa fria e insensível. É desse comportamento que vem a expressão "ter punho de ferro em luva de veludo". Além disso, ele tende a concentrar-se inteiramente em uma determinada pessoa, podendo às vezes surpreendentemente reagir com desinteresse aos que estiverem fora de seu radar.

O Nascimento do Tipo Dois

Em algum momento da infância do Tipo Dois, seu senso de individualidade foi desvalorizado e, por isso, ele tentou criar uma versão idealizada de si mesmo, uma versão mais digna de ser amada. Para parecer mais desejável, ele entrou em sintonia com as necessidades das pessoas para transmitir a seguinte mensagem: "Veja o que eu faço por você. Sem mim, você não conseguiria se virar". No sexo, isso equivale a: "Sei o que satisfaz você. Portanto, você precisa de mim para desfrutar do sexo". Ele tem um desejo pretensioso de inflar o próprio valor fazendo coisas para as pessoas, pois se acha indispensável.

Quando uma criança entende que suas próprias necessidades só serão satisfeitas se primeiro ela atender às necessidades alheias, cria-se o padrão de dar para receber: "Para ser amado, primeiro preciso amar os outros". A convicção de que levar em conta as próprias necessidades é, mais que egoísmo, pecado pode provir de certas doutrinas religiosas que consideram o sacrifício sublime e desejável. Assim, muitas vezes o Tipo Dois se empenha em satisfazer as necessidades alheias, deixando de reconhecer suas próprias expectativas.

O Tipo Dois Quando se Apaixona

Se for integrado: o relacionamento com um representante integrado do Tipo Dois é uma experiência maravilhosa. Ele é aberto, amoroso, humilde, autêntico e extremamente afetivo, carinhoso e generoso. Para alguém assim, nada é complicado demais. Ele doa seu tempo e sua energia com o coração cheio de afeto. Além disso, ama-se tanto quanto ama o parceiro e tem gratidão por tudo quanto o parceiro faz por ele.

Apesar de muito afetuosos, os representantes integrados do Tipo Dois respeitam os limites alheios. Eles aliam a força do Tipo Oito ao sentido de proteção próprio do Tipo Dois, que é também a dinâmica de um macho arquetípico com a fêmea arquetípica: é poder (Oito) com amor (Dois). Além disso, são capazes de relações profundas e da intuição de alguém do Tipo Quatro (ponto de liberação). Quando se entregam por amor, eles o fazem incondicionalmente, com pureza e abertura de coração.

Se for Mediano: quando se orgulham de ser bons amantes, os representantes medianos do Tipo Dois começam a achar que sua presença é indispensável e que, sem eles, nada de romance pode acontecer. Até a masturbação do parceiro pode incomodá-los como se fosse uma afronta à sua perícia no sexo: "Por que você não precisa de mim?". Eles podem interpretar isso como uma penosa rejeição e precisar de que o parceiro reafirme que a opção por um momento de satisfação a sós não quer dizer que o relacionamento tenha acabado.

O Tipo Dois seduz sondando os desejos e fantasias do parceiro para depois tentar realizá-los. Por isso, ele pode ter dificuldade para respeitar limites. Às vezes, o ardor e a persistência com que busca o amor podem parecer um tanto agressivos. "Não" pode ser entendido como "Ele *diz* não estar interessado, mas eu o conheço bem e posso dizer que isso é só para disfarçar sua necessidade de ter um relacionamento comigo".

Os relacionamentos são o foco da atenção do Tipo Dois. A princípio, o objeto de seu desejo pode ser a própria personificação daquilo que ele quer, mas isso não evitará sua desilusão[1] se o amante não retribuir sua adoração. Além disso, pode camuflar alguma disfunção sexual adotando um comportamento acintosamente paquerador e sexualizado.

É possível que comece a desejar cada vez mais adulação, agradecimento e reafirmação de suas habilidades e de seu valor. Caso essa necessidade não seja atendida, ele pode dar chiliques dignos de uma *prima donna*.

Se for Desintegrado: os representantes menos saudáveis desse tipo são exigentes, manipuladores e carentes. Eles podem se tornar reativos e irracionais caso sintam que suas necessidades estão sendo desconsideradas. Curiosamente, são capazes de comportar-se com agressividade durante uma explosão, mas no dia seguinte podem ignorar ou negar o acesso de raiva e as palavras cruéis como se nada tivesse acontecido.

Para ter suas necessidades satisfeitas, esse tipo é capaz de exagerar ou fingir doenças, ou de agir para punir o parceiro. Caso não consiga atrair o amor, ele pode até assediar quem o rejeitou na esperança de conseguir conquistá-lo. E, caso se manifeste em sua pior forma, essa necessidade de encontrar um "amor perfeito" pode induzi-lo a adentrar áreas em que se verá agindo de forma terrível sem sentir nenhum remorso.

É possível que entre em negação completa de suas motivações. O anseio de amor pode gerar muita desintegração entre os representantes desse tipo, eles mesmos possíveis vítimas de abuso na infância, sempre buscando o "amor" nos lugares errados.[2] Na mente desintegrada, o abuso pode decorrer da necessidade de salvar a vítima: o alvo de sua "bondade" pode cair na teia de autoengano, manipulação, frustração sexual e necessidade de dominar do Tipo Dois (como a do Tipo Oito).

Sensível a suas próprias necessidades e às do parceiro, o Tipo Dois tem potencial para criar amantes maravilhosos. É um tipo romântico, atraente e afetuoso, sempre em busca do que as pessoas têm de melhor. Além disso, é bom ouvinte e de fato gostaria de ajudar as pessoas, sem pensar no retorno.

Como Seriam os Perfis de Namoro de Pessoas do Tipo Dois

Ben e seu coração grande, 38
Tenho de admitir: eu amo as mulheres. Sou um cara antiquado que vai dar-lhe flores e abrir portas, saber qual o perfume que você gosta e lembrar-se do seu aniversário. Como os relacionamentos são a parte mais importante de minha vida, estou em busca de alguém que queira ser amada e bem tratada. Mas há uma advertência: eu também amo meus cachorros (tenho três, todos resgatados). Gosto de fazer uma mulher se sentir mulher. Portanto, se estiver à procura de um relacionamento especial, pode deslizar para a direita. ♥ ♥ ♥

Isla, 42
Não estou interessada na maioria dos homens, só em você, se for um cavalheiro romântico com estabilidade mental, emocional e financeira. Procuro alguém que saiba como tratar uma dama e esteja pronto para um relacionamento duradouro (mudaria de cidade de bom grado pela pessoa certa). ☺

Eu: sou uma garota carinhosa e sexy que adora se divertir e sabe o que é preciso para fazer um relacionamento funcionar. Gostaria de encontrar alguém a quem pudesse agradar e satisfazer! Sou uma ótima anfitriã e vou preparar seus pratos preferidos com todo o carinho. Pode contar comigo para realizar suas fantasias e ser a mulher com quem você sonha. ☺

A Paixão da Soberba e a Fixação da Lisonja

> *A soberba transformou anjos em demônios; a humildade transforma homens em anjos.*
> — SANTO AGOSTINHO

No livro *Mere Christianity*, C. S. Lewis afirma que a soberba é o estado "antidivino", no qual o eu egoico está mais colocado em oposição a

Deus: "Se comparados [à soberba], todos os demais pecados são meras picadas de pulgas".[3] O falecido escritor e sacerdote anglicano R. W. Stott, classificado pela revista *Time* uma das 100 pessoas mais influentes do mundo, declarou: "A soberba é sua pior inimiga; a humildade, sua melhor amiga". A soberba costuma ser vista como "a mãe de todos os pecados", responsável pela queda do paraíso citada na Bíblia. Porém, no contexto do Eneagrama, ela não é pior que nenhuma das demais Paixões.[4]

A soberba nos incha, criando um senso inflado de nossa própria individualidade e exagerando nossos feitos. O solitário não tem a quem se gabar, de modo que a soberba seduz os outros com bajulação, para criar dependência emocional.

Para sustentar sua autoimagem glorificada, o Tipo Dois precisa de um parceiro que o admire e, por isso, bajula quem ele quer seduzir. Quem não gosta de ouvir que é bonito, *sexy* ou incrível na cama? Isso alimenta nosso ego sempre faminto. Então o Tipo Dois pode usar nossa necessidade de reconhecimento em benefício próprio dizendo-nos o que intuitivamente sabe que queremos ouvir.[5] Como diz um antigo ditado, "você pega mais moscas com mel, do que com vinagre".

A soberba também induz os representantes desse tipo a crer que estão acima de suas próprias necessidades e que são indispensáveis para os outros. Um deles contou-me o seguinte: "Encontrei um cliente num voo e expliquei-lhe que, por motivo de saúde, tivera que reduzir meu envolvimento na empresa meses antes. Para mim, foi um choque quando ele me disse que não tinha percebido minha ausência". Do mesmo modo, quando um relacionamento chega ao fim, é duro para o Tipo Dois ouvir o ex-parceiro dizer o quanto é bom ficar só. Ele quer que, sem sua presença, os parceiros fiquem arrasados em algum nível para poder correr em seu socorro.

A humildade, o oposto da soberba, é uma expressão autêntica de nossos feitos, na qual não temos dependências nem necessidade de reconhecimento. Agimos com altruísmo em estado puro, sem precisar vangloriar-nos nem alardear nossas "boas ações" como faríamos se motivados pela soberba.

Uma Espiada no Quarto de um Representante do Tipo Dois

O Tipo Dois quer que seu quarto de dormir seja uma alcova propícia à sedução: quadros sugestivos, riqueza de texturas, pouca iluminação e camas imensas costumam ter boa cotação. O Tipo Dois Autopreservacionista (contrafóbico) provavelmente prefere um estilo mais para o aconchegante (representado por ursos de pelúcia bem fofinhos ou pilhas de travesseiros e almofadas) em vez do evidente visual sensual e mais penumbroso que as demais Pulsões Instintivas geralmente apreciam. O Tipo Dois gosta especialmente de velas.

O quarto dos representantes do Tipo Dois com Asa Um costuma ser mais arrumado e ter tons mais frios. Já o quarto dos representantes do Tipo Dois com Asa Três dificilmente deixará de ter um troféu esquisito ou uma foto importante ("Eu com o presidente"; "Eu em Harvard"), pois ele não conseguiria resistir. A menos que sua Asa Um seja forte, a organização não é exatamente o foco do Tipo Dois. Por isso, pode esperar encontrar algum pé de meia jogado embaixo da cama.

Fantasias e Literatura Erótica

Na investigação da própria sombra, o Tipo Dois pode apreciar fantasias que explorem seu lado egoísta e lhe permitam ocupar o centro, com tudo girando a seu redor, e não ao redor do outro, o amado. Na fantasia, suas próprias necessidades estão sendo satisfeitas ou, em vez de "merecer" sexo, ele está exigindo sexo.

As fantasias com *bondage*, prática na qual um dos parceiros detém todo o poder, também podem ter boa cotação, pois o Tipo Dois seria dominado e ficaria à mercê do parceiro, absolvido de toda responsabilidade pela "travessura". O lado negativo é que só se pode receber – dar não é uma opção quando se está amarrado. O Tipo Dois é então "obrigado" a desfrutar de qualquer coisa que o parceiro decida infligir-lhe. Se no enredo da fantasia quem detiver o controle for o Tipo Dois, ele poderá então ser abertamente autocentrado (em vez de precisar fingir sua habitual dedicação infinita). O Tipo Dois Autopreservacionista em especial adorará perder-se em fantasias nas quais é a princesa admirada por todos os príncipes da face da terra, a favorita no harém, à qual o belo sultão não consegue resistir, ou a amante cujo amado vence todos os obstáculos para conquistá-la.

Por trás dessas fantasias, verifica-se geralmente a renúncia ao próprio poder em favor do objeto de seu desejo. Pode ser que, no enredo, ela (o Tipo Dois) seja a personagem feminina típica de uma história de amor barata: forte, mas tímida e reservada. Ele é famoso, rico ou o chefe e faz a linha *bad boy*. Ela diz a si mesma que não o ama (mas está mentindo). Ele tem todo o poder. Ela finge não gostar dele. No fim, ele se revela um cara bom e modesto. Ele declara seu amor, e os dois fazem sexo selvagem em algum lugar exótico.

A American Psychiatric Association assim define as características do transtorno de personalidade histriônica (TPH):

- ❖ Excesso de emoções na busca de atenção.
- ❖ Comportamento indevidamente sedutor.
- ❖ Necessidade excessiva de aprovação e anseio de reconhecimento.
- ❖ Dramaticidade.
- ❖ Entusiasmo.
- ❖ Coquetismo.
- ❖ Comportamento manipulador.
- ❖ Boas habilidades sociais.

- ❖ Orgulho da própria personalidade.
- ❖ Rápida variação de estados emocionais que, aos demais, pode parecer superficial ou exagerada.
- ❖ Tendência a crer que os relacionamentos são mais íntimos do que de fato são.
- ❖ Propensão a culpar outras pessoas por decepções ou fracassos pessoais seus.
- ❖ Tendência a ser facilmente influenciado por outros, em especial os que o aprovarem.
- ❖ Discurso cujo estilo visa a impressionar; desprovido de detalhes.
- ❖ Superficialidade emocional.

O TPH já foi associado a pessoas do Tipo Dois.[6] Isso não significa que todas as pessoas do Tipo Dois tenham o transtorno, mas sim que elas tendem a ter algumas de suas características. É interessante observar que também já se sugeriu a existência de uma relação entre o TPH e o transtorno de personalidade antissocial (TPA), que tem ligações com o comportamento do Tipo Oito (ponto de extensão do Tipo Dois).[7]

"O que isso tem a ver com literatura erótica?" Para o sedutor representante do Tipo Dois, que deseja reconhecimento e adora um toque de drama, a ideia de ser uma estrela pornô bem poderia ser uma fantasia. Melodramático, muitas vezes ele pode apresentar-se como sexualmente desinibido quando, na verdade, é o contrário.[8] Um exemplo: o da mulher que diz ter dormido com muitos homens, mas não chegou ao orgasmo com nenhum deles.

Já que costuma ficar ansioso quando está sozinho, esse tipo se dispõe a lançar-se no mundo para encontrar um relacionamento que satisfaça sua necessidade de ser necessário. Isso não quer dizer que ele nunca fique em casa para assistir um pouco de pornografia, mas ela raramente satisfará sua necessidade mais profunda de parceria e admiração.

O Tipo Dois nos Diferentes Sexos

Mulheres: se examinar o símbolo do Eneagrama, você verá que o Tipo Oito (o tipo masculino mais arquetípico) está defronte ao Tipo Quatro, um dos dois tipos mais femininos do Eneagrama (o outro é o Tipo Dois). Se o Tipo Oito caracteriza o "avanço contra" (como na agressividade ou energia masculina) e o Quatro caracteriza a "esquivez" (como no fato de ser procriador ou o receptáculo feminino do sexo), então o Dois é o ponto de equilíbrio entre eles e tem em sua composição tanto o amor quanto a guerra.[9]

Isso não quer dizer que não haja homens no Tipo Dois (ou mulheres no Tipo Oito), mas sim que os atributos de carinho e proteção do Tipo Dois costumam ser mais associados ao arquétipo feminino, ao passo que dominação e controle costumam ser associados à energia masculina. A definição proposta por Carl Jung para o "tipo sentimento extrovertido" presta-se muito bem ao Tipo Dois. Segundo o próprio Jung, "esse tipo parece ser mais frequente entre as mulheres".[10] Embora eu mesma conheça muitos homens do Tipo Dois, não há dúvida de que nesse tipo parece haver mais mulheres.[11]

É fácil ver como as percepções do comportamento "feminino" surgiram no passado vitoriano, quando mulheres destituídas de qualquer forma de poder eram consideradas criaturas sensíveis e inconstantes, mais focadas no sentimento do que no pensamento, que poderiam transformar-se em rainhas do drama a qualquer momento. Os traços físicos dos representantes do Tipo Dois também têm uma suavidade roliça normalmente mais associada às mulheres.[12]

Convém lembrar que as mulheres do Tipo Dois têm mais probabilidade de se casar com homens do Tipo Oito, o que evidencia que os arquétipos do feminino e do masculino criam uma atração. Entretanto, descobriu-se que os homens do Tipo Dois têm mais atração por mulheres do Tipo Quatro, seguidas pelas do Tipo Um.[13]

A descrição das mulheres do Tipo Dois, em especial as dos subtipos Sexuais, enfatiza as qualidades da sedutora: bonitas, mas perigosas. Elas podem ser muito simpáticas com as mulheres que não considera uma ameaça, porém são extremamente competitivas e até más com as que são tão atraentes quanto ela. São mulheres que podem exacerbar a própria sexualidade para compensar um sentimento de inadequação sexual (por exemplo, caso tenham alguma disfunção física ou sexual).

É possível que tenham sido "a princesinha do papai". Os pais de mulheres do Tipo Dois viam suas esposas como argumentativas, frias ou ressentidas da atenção que eles davam às filhas. Por isso, pai e filha acabaram formando um vínculo estreito, que pode ter envolvido coquetismo à medida que o desejo edipiano dela se desenvolvia. Quando ela entrou na adolescência, o pai pode ter sentido um certo desconforto diante do comportamento dela (abraçar, beijar, sentar-se no colo dele) e retraiu-se, o que a fez sentir-se culpada, envergonhada, rejeitada e confusa.[14]

As mulheres desse tipo geralmente se vestem de forma reveladora ou provocante. Seu gosto por longos decotes e cores vivas e sensuais as fazem parecer divertidas e frívolas. Ironicamente, depois de toda uma sessão de paquera escancarada, na hora de finalizar, elas podem resolver simplesmente não ir adiante: "Estou com dor de cabeça". É possível que se queixem longamente de que o parceiro é uma constante decepção entre quatro paredes, que lhe falta técnica ou ardor. E, no entanto, elas podem não conseguir iniciar o sexo ou chegar ao orgasmo. Culpando o amante "desajeitado", elas o coagem a esforçar-se mais para agradá-la, que é o que o Tipo Dois quer.[15]

Homens: os representantes masculinos menos integrados desse tipo podem adotar o lado mais delicado, emotivo, teatral e carente do Tipo Dois (mais como o do Tipo Quatro), ao passo que suas representantes femininas menos integradas podem adotar a necessidade de dominar e controlar do Tipo Dois (mais como a do Tipo Oito) ou vice-versa. Por ter mais contato com seu lado feminino, é possível que o homem desse tipo se sinta atraído por mulheres mais delicadas, como as do Tipo Quatro (Maternal), ou por mulheres de tipo Paternal (como as dos Tipos Um, Cinco ou Seis).

Como em todos os tipos, existe tensão nas polaridades encontradas na agressividade e na passividade do Tipo Dois.[16] Como o Tipo Oito, o Dois faz qualquer coisa para encontrar uma companhia, só que o objetivo do Oito é receber, e o do Dois é dar. Perito em ler as pessoas, o homem desse tipo pode usar sua habilidade para criar intimidade imediata: "Sabia que você diria isso. Eu estava até sentindo". E assim, de repente, a presa antes desinteressada logo se interessa: "Como é que você descobriu isso?".

Como as mulheres do Tipo Dois, os homens desse tipo (qualquer que seja sua orientação sexual) também podem ser abertamente sexualizados: os Don Juans do mundo, que precisam abraçar e acariciar para reafirmar-se, muitas vezes no intuito de mascarar alguma disfunção sexual subjacente ou mesmo uma dependência do sexo. Os homens do Tipo Dois podem projetar um certo excesso de virilidade, embora muitas vezes sua infância tenha sido marcada pela ausência emocional ou física do pai, o que implica que eles podem não ter participado dos interesses e atividades normalmente atribuídos a pais e filhos (do sexo masculino). Eles podem dizer: "Sim, eu adorava futebol. Belos tempos, belo time nós tínhamos na faculdade" quando, na verdade, jogavam no time que sempre ficava em último lugar e fugiam dos esportes sempre que podiam. É mais provável que tenham sido os pequenos confidentes de suas mães, propiciando uma alternativa à conexão emocional de que elas sentiam falta dos maridos (ausentes). Eles gostam de se ver como viajantes ou aventureiros em um sentido romântico, como descrito por Jung no nível dois de desenvolvimento do *animus*, o "Homem de ação ou Romance".[17]

Em geral, os homens do Tipo Dois são mais difíceis de identificar que as mulheres. A sociedade vê as mulheres que têm muitos homens como promíscuas, mas os homens que têm muitas mulheres são considerados heróis pelos companheiros. Por isso, é mais fácil para os representantes masculinos desse tipo atingir a admiração que buscam sem incorrer em condenação social. Caso se tornem impotentes, a culpa será atribuída à(s) parceira(s). Os homens homossexuais ou bissexuais do Tipo Dois aumentam ainda mais a lacuna no que diz respeito à variedade de amantes e emoções.[18]

Tipo de Amor: Maternal

Por serem afetuosos, protetores e carinhosos e preferirem dar a receber, tanto os homens quanto as mulheres do Tipo Dois demonstram a energia do amor Maternal. Nos representantes integrados do Tipo Dois, o amor é incondicional, caloroso e capaz de perdoar; um amor dotado de carinho e compaixão que não conhece limites e é altruísta nos mais altos níveis da expressão. Porém, nos representantes menos integrados, o amor tem apego, é possessivo e manipulador, instila culpa ou envolve supostos sacrifícios.

A Criação de Dependências

Os representantes do Tipo Dois precisam paparicar as pessoas para despertar admiração. Ao contrário do Tipo Quatro, que dá um passo atrás e torce para que alguém note sua presença, esse tipo dedica-se a buscar ativamente seus parceiros. Ele desenvolve muita sintonia com as necessidades de potenciais amantes para aliciá-los a aceitar um relacionamento.[19] Quando o parceiro deixa de realizar seus desejos, volúvel, ele não hesita em avançar em direção ao próximo amante em potencial e a um relacionamento mais promissor.[20]

Apesar de insistirem em manter a própria independência, os representantes menos saudáveis do Tipo Dois procuram tornar seus amantes financeira, emocional, protetiva, sexual ou socialmente dependentes. Isso lhes confere um ar arrogante, como se julgassem ter direito a pensar e agir em nome do parceiro porque só eles sabem o que é melhor para esse parceiro. É por isso que tantas vezes querem cumprir o papel de salvador ou provedor para aqueles que considera dependentes de sua bondade e seu amor. Isso pode assumir a forma de atração de um tipo codependente por um amante de tendências narcisistas. Às vezes, em um rompante de raiva ("Depois de tudo que fiz por você!"), o Tipo Dois pode recitar todas as boas ações que vem contabilizando mentalmente. Ele gosta de estar no comando, só que costuma disfarçar essa necessidade simulando concordar com o parceiro enquanto sutilmente o manipula para obter o que deseja.

Limites

Os representantes menos integrados do Tipo Dois normalmente têm problemas para respeitar limites. Isso pode transparecer quando eles, já no primeiro encontro, se sentem à vontade demais na casa do parceiro, abrindo a geladeira e os armários da cozinha, ou checando as mensagens gravadas no telefone dele, por exemplo. Um amante em potencial pode concordar com um encontro com alguém do Tipo Dois na sexta-feira e, já na terça, encontrá-lo à sua porta (detalhe: sem ter sido convidado), carregando comida, vinho e flores. Ou, então, chegar em casa e encontrar o novo namorado, ou a nova namorada, do Tipo Dois animadíssimo arrumando as gavetas ou consertando alguma coisa na cozinha. Seria difícil ficar com raiva, já que ele estava "apenas sendo atencioso".

Para obter a percepção e aquela ligação extra que desejam, as pessoas desse tipo podem investigar os *e-mails* ou a agenda do parceiro, ou fazer perguntas pessoais como "Quanto você ganha?". Em um relacionamento, elas não têm o menor escrúpulo em bisbilhotar o passado amoroso do parceiro, podendo até pressioná-lo a revelar os próprios segredos sexuais.

Com o tempo, isso se torna exaustivo para o parceiro de alguém desse tipo, que acaba ficando com medo de mencionar alguma de suas necessidades porque sabe que ela será imediatamente atendida, só que a um custo emocional. Além disso, esse tipo pode persuadir o parceiro a concordar com práticas sexuais com as quais ele não se sente à vontade.

Sacrifício

Sacrificando suas necessidades pelo bem dos outros, o Tipo Dois tende a assumir o papel de mártir. Veja a seguir a resposta de uma pessoa desse tipo a uma pergunta relativa a amor e sexo, na qual se revela a forma abnegada com que aborda os relacionamentos:

> *Eu sou uma pessoa muito apaixonada. Tenho um enorme desejo de agradar as pessoas ao meu redor. E, mais que isso, tenho o maior desejo de agradar minha família, tanto no amor, de maneira geral, quanto sexualmente. Eu me considero a pessoa que tem de trabalhar, e isso para mim é perfeito. A meu ver, o amor é poder fazer tudo neste mundo por aqueles que me são caros, pelos que estão perto de mim, sem esperar nada em troca.[21]*

Na citação anterior, as últimas palavras mostram um nível mais alto de integração. Compare-a à próxima, onde vemos a palavra "sacrifício":

> *Sexo e amor são duas coisas completamente diferentes. O amor pressupõe sacrifício; pressupõe colocar as necessidades alheias antes das suas; pressupõe gentileza, respeito, perseverança. O sexo deveria ser um dos meios de expressão do amor. Porém, também poderia ser apenas um ato físico de satisfação.[22]*

Esse representante do Tipo Dois caiu na armadilha de negar as próprias necessidades. Embora alguns possam considerar essa abordagem admirável, ela não é equilibrada.

Falsa Intimidade

Apesar de alegarem desejar intimidade, as pessoas do Tipo Dois podem evitá-la de modo subconsciente. Intimidade envolve autenticidade e, quando não integradas, elas temem mostrar-se como são: afinal, se o parceiro não gosta de seu eu autêntico, com todos os defeitos, elas se expõem à rejeição. Como busca afirmação, o Tipo Dois tem dificuldade em admitir que dá para receber. Por isso, ele pode demonstrar falta de compromisso na hora de ir para a terapia ou simplesmente evitá-la. A verdadeira intimidade acaba sendo substituída por gabolice e falsas demonstrações de "bondade". O Tipo Dois comumente relata relacionamentos "difíceis", em geral atribuindo a um parceiro (ou uma série de parceiros) a culpa por suas experiências amorosas: "Por mais amor e atenção que eu possa ter, parece que estou sempre atraindo gente que acaba se aproveitando de mim". A psicóloga, professora, escritora e estudiosa do Eneagrama Helen Palmer vê isso como uma necessidade de evitar envolvimento e intimidade mais profundos.[23]

É Dando que se Recebe

O Tipo Dois é estrategicamente solícito e, caso não seja integrado, oferece apoio de uma forma que pode parecer despretensiosa, embora em algum momento ele vá exigir retribuição: "Eu arrumei um encontro para você que deu muito certo! Agora, quanto àquela sua oferta de me emprestar seu apartamento na França...". Em um relacionamento, é possível que, sexualmente, ele não lhe peça nada, mas um dia dê um faniquito e o acuse de viver fazendo exigências sem nada dar em troca, até constrangê-lo a fazer o que ele quer. Fantasia e realidade (mentiras e verdades) podem misturar-se caso a sedução assim o exija.

Quando você passa a vida satisfazendo as necessidades alheias em detrimento das suas, pode acabar se sentindo distante e desconectado de seus próprios sentimentos e desejos sexuais. E, assim, nem saber o que sente ou quer sexualmente. Por isso, o Tipo Dois não gosta de falar de coisas que o incomodam, como sua incapacidade de ejacular, o chilique que deu ontem à noite ou a mágoa que guarda de uma rejeição do parceiro. Isso significa também que o prazer do parceiro se torna *o* prazer. Ele costuma minimizar as próprias necessidades e seus desejos sexuais e concentrar-se exclusivamente no parceiro: "Veja que grande amante eu sou; veja como me empenho em dar-lhe prazer". Inicialmente, isso pode de fato fazê-lo parecer um grande amante.

No entanto, quando se sente desconsiderado ou encontra resistência em suas tentativas de ensinar o parceiro a fazer amor, ele logo vira a casaca e o culpa pelos problemas na cama: "Com meu ex, eu tinha orgasmo todas as vezes e o prazer durava horas"; "Minha última namorada me excitava demais. Obviamente, a culpa é sua se perdi minha ereção". O prazer precisa de reciprocidade, e é aí que a coisa pode não funcionar para o Tipo Dois.

Às vezes é difícil viver com esse tipo se ele tiver a idealizada convicção de ser extremamente gentil, solícito e carinhoso. Em sua mente, a natureza das polaridades exige que o parceiro assuma o papel oposto, sendo rude, desatencioso e insensível (a projeção de sua própria sombra). Isso pode acabar trazendo-lhe o que mais teme: ficar só.

Serei o Que Você Quiser

Os representantes do Tipo Dois se adaptam àqueles a quem desejam perseguir ou impressionar. Sua capacidade de assumir papéis e explorar as fantasias de outra pessoa cria um meio de propiciar uma gratificação sexual que vai além do tradicional. Para Judith Searle, escritora e mestra do Eneagrama, as pessoas desse tipo são aventureiras no sexo, explorando a troca de casais, a bissexualidade e outras práticas pouco convencionais do ponto de vista sexual. Ela sugere que o efeito da dinâmica do Tipo Quatro-Oito (mulher-homem) dividida pelo Tipo Dois (discutida na parte referente às mulheres desse tipo) pode resultar no Tipo Dois explorando papéis de gênero com mais facilidade que os demais.[24] Segundo Naranjo, para o Tipo Dois, quando há amor (e quando o pensamento é arrebatado pelo sentimento), tudo é permitido.[25]

Hábil quando se trata de detectar as necessidades alheias, o Tipo Dois intui como é o parceiro ideal da pessoa desejada: *Ela precisa de alguém forte e decidido ou de alguém divertido, sexy e romântico? Tem interesse em arte? Música? Vinhos? Então eu "desenvolvo" esse interesse para que nossas afinidades e nossa intimidade aumentem. Se ambos adoramos as mesmas coisas, isso só pode significar que estamos próximos e somos um bom páreo um para o outro.*

A própria identidade do Tipo Dois reside nos relacionamentos.[26] Esses "interesses" raramente perduram depois que o relacionamento acaba. Além disso, esse tipo presta-se facilmente à interpretação de papéis sexuais. O parceiro quer uma enfermeira, uma dominatrix, uma fantasia de pastor, um *stripper*? Nada disso é problema para o Tipo Dois, pois a recompensa será mais poder e mais controle.[27] Quando integrado, ele pode ser um espelho para o parceiro, quando menos integrado, torna-se um espelho do parceiro.

A Necessidade de Relacionamento

Por ser o tipo do Eneagrama que menos tolera não estar em um relacionamento, o Tipo Dois não hesita em transigir nas suas opções para ter um parceiro: "É verdade, ela está bem confusa", confidenciou-me um representante do Tipo Dois a respeito de uma nova parceira. "É possessiva, reativa e talvez até narcisista. O que se há de fazer? Todos nós temos nossas mazelas".

Se não consegue o que deseja, esse tipo pode adotar uma postura de rejeição e até de agressividade, assumindo o papel de mártir ferido: "As mulheres sempre acabam tirando vantagem de mim porque sou um alvo muito fácil"; "Você não seria nada sem mim".

Veja-me, Sinta-me

O Tipo Dois precisa de constante reconforto pelo tato. O toque transmite-lhe segurança. A seu ver, apenas "estou sendo carinhoso", quando na verdade a questão é mais de propriedade que de carinho: é o controle mascarado de romance.

Esse tipo pode às vezes orgulhar-se de suas aptidões e proezas sexuais: "Veja como sou bem-dotado"; "Veja só quantos orgasmos eu consigo lhe dar". As mulheres, particularmente, podem manipular os homens por meio do sexo. A necessidade de amor pode ser tão desgastante a ponto de provocar explosões de fúria.

As pessoas do Tipo Dois podem achar que deixar o parceiro estimulado é estimulante para elas também. A psicóloga Sandra Pertot descreve dois tipos de amantes reativos (mais próximos do Tipo Dois): os que realmente gostam de fazer do outro o foco de sua atenção no sexo e aqueles que se martirizam pelas necessidades dos parceiros no intuito de preservar o relacionamento.[28] Na terminologia do Eneagrama, eu diria que o primeiro tipo descrito é uma versão integrada do Tipo Dois.

Alegres Juntos

O Tipo Dois, assim como o Nove e o Sete, é um dos tipos "alegres" do Eneagrama e pode fingir alegria para inspirar animação e estímulo. Ele geralmente gosta de novas experiências, e isso põe as viagens no topo de sua lista de prioridades, atendendo assim a duas finalidades: criar momentos de prazer e diversão e garantir a atenção do parceiro em tempo integral. Em casa, o parceiro pode estar concentrado no trabalho ou nos filhos, mas nas férias "tenho você só para mim". Esse tipo costuma dividir os relacionamentos em "maravilhosos" ou "horríveis", conto de fadas ou pesadelo. Em termos simples, isso significa relacionamentos que realçam a visão que ele tem de si mesmo como abnegado e relacionamentos que não o fazem.

As Pulsões dos Instintos

O Tipo Dois Autopreservacionista (*contrafóbico*): autora de obras sobre o Eneagrama, Beatrice Chestnut afirma que a atitude desse subtipo do Tipo Dois deixa transparecer a ideia de "privilégio".[29] Isso indica que o foco volta-se para dentro, para si, e manifesta-se no comportamento "primeiro eu",[30] o que produz o contratipo, oposto ao impulso típico desse tipo, que é voltado para o outro.

Ao contrário dos Tipos Dois Social (mais adulto e civilizado) e Sexual (mais "selvagem" e irrestringível), em muitos aspectos esse subtipo parece uma criança. Tome-se como exemplo a borbulhante visão do amor e do sexo desse Tipo Dois Autopreservacionista: "São lindos demais! ☺ E não custam nada! Quando você os dá gratuitamente, recebe ainda mais do que poderia imaginar! Lindos, lindos☺".[31] (Esse tipo simplesmente adora emojis de sorriso e de coração!)

As necessidades de uma criança geralmente são atendidas antes das dos adultos, e é daí que vem essa convicção da "importância de mim". Historicamente, essa dinâmica tem atuado por meio de modos e costumes tradicionais: por exemplo, o homem ("forte", Tipo Oito arquetípico) deve sempre oferecer o casaco à mulher ("fraca", Tipo Dois arquetípico) ou caminhar mais perto da rua para protegê-la, como se faria com uma criança.

Esses subtipos buscam um parceiro que cuide deles e os proteja; uma figura paterna ou materna que os coloque no centro das atenções e os ame simplesmente por existirem (como se faria com uma criança). Pense na criança de olhos enormes à qual ninguém resiste, no queridinho do professor ou na pessoa adorável que age como se fosse uma criança.[32] Para isso, todos eles adotam um comportamento coquete e infantilizado que representa um convite aos salvadores. Sua linguagem corporal ou seu modo infantil de falar transmite a mensagem "Cuide de mim". As pessoas do subtipo Autopreservacionista do Tipo Dois costumam parecer mais jovens do que realmente são e podem até se vestir de maneira infantil. Sua sedução pode lançar mão da ideia de inocência: "Será que o papai vai ser gentil com sua filhinha?". É interessante lembrar que a virtude do Tipo Oito é a inocência e que seu ponto de liberação é o Tipo Dois, de modo que um homem do Tipo Oito pode evocar no Tipo Dois essa paródia do adulto "inocente".

Esse subtipo também sabe encantar e desarmar aqueles a quem deseja seduzir com humor, brincadeira, prazer espontâneo, energia alegre e uma propensão geral ao hedonismo (o que pode torná-lo parecido com o Tipo Sete). Como a criança que não consegue deixar de comer todos os docinhos da festa, o Tipo Dois Autopreservacionista às vezes não consegue se controlar. Isso também pode levá-lo a dormir com gente por quem não se sente particularmente atraído, mas cuja atenção ele deseja. É possível que ele não consiga guardar segredo a respeito de casos ilícitos. Quando a vontade for forte demais, ele pode agir de modo irresponsável (transando sem camisinha no banheiro do escritório, por exemplo). Como uma criança, esse subtipo geralmente não quer compromisso nem responsabilidade (um parceiro com três filhos de outro casamento, nem pensar) e pode fazer birra se sua vontade for contrariada ou se sentir algum tipo de rejeição.

Para quem se acostumou a ver os representantes do Tipo Dois como os ajudantes e doadores compulsivos deste mundo, é fácil classificar erroneamente o subtipo Autopreservacionista do Tipo Dois. O Tipo Sete quer diversão para fugir do sofrimento; já esse subtipo Autopreservacionista usa especificamente a diversão para parecer mais desejável. Mais reservado no trato social a ponto de ser tímido, ele pode ser confundido com o desconfiado Tipo Seis, sobretudo porque, como o Tipo Seis, esse subtipo às vezes é mais ambivalente no amor que o subtipo Sexual ou o autoconfiante subtipo Social do Tipo Dois.

O Tipo Dois Social: aqui, a soberba revela-se na ambição de subir na vida, pois os representantes desse subtipo querem ser reconhecidos como gente de boa posição na sociedade. Transitando com confiança por diferentes meios e grupos, eles facilmente se disporão a assumir papéis de liderança para parecer mais desejáveis. Muitas vezes atendendo pelo nome de "Ambição", eles vão manipulando grupos, em vez de pessoas, e orgulham-se de ser melhores que os outros. Para satisfazer as próprias necessidades, sabem como mexer os pauzinhos e influenciar as pessoas.[33]

Como precisam ser vistos como importantes, na conversa com potenciais parceiros, eles citam nomes, mencionam a prestigiosa universidade que frequentaram (esquecendo-se de dizer que só durante um curso livre de duas semanas) e casualmente deixam escapar o número de amantes que já tiveram: "É, eu cursei Harvard. Na verdade, Bill Gates era amigo meu"; "Vou lá e encontro aquela garota linda, com metade da minha idade, me esperando no quarto. Ela era fogosa, não queria saber de parar". As pessoas desse subtipo do Tipo Dois também são típicas potenciadoras: elas sabem usar as "falhas" e os "vícios" dos parceiros e, demonstrando aceitação, tentar garantir que eles não as abandonem.[34]

Nos relacionamentos, elas costumam ser mais possessivas, exploradoras e controladoras que as dos outros subtipos, usando a sedução com motivações nem sempre louváveis e adotando riqueza, fama e poder como moeda de troca. Quando menos integrado, o Tipo Dois pode declarar sentir-se vulnerável amorosa ou emocionalmente, mas isso bem pode ser só uma encenação para obter o resultado que deseja. Nesse sentido, muitas vezes sua postura parece mais a de alguém do Tipo Três (movido por metas) ou do Tipo Oito (mandão e controlador).[35]

Os indivíduos menos integrados gostam de achar-se melhores que os parceiros; de pensar que são mais viajados, mais bem-sucedidos ou mais ricos. Embora seja muito importante sentir-se indispensáveis, não gostam de admitir que seus parceiros também são indispensáveis para eles. Quando lhe perguntam o que pensa do amor e do sexo, esse subtipo Social usa a palavra "entregar": "Eu sempre anseio entregar o amor ou demonstrar meu amor aos mais próximos".[36]

As mulheres desse subtipo não se parecem em nada com suas irmãs mais selvagens do subtipo Sexual, pois precisam de *status* social e querem ser vistas como inteligentes e bem-sucedidas. Elas têm uma faceta mais calma, mais adulta e mais reservada que as de qualquer dos outros dois subtipos. Seu modo de se vestir reflete isso, pois é menos vistoso e insinuante.

O Tipo Dois Sexual: esse é o subtipo que melhor representa o Tipo Dois.[37] Se o subtipo Social seduz grupos, o subtipo Sexual seduz indivíduos; o Social ganha atenção por meio da presunção; o Sexual, por meio da sexualidade e da sedução. Por isso, é o mais ostensivamente sexual dentre os subtipos. O Tipo Dois gosta de inspirar confiança, e o subtipo Sexual, em particular, aprecia a intimidade criada quando o parceiro lhe confidencia os próprios segredos. Para seduzir, ele pode chegar ao ponto de se comportar conforme o que acha que o outro busca em um parceiro ou de professar gostos e interesses semelhantes, só para criar uma afinidade.

Os homens do subtipo Sexual do Tipo Dois tendem a ser mais sedutores, ao passo que as mulheres podem agir como verdadeiras "*femmes fatales*",[38] mostrando-se agressivas ao perseguir seus interesses amorosos e obcecadas por relacionamentos. Elas sabem como se tornar irresistíveis. Porém, como mulheres-aranhas, podem devorar a presa depois de atingir sua meta. A agressividade predatória das mulheres do subtipo Sexual do Tipo Dois pode ser vista na mulher atraente que usa todos os truques sedutores da cartilha quando seu alvo é o homem maduro e rico. Assim, inicialmente, ela se mostra muito pródiga com o próprio dinheiro para levá-lo a crer que não tem nenhum interesse em sua fortuna: é dando que se recebe. Ou se empenha no número montado pela "loura burra", que fascina os pretendentes usando a aparência para dissimular inteligência e astúcia. Esse comportamento pode incluir fingimento e todo tipo de provocação sexual (mas sem consumar o ato) para levar o parceiro até o altar. Quando menos integrado, esse subtipo do Tipo Dois declara-se amante do amor e, com essa desculpa, pode explorar parceiros e agir de maneiras que ferem e prejudicam, recusando-se a assumir responsabilidade por seus atos.

Tendo seu ponto de liberação no Tipo Oito (que é onde "você me pertence"), esse subtipo não esconde a própria possessividade. Ele aprecia o poder que vem de ser adorado e, além disso, como o Tipo Oito, é sensual: um representante desse subtipo do Tipo Dois descreve o amor e o sexo comparando-os "ao vinho e à comida [...]; tudo parte da experiência sensual de estar vivo no próprio corpo".[39] Para conquistar o objeto de seu desejo, ele se orgulha da própria aparência e gosta de dar a impressão de ter sentimentos muito profundos (mesmo que seja só representação). Ao contrário do subtipo Social, mais reservado, adulto e intelectual, o Sexual é espontâneo, divertido, paquerador e irresistível.

Mesmo que tenha cargos importantes, o subtipo Sexual desse tipo dará prioridade ao relacionamento e às necessidades sexuais em detrimento de qualquer outra coisa. Ele está sujeito à influência de um aspecto perigoso, que é o desejo insaciável de despertar paixão nos outros para conseguir o que quer (e pensar que isso é tudo). Além disso, costuma gravitar em torno de ricos e poderosos, que são os que podem dar-lhe um cartão de crédito sem limite. No entanto, como descreve um de seus representantes, amor e sexo podem causar muito sofrimento:

> *O amor deixa você vulnerável e muitas vezes é muito difícil. Minha experiência e minha expectativa do amor evoluíram ao longo dos anos e, agora, o quadro é mais bonito do que eu imaginava. Mas o sexo, por sua vez, é diferente. Acho que minhas expectativas a respeito dele ainda estão meio fora da realidade; é um ato tão desprendido e, apesar disso, levamos para ele muito de nós. Descobrir como administrar essas tensões é bem complicado.*[40]

As Asas

Tipo Dois com Asa Um (*Amor Paternal e Maternal*): nesse subtipo, o afeto do Tipo Dois encontra a perfeição do Tipo Um. Quando integrado, ele pode motivar-se de verdade a melhorar o mundo sem nenhuma intenção oculta. Muitas vezes, os representantes desse subtipo tornam-se professores, políticos, profissionais da área da saúde ou pastores e membros do clero. Eles se colocam a serviço de seus semelhantes sem necessitar de elogio nem de aplauso. Além disso, são mais calmos e reservados (a influência Paternal) que os representantes do Tipo Dois com Asa Três. Sua noção de limites é mais nítida.

À medida que atingem um nível médio de saúde emocional, essas pessoas manifestam de modo mais evidente o paradoxo entre a necessidade de relacionamentos intrapessoais e emocionais do Tipo Dois e a atitude mais racional, impessoal e controlada do Tipo Um. Há um senso maior de responsabilidade perante o parceiro, um desejo de ser um "bom" marido ou uma "boa" mulher. "Amor/Sexo é a paixão que você deve ter por seu parceiro":[41] foi assim que alguém desse subtipo do Tipo Dois descreveu seu relacionamento (observe o uso do verbo "dever", um dos favoritos do Tipo Um).

Com essa asa, a necessidade de doar-se ao amante pode levar o Tipo Dois a esquecer-se até de si mesmo. Seus atos sugerem "Tudo por você", porém sob a superfície carinhosa o ressentimento vai-se acumulando e pode exprimir-se como crítica à pessoa amada.

Nesse subtipo, o sexo também será mais controlado e menos expressivo. Ele pode irritar os parceiros caso sinta vontade de "aperfeiçoá-los". Graças à influência do Tipo Um, ele tem valores morais mais rigorosos (e pode ter mais hipocrisia).[42] Além disso, não gosta que o contradigam e vai negar ou desafiar quem quer que o faça.

Tipo Dois com Asa Três (*Amor Maternal e Erótico*): quando integrado, o desejo de relacionar-se do Tipo Dois, aliado à autenticidade do Tipo Três, produz a verdadeira intimidade. O aspecto aportado pelo Tipo Três torna esse subtipo mais charmoso, extrovertido e à vontade quando tem companhia, além de mais exigente no sexo. Os relacionamentos estão em primeiro lugar na sua lista de prioridades. É mais provável que prefira prodigalizar os próprios dons a simplesmente cuidar dos outros. Quando menos saudável, ele gosta de fazer fofoca, trocando os segredos alheios por intimidade.

Sendo ambos os tipos ligados à vergonha, no nível emocional médio essa associação cria um duplo golpe, só que o Tipo Dois quer mascarar a própria vergonha *fazendo* mais pelos outros, e o Tipo Três, *sendo* mais que os outros. Como o Tipo Três, esse subtipo pode usar as realizações no trabalho para evitar a autoanálise e, assim, acabar ficando viciado em trabalho. Há mais ambição e um desejo de ascensão social. Quando se trata de escolher um parceiro, sua preocupação é "Ele/Ela vai melhorar meu *status*?". Citar nomes e falar do próprio sucesso é importante.

Esse subtipo pode ser mais exigente e direto a respeito das próprias necessidades (influência erótica do Tipo Três). Pelo fato de não ter o ponto de vista crítico do subtipo de Asa Um, ele é menos propenso a encontrar defeitos em si mesmo e nos outros. Porém, como o Tipo Três, tende mais a vangloriar-se. Acima de tudo, ele quer ser desejado e admirado.

Como Desfrutar da Presença Sexual

O Que Dificulta a Satisfação Sexual do Tipo Dois

O controle é algo que faz parte do sexo. Quando o Tipo Dois se empenha em satisfazer as necessidades de alguém, essencialmente ele tem o controle: é ele quem decide quanto, quando, onde e o que dar. Às vezes é mais difícil receber que dar, já que receber pressupõe render-se àquilo que o parceiro resolva dar. A incapacidade de receber reflete um desejo de manter o controle e uma incapacidade de ceder (ou render-se), o que gera uma dinâmica de poder semelhante à de um Tipo Oito menos integrado. O Tipo Dois não gosta de ver sua doação ser desconsiderada ou pouco apreciada. Segundo Naranjo, o Tipo Dois faz amor. Mas, por meio de suas tendências agressivas (e de sua conexão com o Tipo Oito), ele também faz guerra.[43]

Focar em agradar o outro sublimando ou ignorando as próprias necessidades gera desequilíbrio. Quando deixar de lado a pretensiosa convicção de que sempre é ele quem dá, o Tipo Dois aprenderá a receber as muitas dádivas que a rendição propicia. O verdadeiro poder jaz na vulnerabilidade de render-se ou receber. Embora possa falar e agir como se estivesse familiarizado com a intimidade, a verdade é que, muitas vezes, ele a conhece bem pouco. E precisa aprender que o sexo não é necessariamente igual à intimidade: o caminho para a verdadeira intimidade está na autenticidade.

Como o Tipo Dois Pode se Tornar Sexualmente Presente

Reconheça suas necessidades: o Tipo Dois passa a estar presente de verdade quando se permite a conscientização e a expressão de suas necessidades (sexuais ou não) e as considera tão importantes quanto as do parceiro.

Permita-se receber: não condicione o sexo àquilo que você deu ao parceiro. Se conseguir reconhecer suas próprias motivações e por que se sente obrigado a dar, o Tipo Dois poderá começar a ser mais autêntico nos relacionamentos mostrando-se capaz de receber.

Abrace a humildade: o Tipo Dois deve procurar reconhecer a Paixão da soberba e detectar em que ponto ela transparece em seus atos, para admitir sua própria necessidade oculta de reciprocidade. Fazendo isso, ele deve conseguir deixar de ter relacionamentos de codependência e passar a criar relacionamentos de amor incondicional, verdadeiro, nos quais o interesse superficial é substituído pela empatia genuína e a doação flui livremente do coração.

Permita a verdadeira intimidade: será útil para o Tipo Dois considerar a diferença entre o amor íntimo e profundo e o sexo superficial para aprender a distinguir um do outro. Para ser verdadeiro, o amor não precisa ser um drama, salvar os outros nem criar dependências. Segurar a mão de alguém ou acariciar-lhe o braço de forma constante não é necessariamente um ato de intimidade: pode ser uma demonstração de possessividade ou um desejo de prender a si essa pessoa. Os representantes integrados desse tipo não são possessivos nem carentes.

Cultive seus próprios interesses: em vez de imitar os interesses do parceiro, o Tipo Dois deveria cultivar os seus próprios. Assim, deixaria de precisar de alguém para sentir-se pleno, pois ele próprio se tornaria pleno. Isso pode exigir-lhe que se isole algum tempo para descobrir quem é quando não está representando um papel de doação constante.

Conheça seus próprios sentimentos: em vez de evitar seus sentimentos e entender os fatos como "bons" ou "ruins", o Tipo Dois pode tentar aceitar as coisas desagradáveis sem as rejeitar nem negar. Procurar um consenso nas discussões e assumir sua responsabilidade nelas (em vez de culpar os outros) é extremamente benéfico no caminho para a autenticidade, além de ajudar esse tipo a criar relações mais profundas e autênticas.

Abandone a necessidade de vangloriar-se: para crescer, o Tipo Dois precisa esquecer a necessidade de ser admirado para sentir-se digno de ser amado. Não falta nada; ele por si só já basta.

Perguntas para o Diário

OBSERVAÇÃO: Vale a pena responder a estas perguntas, seja qual for o seu tipo.

- ❖ O que você deseja sexualmente?
- ❖ No sexo com o parceiro, você percebe o quanto lhe parece mais fácil dar que receber? Por que isso acontece?
- ❖ Você bajula ou elogia sinceramente o parceiro?
- ❖ De que maneira a soberba se manifesta em sua doação?

Tipo Seis: o Amante Leal

O lema do Tipo Seis: "Como criar coragem para amar diante do medo de que não dê certo".

O Tipo Seis como amante: engraçado, envolvente e confiável, ele aporta força ao relacionamento, mas seu temperamento ambivalente pode fazê-lo duvidar do amor: "Será mesmo que ela me ama por quem eu sou? Quais são suas razões?". Por isso, ele busca confirmações do amor do parceiro.

Para ele, o sexo depende de: cumprir as obrigações, trabalhar duro e cuidar do parceiro (ou sustentá-lo) e de manter-se "a salvo" de potenciais riscos (doenças sexualmente transmissíveis, gravidez indesejada etc.).

Você pode identificar-se com alguns aspectos do Tipo Seis, mesmo que não seja seu próprio tipo: se você for do Tipo Cinco ou Sete (asas) ou do Tipo Três ou Nove (pontos de extensão e liberação).

Tipo de amor: Paternal. Duvidando do próprio poder, o Tipo Seis busca figuras autoritárias a quem possa admirar ou imitar. Mas também pode ser ele mesmo uma figura de autoridade. Por ser um dos três tipos da Cabeça, ele tende mais a pensar que a sentir emoções.

Convicção nos relacionamentos: "Eu me comprometo em meus relacionamentos. Meus parceiros podem contar comigo".

Frustração sexual: "Meu parceiro não faz a parte dele. Eu sempre acabo fazendo mais"; "Ninguém é tão leal quanto eu"; "Tudo que faço na cama parece errado".

Como Entender a Sexualidade do Tipo Seis

Breve Visão Geral

O Tipo Seis é um poço de contradições: se uma coisa a respeito dele for verdadeira poderá aplicar-se também ao seu oposto. Ele é um dos três tipos do Medo, porém o forte Tipo Seis Sexual contrafóbico lida com o medo de frente e, por isso, às vezes os representantes ansiosos do Tipo Seis podem dar a impressão de ser corajosos e intrépidos. Enquanto todo mundo que entrou no avião está cochilando ou lendo a revista de bordo, esse tipo já terminou de ler as instruções de segurança e já sabe onde ficam as saídas de emergência, o colete salva-vidas e a máscara de oxigênio. Se houver algum problema, é ele quem vai organizar a evacuação porque já memorizou tudo que precisa ser feito.

É provável que os amantes do Tipo Seis tenham a mesma cautela na hora de escolher seus parceiros. Eles querem alguém em quem possam confiar, alguém que lhes transmita segurança, pois quem é leal não os deixará em apuros: os protetores homens do Tipo Oito e as tímidas mulheres do Tipo Seis são uma combinação comum. Do mesmo modo, é comum eles gostarem de fazer parte de uma ordem religiosa, de uma equipe ou organização cujos números lhes inspirem segurança.

Esse tipo é capaz de pressentir intuitivamente as coisas antes que elas aconteçam: "Eu simplesmente tive um palpite de que deveria atravessar a rua e, quando acabei de fazer isso, veio um carro do nada e invadiu a calçada em que eu estava andando antes". O problema é que nem sempre ele confia nessa intuição: *Será que é mesmo um conhecimento interior ou só uma dúvida incômoda? Quando devo e quando não devo agir com base nele? Hmm... Vou perguntar ao chefe/telefonar para um amigo/verificar com o departamento de sistemas/ler as instruções novamente...* Na medida em que lhe falta confiança (e, a menos que seja integrado, isso vai acontecer), ele tem dificuldade em apostar em seu saber interior e, assim, acaba recorrendo a terceiros (que podem não ter a mesma percepção que ele). Para o Tipo Seis é extremamente frustrante seguir o conselho de um parceiro quando, no fundo, sabe que esse conselho não é a melhor opção. No entanto, ele receia separar-se da nave-mãe e seguir sozinho.

Palmer se refere a essa indecisão como bancar "o advogado do diabo"[1] porque o Tipo Seis consegue ver ambos os lados da história. Isso lhe permite calçar os sapatos do outro, e é por essa razão que ele é possivelmente o mais compassivo de todos os tipos.

As pessoas desse tipo também são ambivalentes no que se refere a figuras de autoridade. Algumas podem intimidá-las; outras podem despertar-lhes a vontade de alinhar-se para sentir-se protegidas: "Se Fulano de Tal disser que é isso que precisa ser feito, então terei seu apoio e não precisarei enfrentar as consequências sozinho". Porém fazer isso custa-lhes a própria noção do que seria a ação certa. Junto à submissão a uma autoridade superior vem o desejo de rebelar-se contra ela.

Em um relacionamento, isso pode ocorrer mais ou menos assim: "Vou dar a impressão de concordar com tudo que você disser, enquanto, de modo velado, mino a autoridade que lhe permiti exercer". Apesar disso, o Tipo Seis gosta de estar em um relacionamento: é mais seguro estar com alguém que estar só. Ele anseia pelo amor, mas colocar a própria felicidade nas mãos de um amante é algo bastante assustador.

O Nascimento do Tipo Seis

Você tem 5 anos de idade e está tentando se equilibrar em um muro no qual um irmão mais velho o estimulou a subir. Você olha para baixo e, de repente, sente muito medo: com certeza, vai cair e se machucar; mamãe ficará zangada e seus amiguinhos vão rir de sua falta de jeito. E, de repente, o mundo se torna muito assustador. Você se sente inteiramente só, sem apoio algum. Não confia em si mesmo para voltar ao chão em segurança, mas tampouco confia em mais ninguém para ajudá-lo nisso. E não quer parecer um covarde. A quem pedir ajuda? O que fazer? Você perdeu a fé na própria capacidade, e a coragem que tinha quando subiu no muro evaporou-se.

Assim é o mundo do Tipo Seis. Desde bem jovem, ele perdeu a confiança em si e no mundo. Quando quis arriscar-se com segurança, não encontrou por perto nenhuma figura paterna forte (emocional ou fisicamente) que o aparasse ou lhe dissesse que estava tudo bem. Sem uma presença forte de pai que o orientasse rumo à independência, é possível que tenha se sentido oprimido pela mãe ou por outra figura materna. A ausência do pai criou-lhe a sensação de que o mundo não era um lugar seguro, e as atenções da mãe superprotetora confirmaram isso. O medo e a coragem travaram uma batalha interna. E, agora, a vida se resume a saber o que merece e o que não merece confiança. A lealdade é mais importante que o amor porque o que é o amor senão confiança e lealdade? Na vida, o Tipo Seis está sempre alerta, em busca do perigo e do que possa dar errado. Os outros simplesmente não conseguem entender que perigo é esse que ele tanto vê.

O Tipo Seis Quando se Apaixona

Se for integrado: quando sentem que o parceiro é o outro pilar que sustenta o templo do relacionamento, quando sentem que o parceiro é fiel e quando conseguem distinguir o risco imaginário do que é real, os representantes desse tipo podem relaxar e ser quem são. Seu conhecimento interior torna-se uma fonte infalível de orientação, eliminando a necessidade de buscar confirmação exterior. Eles confiam na própria intuição e sabem como agir, recorrendo aos três centros (corpo, cabeça e coração) para fazer as próprias escolhas.

Abandonando a necessidade de suspeitar de tudo e de todos, bem como o medo da rejeição, os representantes integrados desse tipo se abrem mais para sua sexualidade e seus relacionamentos. Eles podem apoiar as iniciativas do parceiro e ser companheiros confiáveis, honestos e calorosos, além de divertidos e brincalhões. Compassivos e bons ouvintes, são os candidatos ideais para profissões na área de saúde. Quando se integram, abandonam a reatividade e a substituem pela coragem. Confiando em si e em seus semelhantes, param de se preocupar com as pequenas coisas para enfrentar corajosamente os verdadeiros desafios.

Se for Mediano: quando se sente seguro em um relacionamento, é uma pessoa de fácil convivência, e sua lealdade contribui para a durabilidade do casamento. Ele fica feliz em atender às necessidades do parceiro antes das suas. Mas, diferentemente do Tipo Dois, não espera em troca nada a não ser lealdade. Quando não é ambivalente nem está duvidando das coisas, ele promove em torno de si uma sensação calorosa de camaradagem.

À medida que se torna menos integrado, esse tipo pode frustrar o próprio desejo de relacionamento por medo de ser rejeitado ou de que as coisas não corram conforme o planejado.[2] A resposta à pergunta "O que poderia dar errado?" passa a ser "Tudo!". Um dia ele está totalmente dedicado ao relacionamento, mas se, no seguinte, a dúvida e o medo se infiltrarem, ele pode acabar decidindo terminar tudo. Além disso, pode começar a duvidar do que sente: *Será que a amo mesmo? O que é o amor de verdade? Ela tem essa mania irritante de bater o pé: será que isso implica que vou só acabar me aborrecendo mais?*

O Tipo Seis procura razões: "Sei, você disse que me ama, mas o que é que você quer dizer exatamente? Talvez seja só porque eu sou o provedor". Se deixar que sua mente de macaco[3] brinque com a lógica e que as vozes em sua cabeça lhe contem diferentes histórias, ele corre o risco de se tornar obsessivo em sua preocupação. Caso se sinta inseguro, talvez ele desvie o foco do casamento do amor para a segurança, pois é um tipo que segue mais a cabeça que o coração e pode se casar para fugir de um relacionamento instável pré-existente ou de uma vida familiar infeliz.

O Tipo Seis gosta de rotinas e pode se tornar complacente, resistindo à ideia de sair de sua zona de conforto para arriscar-se a ir além do conhecido. Ele pode não ter problema para decidir se casar (grande decisão), mas depois pode se debater para decidir o que vestir no casamento (pequena decisão).[4] Sua forma de proteger o parceiro, às vezes, é considerada sufocante, sobretudo pelos tipos que apreciam a liberdade. Sexualmente, esse tipo não tem tanta propensão a experimentar coisas novas na cama e pode até ser pudico e conservador (a menos que pertença ao subtipo Sexual contrafóbico).[5]

Se for Desintegrado: caso se sintam sós ou excluídos, os representantes do Tipo Seis podem facilmente se sentir deprimidos e abandonados pelos que consideravam leais (mais ou menos como animais selvagens quando são iluminados pelos faróis de um carro em uma estrada à noite, que ficam paralisados de medo e à espera do pior). Uma terapia pode ajudar, embora eles possam duvidar da integridade e das motivações do terapeuta.

Quando se desintegram, tornam-se mais reativos, e a razão sai voando pela janela (acompanhada por um ou dois pratos). Além disso, podem se tornar cada vez mais imprevisíveis e irritadiços: "Eu jamais deveria ter entrado neste relacionamento. Ele estava condenado desde o início. Eu deveria saber que não poderia confiar em você". Nesse estado mental, eles se mostram suspeitosos, controladores, paranoicos, dogmáticos, inflexíveis e sarcásticos. Querem dividir para governar e vão oscilar entre ver o parceiro como amigo e como inimigo.

Quando cessa a comunicação entre a cabeça e o coração, eles vivem em um estado de ansiedade e pânico que não lhes permite recorrer a ninguém nem confiar em ninguém. Oscilando entre dominação e submissão, agora mandam pastar aqueles em quem confiavam.

O Tipo Seis tem força para manter casamentos e relacionamentos. Se o parceiro tiver vivido dificuldades em outro relacionamento, ele considerará isso uma qualidade reconfortante e cativante. Ele se dedica ao parceiro e às suas causas ou atividades.

Como Seriam os Perfis de Namoro de Pessoas do Tipo Seis

Rashid, 43
Oi. Meu nome é Rashid. Sou sadomasoquista, 1,85 m, de compleição razoavelmente boa (um pouquinho magro, talvez). Dizem que tenho boa aparência, que sou intuitivo e engraçado e que me comunico bem (mas isso quem diz é minha mãe, de modo que você terá de acreditar nela!).

Estou farto de joguinhos. O que eu quero é encontrar alguém que dê tanto valor às palavras "lealdade" e "sinceridade" quanto eu. Estou disposto a dar 100% num relacionamento.

Abrir potes para mim é uma guerra e tenho medo (medo mesmo) de aranhas, então essa parte fica com você.

Espero que possamos ser amigos. Enquanto isso, sorria – e lembre-se de que todos nós merecemos ser amados.

Enfermeira Olívia, 32
Antes que continue, devo lhe dizer que acabo me sujando (quase sempre, de chocolate) quase todas as vezes que tomo sorvete (o que é constantemente). Caso isso não o tenha feito desistir, continue

> *lendo... Sou enfermeira-chefe e adoro o que faço. Gosto praticamente de todos com quem trabalho no hospital; formamos um ótimo time.*
>
> *Não sou nenhuma supermodelo, mas gosto de esporte (corrida de resistência). Adoro cozinhar e sei fazer uma ótima imitação da antiga chef Julia Child. (Um dia, terei meu próprio restaurante.) Minha habilidade especial (além de cozinhar) é ficar num pé só enquanto equilibro uma garrafa no nariz. Pode fazer gozação, se quiser, mas de vez em quando ela me vale algumas bebidas grátis no pub! Então, se você for calmo, não fizer bagunça nos relacionamentos e for no mínimo 72% incrível (e ainda conseguir aguentar meu vício em Nutella), me escreva!*

A Paixão do Medo e a Fixação da Preocupação

Pelo fato de conseguir imaginar todos os possíveis desfechos, os representantes do Tipo Seis são os planejadores de cenários do mundo: *Por que ele não pôde me ver esta noite? Será que ficou* mesmo *preso no trabalho? Ele tem estado mais frio ultimamente. Talvez não goste tanto assim de mim. Então... Espere aí, não tivemos nossa habitual noite de sexo da quinta-feira porque eu tinha aquele compromisso na escola... Será que ele esteve com outra pessoa?* E os possíveis cenários continuam se sucedendo sem parar na cabeça dessa representante do Tipo Seis. O namorado provavelmente estava só trabalhando até mais tarde, mas, no final, ela tem quase certeza de que ele encontrou outro amor.

Mas não é só isso: o Tipo Seis também se preocupa com possibilidades que raramente se concretizam:

> *Já faz seis meses que Dave e Jill terminaram. Eu adoraria convidá-la para sair, mas será que Dave não vai ficar chateado comigo? Será que Jill não vai pensar mal de mim por paquerar a ex de um amigo?*

> *Talvez nossos amigos achem estranho. E se eu ligasse e ela recusasse? Ou, se aceitasse, o primeiro encontro não seria esquisito? Posso confiar nela depois do que Dave falou a seu respeito? Acho melhor ligar para Ted e perguntar o que ele acha.*

Esse tipo tem a convicção de que, se pensar exaustivamente em todas as coisas que podem dar errado, vai criar uma barreira contra elas. (E, em gral, a única coisa que ele não imaginou é justamente a que acontece!)

O medo pode assumir qualquer forma. Porém, nos relacionamentos, ele tende a girar em torno de rejeição, traição, impotência, ejaculação precoce, solidão, perda de controle durante o sexo, desapaixonar-se após comprometer-se, não ser um bom amante ou ter desempenho inferior ao amante anterior do parceiro. [...] Já dá para sentir como é. Não é de surpreender que esses medos criem mais estresse, o que pode levar justamente aos problemas que criam o estresse.

Esse tipo também projeta os próprios pensamentos, motivações, desejos, sentimentos e medos nos outros, acusando-os de coisas cuja culpa é dele. Assim, uma pessoa desse tipo que não confia na própria capacidade de ser fiel pode projetar essa desconfiança no parceiro, imaginando que ele está tendo uma relação ilícita. E, nesse processo, sua própria culpa pode converter-se em uma acusação:[6] "Ele está tendo ejaculações precoces de propósito só para não me satisfazer"; "Ela não se permite chegar ao orgasmo só para que eu me sinta um fracasso como amante".[7]

Uma Espiada no Quarto de um Representante do Tipo Seis

Os representantes do Tipo Seis são relativamente organizados. Diferentemente dos representantes do Tipo Um, eles não são organizados porque essa é a coisa "certa" a fazer, mas porque se sentem mais seguros quando há ordem no universo (ou em seus quartos de dormir). Com base nas "regras" de decoração da sua comunidade ou da sua infância, seu estilo pode ser tradicional ou conservador, e é provável que incorpore móveis e recordações de família. Muitas vezes, podem ter um bom gosto natural e saber o que combina com quê. Além disso, eles certamente terão um bom sistema de segurança!

Fantasias e Literatura Erótica

"Raramente tenho fantasias", afirmou uma mulher do Tipo Seis. "Eu me sentiria desleal ao meu marido se pensasse em outro homem. Seria como se houvesse mais alguém no quarto, de modo que prefiro me concentrar no que está acontecendo naquele momento na cama. Não me pareceria certo de nenhuma outra maneira."

Esse tipo pode evitar falar de suas fantasias por receio de chocar o parceiro e ser rejeitado, ou por medo de que, por ciúmes, o parceiro queira se vingar de imoralidades imaginadas. Paranoia e projeção inibem a expressão e a comunicação sexual.[8]

As fantasias podem envolver situações em que o Tipo Seis explora como seria o sexo (e a vida) sem medo nem responsabilidade; fantasias nas quais pare de se preocupar tanto com o que o parceiro está pensando ou com os aspectos negativos do sexo ("Será que pegarei uma DST?"; "Será que meu caso vai ser descoberto?").

No estudo de Birnbaum, as fantasias de 48 casais foram estudadas ao longo de um período de três semanas. Descobriu-se que as fantasias de indivíduos com alto grau de "apego ansioso" giravam em torno de ser amparado, ter intimidade e demonstrar afeição. Em dias de tensão no relacionamento, as fantasias refletiam seu desejo de segurança e proteção, porém também revelaram um parceiro poderoso (representando a segurança), sob cujo controle o indivíduo sentia-se impotente e desamparado, e que sentia prazer em humilhá-lo (revelando sua insegurança).[9] O preço da satisfação do desejo de segurança e proteção pode ser pago em autonomia.

Nossas convicções sexuais muitas vezes são moldadas na infância e dependem do ambiente em que fomos criados. O Tipo Seis tem propensão a integrar grupos religiosos, os quais propiciam uma autoridade superior que oriente a tomada de decisões. Essas "regras" podem causar sérios danos à vida das pessoas desse tipo, que têm medo de rompê-las e, no entanto, desejam igualmente se rebelar contra elas. E isso pode ter como resultado uma visão reprimida e restrita da sexualidade. Algumas dessas regras, existentes em muitos diferentes sistemas de crenças, podem desaprovar ideias a respeito de orientação sexual, sexo antes do casamento, sexo por prazer (em vez de procriação), masturbação ou literatura erótica.

O Tipo Seis pode atormentar-se com o dilema entre os próprios desejos e as ideias da doutrina que professa. O que fazer? Pode ser por isso que nos lugares dos EUA conhecidos por serem religiosos e por terem valores mais conservadores o volume de assinaturas de conteúdo pornográfico é substancialmente maior:[10] a tensão entre esses polos empurra a sexualidade para o "mundo subterrâneo".

Muitas vezes, os representantes desse tipo que estão em viagem ou têm receio de contrair doenças por meio do contato sexual optam pela pornografia como um meio seguro de excitar-se. Um deles disse:

> *Meu desejo de ter sexo significa que eu gostaria de ter relações casuais regularmente, já que não tenho compromisso nem relacionamento. Mas o problema é que, se não for com alguém que eu conheça e em quem confie, eu prefiro deixar de ter sexo. Minhas tentativas de superar esse medo e simplesmente transar de qualquer maneira foram um fiasco e só serviram para que eu me sentisse ainda mais inseguro.*

O Tipo Seis nos Diferentes Sexos

Mulheres: nos anos 1950, a mulher arquetípica era retratada pela mídia como misteriosa, volúvel, consciênciosa, ansiosa, respeitosa diante da autoridade (o marido), carente de proteção, uma dona de casa e profundamente desejosa de um bom casamento (segurança). São muitas as semelhanças com as mulheres do Tipo Seis, que geralmente escolhem os homens fortes e dominadores do Tipo Oito para se sentir seguras (enquanto os homens do Tipo Seis costumam escolher as atraentes mulheres dos Tipos Dois e Nove).[11] Porém, para ter ao lado um parceiro forte que lhes ofereça segurança, muitas vezes elas precisam abrir mão de sua liberdade, suas necessidades e seus desejos. O Tipo Seis quer agradar ao parceiro, mas pode fixar-se tanto nessa ideia que acaba ficando tenso. E as mulheres, particularmente, acham que se manifestarem as próprias necessidades receberão em troca rejeição ou humilhação. Por isso, uma paranoide desse tipo pode ser vítima de um parceiro, mas ter medo de fazer alguma coisa.

Embora possam fantasiar que dormem com muitas pessoas diferentes, muitas vezes as mulheres do Tipo Seis resistem à ideia de consumar o ato sexual por medo de pegar uma doença, engravidar ou ser descoberta. E podem achar o sexo oral degradante ou humilhante. Elas receiam a possibilidade de ser usadas pelo parceiro, de magoar-se ou de "sujar-se" de alguma maneira.[12]

Homens: os homens do Tipo Seis têm uma espécie de correção antiquada, como sugere um representante desse tipo:

> *Convidar alguém para sair por SMS simplesmente parece errado. Prefiro tirar o telefone do gancho a esconder-me por trás de novas tecnologias. Seria melhor ainda se ela me telefonasse, pois aí não*

estaria me expondo a levar um fora, não correria o risco de ser rejeitado, mas sei que essa é uma saída covarde.

Os homens desse tipo querem que você aprecie e valorize o carinho e a proteção que eles têm a dar e que jogue no mesmo time, embora alguns possam ver o sexo como uma armadilha criada para atraí-los a uma vida inteira de prisão e contas a pagar. Porém, em geral, eles querem ser os parceiros ideais. Quando se casam com alguém que gosta de viajar, procuram agradar acompanhando-o, mesmo que isso os tire de sua zona de conforto. Caso contrário, eles dificilmente se oporão a ficar sozinhos em casa. Embora receiem que, se não concordarem, o parceiro os abandone, ao mesmo tempo não querem que o parceiro tenha autoridade sobre eles. Alguns homens do Tipo Seis gostam de um empurrãozinho para sair de sua zona de conforto e escolhem parceiras que o façam:

> *No trabalho, tenho uma função de liderança, de modo que sexualmente acho mais relaxante assumir um papel submisso. Gosto que minha parceira assuma o controle. Só que é complicado achar alguém que se disponha a assumir a liderança na cama, mas seja submisso nas demais áreas do relacionamento.*

Eles gostam de rotinas no relacionamento, como comenta este representante do Tipo Seis que tem uma forte Asa Cinco: "Eu gosto do nosso sexo regularmente programado. Gosto de ver como nossos corpos trabalham juntos e de imaginar o que poderia fazer para torná-lo ainda melhor".

Quando menos integrados, os homens desse tipo podem se tornar paranoicos em suas façanhas sexuais, principalmente se sobrepuserem "regras" religiosas a seus desejos: "Posso me masturbar, contanto que não pense em mulher", disse-me um homem do Tipo Seis.

É comum as pessoas desse tipo levarem artigos e matérias veiculados pela mídia para o lado pessoal quando provocam medo: "Você acredita que esse cara foi dormir com uma mulher e ela o matou enquanto ele gozava?" (*Será que isso poderia acontecer comigo também?*). Buscar a santidade de um casamento seguro e solidário pode acabar parecendo a melhor opção: "Nós contra a depravação do mundo".[13]

Tipo de Amor: Paternal (Contratipo)

Em sua busca de figuras de autoridade, poderosos, heróis ou outras pessoas que possam admirar, o Tipo Seis representa o contratipo do Amor Paternal (os demais tipos paternais, o Tipo Um e o Tipo Cinco, gostam de ser eles mesmos as figuras de autoridade). Uma exceção é o Tipo Seis Sexual contrafóbico, que pode estar mais propenso a assumir um papel de autoridade e, portanto, não é propriamente um contratipo do Amor.

Junto com os Tipos Cinco e Sete, o Tipo Seis é um dos três tipos da Cabeça (ou Pensantes) existentes no Eneagrama. Como o Tipo Cinco, ele pode parecer um tanto frio e distante nos relacionamentos. Embora o tipo Autopreservacionista muitas vezes seja descrito como "afetuoso", é possível que haja uma sensação de "frieza interior"[14] mesmo nesse tipo. Sua busca de lealdade pode não dar lugar ao romance.

O Tipo Seis, cujo tipo de amor é Paternal, tende mais a idolatrar o herói que ser ele mesmo o herói (ou oscilar entre os dois papéis). A companhia de gente poderosa diminui sua sensação de medo:

> *Meu marido não conseguia entender por que eu era atraída por homens poderosos. Não sexualmente, mas eu apreciava a companhia deles e fazia tudo que fosse preciso para viabilizá-la. Com o Eneagrama, percebi que era só porque me sentia segura com eles. Como se eu quisesse a certeza de que, se alguma coisa desse errado, eu teria com quem contar.*

Em nossa desequilibrada sociedade, onde os interesses paternos costumam ter precedência, o papel do pai ou da figura paterna com frequência é distorcida das seguintes maneiras:

- Ele(a) pode ter estado ausente.
- Ele(a) pode ter sido um(a) tirano(a) que inspirava medo à criança do Tipo Seis.
- Ele(a) pode ter abusado do poder que tinha e sido demasiado autoritário(a).
- Ele(a) pode ter sido demasiado medroso(a), enchendo de suspeita, medo e cautela a visão de mundo da criança do Tipo Seis.
- Ele(a) talvez tenha feito o oposto e sido excessivamente protetor(a), fazendo a criança do Tipo Seis sentir-se sufocada e ter medo da vida: "Se ele(a) é tão protetor(a) é porque deve haver muita coisa ruim lá fora".[15]
- O filho pode ter precisado renunciar às próprias necessidades para atender às demandas do pai/da mãe.

Ambivalência

Por oscilar entre obediência e desobediência, liderar e seguir, temer a agressão e ser agressivo, ser dominador ou submisso e uma série de outros comportamentos contraditórios, o Tipo Seis é difícil de avaliar.

O Medo de Ser Explorado

Os representantes do Tipo Seis empenham-se muito para criar um relacionamento que dê certo. Como têm medo de ser abandonados ou explorados, tudo correrá bem se o parceiro também demonstrar igual empenho. A coisa não vai funcionar se eles sentirem que estão puxando a carga sozinhos.[16]

Às vezes, eles procuram os amigos para queixar-se interminavelmente de seu relacionamento e de sua vida sexual (ou da falta dela), embora pouco façam para mudar a situação.[17]

O Que Poderia Dar Errado?

Os representantes do Tipo Seis muitas vezes assumem compromissos demais e depois ficam com medo de decepcionar as pessoas. Quando menos integrados, eles podem ter uma visão depressiva do mundo e dos relacionamentos, esquecendo todos os bons momentos e sempre esperando o pior. Receosos de estragar tudo ou do que poderia acontecer se não agradassem ao parceiro, a qualquer briguinha podem achar que o relacionamento estava predestinado a não dar certo. Esse tipo de coisa os enlouquece e os estressa, fazendo-os pensar durante séculos nas decisões que devem tomar. Às vezes, quando tudo dá errado e as pessoas se irritam, eles buscam confirmação: "Sei que tínhamos um acordo e peço desculpas por ter falhado. Eu ainda significo alguma coisa para você?".

Esse medo do que possa dar errado os faz vacilar na hora de paquerar e marcar encontros, como é o caso dessa representante do Tipo Seis:

> *As perspectivas de relacionamentos duradouros são bem escassas. Já faz quatro anos que não namoro ninguém! Não sei por que os homens se sentem atraídos por mim. Minhas amizades com os colegas são ótimas. Mas, apesar disso, nada vai além dos drinques após o trabalho. Namorar me deixa ansiosa e, por isso, em vez de procurar um candidato on-line, me conformei em ter meus amigos, os esportes, meu gato e minha carreira. Não é o que eu quero, mas não sei como superar o medo de me envolver com um estranho e, assim, tenho que "me virar sozinha" para cuidar de minhas necessidades sexuais.*

Por medo de uma traição do parceiro, eles preferem romper o relacionamento a sujeitar-se a uma rejeição (como acontece com o Tipo Três). Além disso, podem decidir ter vários relacionamentos, por incapacidade de escolher um: "Tenho uma pessoa com quem gosto de debater, que me inspira intelectualmente (Cabeça), outra pessoa a quem eu amo de verdade, mas com quem tenho medo de estar (Coração), e uma terceira pessoa com quem faço sexo (Instinto Visceral)".

Mentes Suspeitosas

Você se lembra da canção *Suspicious Minds*, de Elvis Presley? Poderia ter sido composta para as pessoas do Tipo Seis. Elas são excelentes investigadoras porque estão o tempo todo procurando pistas e captam naturalmente coisas que passariam despercebidas a muita gente: "Você trabalhar até tarde cinco noites seguidas quer dizer alguma coisa?"; "Seu carro está com cheiro diferente. De quem é o perfume?"; "Se você diz que trabalhou até tarde e comeu no escritório, então por que está comendo essa torrada agora?".

Às vezes, o parceiro de alguém do Tipo Seis pode achar que tudo o que faz para provar seu amor apenas cria mais dúvidas (mais ou menos como tentar responder à pergunta: "Esta roupa me deixa gordo(a)?"). O medo funde a cabeça das pessoas desse tipo quando se trata de aceitar elogios: *Quando diz que sou bom de cama, será que ela quer dizer que sou um inútil em todas as outras coisas? Ou será que está dando uma dica de que quer transar com mais frequência?*.[18] Por causa de suas dúvidas e sua insegurança, o Tipo Seis pode colocar em questão o próprio relacionamento: *Será que ele me ama mesmo ou só quer a segurança e a casa bem decorada que lhe propicio?*

A conversa com uma pessoa desse tipo poderia começar assim (e ir caindo ladeira abaixo cada vez mais):

"Jura que me ama?"
"Sim, claro que amo. Se não fosse assim, eu não teria me casado com você."
"Você não parece estar muito convencida disso..."
"Estou absolutamente convicta."
"Então por que você olhou para aquele cara da bicicleta ontem?"

Se você tiver um relacionamento com alguém do Tipo Seis, saiba que entender sua necessidade de reafirmação pode contribuir muito para acalmar suas inseguranças: "Amor, sei que tenho trabalhado demais, e isso é horrível porque sinto muito sua falta. Vamos jantar fora para nos aproximar mais". Como o Tipo Quatro, em vez de se concentrar no que está no relacionamento, o Tipo Seis pode voltar-se para o que está fora do relacionamento. Apesar de querer que o parceiro se abra com ele, esse tipo pode não conseguir fazer o mesmo, pois a reserva é sua forma de se proteger.

É um delicado equilíbrio, e o Tipo Seis pode confundir o parceiro: ele demonstra distanciamento para não se sentir sufocado, mas aí sente-se abandonado e precisa que o parceiro lhe reafirme seu amor.

Sexo Para Aliviar a Tensão

Principalmente para as mulheres, é difícil fazer sexo e chegar ao orgasmo quando há ansiedade, distração ou preocupação. Entretanto, de acordo com o Professor Gert Holstege, o orgasmo reduz a ansiedade,[19] e assim se cria um impasse. Para o Tipo Seis, em especial nos novos relacionamentos, a própria expectativa de sexo saudável, que ajude a reduzir a ansiedade, pode criar estresse. O esporte (assim como o sexo!) é uma ótima maneira de liberar essa tensão.

Quando se acostuma a ver o sexo como meio de aliviar o estresse, o Tipo Seis pode ficar mal-humorado se não puder transar. O parceiro pode sentir-se pressionado a concordar em fazer sexo só para que as coisas fiquem bem, e isso traz o risco de que ele acabe se vendo mais como um instrumento que como um amante. O Tipo Seis precisa conscientizar-se de que isso pode fazer as coisas parecerem automatizadas e impessoais. Para evitar que aconteça, é preciso que ele aprecie e respeite o parceiro tanto quanto precisa ser apreciado e respeitado.

Sexo Agendado

Já que esse tipo costuma ter muita dificuldade para tomar decisões, com datas definidas para as relações sexuais, ele não precisará mais descobrir o momento certo. Como disse um de seus representantes: "Nós programamos o sexo para três vezes semanais. Gosto de saber com antecedência quais as noites para me preparar. Sexo para mim não é uma coisa espontânea; é melhor que marquemos as datas na agenda!".

Mas isso pode custar a emoção, e "feijão com arroz" não é bem a receita certa para deixar o sexo mais gostoso. O parceiro pode acabar ficando entediado: "Ela só quer 'papai e mamãe'... Eu gostaria de experimentar coisas diferentes". O Tipo Seis ganharia muito se compreendesse que, embora lealdade e constância sejam ótimas para o relacionamento, um pequeno desvio da estrada conhecida pode aprimorar o relacionamento.[20] Por outro lado, os representantes desse tipo que tiverem facilidade de acessar seu aspecto contrafóbico gostarão de sexo não planejado, selvagem, exploratório – enfim, de qualquer coisa que mostre ao parceiro (e a si mesmos) que não têm medo. Quando estão com pessoas em que confiam, podem topar explorar mais, principalmente se o parceiro tiver espírito de aventura:

> *Eu posso experimentar coisas novas, contanto que o controle fique comigo e que eu confie na pessoa com quem estiver. Sei quando uma coisa funciona ou não para mim. Por isso, preciso da certeza de poder*

parar tudo se não me sentir à vontade. Costumo primeiro assistir a um filme pornô menos convencional para já ter uma ideia do que posso esperar.

As Pulsões dos Instintos

O Tipo Seis Autopreservacionista: dos três subtipos do Tipo Seis, esse é o mais afetuoso e o que mais deseja conexão, a ponto de se esforçar para ser engraçado e envolvente só para mostrar aos outros que não quer fazer mal nenhum. Ele quer ajudar: "Você pode contar comigo – mas será que eu posso contar com você?".

Os representantes Autopreservacionistas do Tipo Seis buscam parceiros e amigos fortes e capazes de satisfazer sua necessidade de segurança e proteção, mesmo que precisem de um certo tempo até confiar nas pessoas o bastante para se aproximar. Eles adoram fazer parte de um grupo e ficam muito chateados quando se sentem excluídos. Os representantes desse subtipo temem o abandono e a solidão. E podem achar que os outros os excluem, o que em geral é projeção sua:

> *Quando estou namorando e proponho uma saída, caso não receba uma resposta em poucos minutos, quando essa resposta finalmente chegar, já estarei convencido de que minha namorada achou outro e quer terminar comigo. Aí, quando ela me diz que estava numa longa reunião e que adorou a ideia, eu me sinto um idiota por ter desistido dela tão depressa sem ter nenhum motivo para isso.*

Como os Tipos Quatro e Dois, eles podem ficar deprimidos e sentir uma solidão muito profunda quando não tiverem um parceiro. Porém, sua lealdade e sua necessidade de segurança podem levá-los a permanecer em relacionamentos tóxicos e a ficar cada vez mais inseguros e carentes à medida que a relação vai se deteriorando.

Eles são cautelosos no que se refere a gastos,[21] o que pode causar atrito se estiverem casados com alguém de um tipo que goste de comprar coisas caras.

O Tipo Seis Social: é aquele que não quer dominar os outros nem ser protegido por ninguém. Em vez disso, ele busca na arena social uma causa, instituição ou autoridade não governamental (que pode ser uma corporação, um líder religioso, uma organização como o exército ou o sistema filosófico em que se baseiam suas regras de engajamento com o mundo) à qual possa apoiar.[22]

Dos três tipos, esse é o que mais se volta para a família. A seu ver, é importante que um parceiro em potencial se entrose com sua família porque, mesmo que goste muito de alguém, a aceitação da família é determinante para que ele continue com o relacionamento. Quando tiver sua própria família, não hesitará em trabalhar duro para sustentá-la.

Os representantes desse subtipo do Tipo Seis tendem a ser precisos, racionais, organizados e pragmáticos. Como os do Tipo Um, eles cumprem as regras, embora sua motivação seja o medo do que poderia acontecer caso não as cumprissem, não a necessidade de fazer a coisa "certa". Quando pediram sua opinião sobre o amor e o sexo, este representante do subtipo Social usou a palavra "compromisso", que está associada à necessidade de relacionamento do Tipo Seis: "Sexo e amor são partes de relacionamentos em que há compromisso".[23]

O Tipo Seis Sexual (*contrafóbico*): geralmente, o mais óbvio dentre os tipos contrafóbicos do Eneagrama. (Repetindo: o tipo contrafóbico vai *contra* a Paixão própria do tipo.) Neste caso, o subtipo Sexual do Tipo Seis vai contra o medo: ele quer fazer coisas assustadoras para provar que tem coragem. Isso pode se manifestar em certas áreas de suas vidas, mas não em outras. Em vez de geralmente aquiescer como os outros dois subtipos instintivos, o subtipo Sexual exige do parceiro submissão e obediência. É possível que tente suprimir seus medos assumindo o comando na cama ou explorando novas posições, mas precisa ver que isso é só mais uma maneira de evitar seu medo mais profundamente arraigado.

Quando você se sente impotente, a tendência natural é esforçar-se para ser o oposto. Os representantes desse subtipo Sexual cuidam do próprio corpo e da própria aparência, pois querem atrair e manter um parceiro forte cujos atributos despertem admiração nas pessoas. Palmer refere-se a esse subtipo do Tipo Seis como "Força e Beleza".[24] Dos três, é ele o que tem maior propensão a lutar que a fugir e, por isso, em geral é fisicamente mais forte.[25]

Curiosamente, a aparência das pessoas desse subtipo do Tipo Seis muitas vezes é uma mistura de papéis de gênero.[26] As mulheres costumam parecer andróginas ou bastante masculinas (quase uns moleques) e, apesar disso, usar vestidos bem femininos e ser sexualmente provocantes. Os homens podem parecer masculinos em certos aspectos e efeminados em outros, às vezes a ponto de emitir sinais confusos sobre sua orientação sexual. Esse subtipo é também mais intenso. Quando está em um relacionamento, ele quer testar até onde vai o compromisso do parceiro. Sua necessidade de reafirmação deixa transparecer uma sensação de impotência decorrente do fato de seu senso de individualidade ser determinado pelo parceiro. Para quem é do Tipo Seis, um tipo ligado à Razão, a lógica rege o amor e, nessa questão, ter cautela é o que há de mais sensato a fazer.[27]

As Asas

Tipo Seis com Asa Cinco (*Amor Duplamente Paternal*): nesse subtipo, o medo de não contar com apoio do Tipo Seis encontra o medo de ser inepto do Tipo Cinco. Essa combinação cria indivíduos mais retraídos, que aliam o saber à coragem de dedicar-se a causas e de assumir uma posição. A influência do Tipo Cinco às vezes os torna mais propensos a desafiar ideias e sistemas e menos envolventes do que os que têm a outra asa (a reatividade própria do Tipo Seis com a agressividade iconoclasta própria do Tipo Cinco). Daí sua menor probabilidade de estar em um relacionamento do que os indivíduos que pertencem ao subtipo de Asa Sete, mais afetivo.

Tipo Seis com Asa Sete (*Amor Paternal e Erótico*): nesse subtipo, a segurança do Tipo Seis encontra a temeridade do Tipo Sete. Os representantes desse subtipo de duplo medo (tanto o Seis quanto o Sete são tipos ligados ao medo) mostram-se mais afetuosos, mais extrovertidos, espontâneos, envolventes e abertos que os que têm a outra asa. Por isso, eles podem ver no sexo menos rotina e mais exploração. Comprometidos com os relacionamentos e a família, geralmente são companhias divertidas. Além disso, eles valorizam a opinião do parceiro quando tomam decisões.

Como é o caso de muitos dos tipos de asas, há uma polaridade, neste caso, entre o desejo de diversão e experiências (Sete) e a necessidade de segurança, responsabilidade e rotina (Seis), que pode manifestar-se como ambivalência entre o desejo de arriscar-se no sexo, mas temer as consequências, e o desejo de iniciar um relacionamento, mas procrastinar.

Como Desfrutar da Presença Sexual

O Que Dificulta a Satisfação Sexual do Tipo Seis

No sexo, precaver-se contra possíveis problemas (gravidez indesejada, ejaculação precoce, doenças sexualmente transmissíveis, decepção de um amante) às vezes é brochante. E não podemos nos esquecer de que a ansiedade de desempenho é um medo que se torna realidade. A psiquiatra Avodah Offit, pioneira na investigação da base psicológica da sexualidade humana, sugere que o homem que projeta a própria insatisfação sexual na parceira, acreditando que ela não estaria satisfeita apesar de seus esforços, poderia ficar impotente por causa disso.[28]

Nas coisas do coração, e na vida em geral, não há garantias. No entanto, os desconfiados representantes do Tipo Seis querem a certeza de que o parceiro estará para sempre a seu lado: "Agora eu confio nele, mas como será daqui a cinco anos?". Depois que aceitam a impossibilidade de controle e ficam em paz com as coisas como são, eles conseguem baixar a guarda. Quando conseguirem viver no presente, em vez de ficar pensando no que poderia acontecer, desfrutarão ao máximo de sua sexualidade.

Como o Tipo Seis Pode se Tornar Sexualmente Presente

Aprenda a confiar: o Tipo Seis se expressa sexualmente (e na vida como um todo) quando começa a confiar em si mesmo. E começa a se curar quando reconhece a própria lealdade e, ao mesmo tempo, aceita a parte de si que é desleal (consigo e com os outros).
Se estiver com alguém e houver confiança mútua, é isso que conta: não o sexo de amanhã, não o tempo que vai durar o relacionamento, não o que acontecerá em cinco minutos. Então o Tipo Seis poderá simplesmente desfrutar do agora.

Deixe de lado o medo e comece a aceitar: ocasionalmente, as coisas podem mesmo dar errado no sexo. E quando isso acontece, os representantes menos integrados desse tipo podem morrer de vergonha. Mas os integrados podem até rir da situação, pois sabem que ela faz parte da vida. Em vez de concentrar-se no medo (a ansiedade não é afrodisíaca), o que cura é estar presente com o que é afrodisíaco.

Conscientize-se: atente para o surgimento da depressão, das dúvidas ou do pessimismo em si e use-o como um alerta de afastamento do estar totalmente presente. A consciência traz opções. Você tem a opção de continuar resvalando para esse espaço ou criar coragem para sair dele.

Sexo Condicional: esqueça a necessidade de associar condições à exploração do sexo. Permita-se desfrutar de seu corpo e do corpo do parceiro sem achar que precisa merecer o amor. Deixe de pensar demais. Relaxe e siga o fluxo orgástico.

Entenda que a segurança está dentro de você: segurança é uma coisa que vem da fé em si mesmo; não de dinheiro, bens materiais, *status* nem parceiros. Ela começa com você. Encontre em si aquele espaço que conhece e confia; o espaço da coragem e da força.

Esteja presente: há tanta beleza no momento presente; é nele que a intimidade se faz sentir. Quando seus pensamentos se voltam para o futuro, você não está conectado com o coração. Um momento plenamente vivido pode perdurar como uma delicada lembrança, mas quando só temos olhos para o futuro, perdemos tanto o momento quanto a intimidade que ele abriga.

Perguntas para o Diário

> *OBSERVAÇÃO: Vale a pena responder a estas perguntas, seja qual for o seu tipo.*

- Pensando demais ou ficando ansioso com o que pode dar errado no sexo, você se abstém da expressão sexual relaxada?
- A segurança da previsibilidade dificulta a excitação sexual para você e o parceiro?
- O que a lealdade significa para você?
- Analise as condições que considera necessárias para fazer sexo e então se pergunte quais delas são realmente válidas.

Investigando os Tipos Sexuais:
o Grupo Atirado

Tipos Três, Sete e Oito

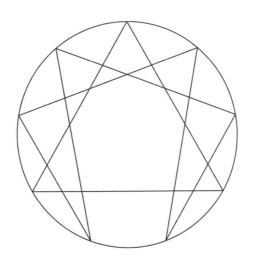

Tipo Três: o Incrivelmente Orgástico

O lema do Tipo Três: "Você é aquilo que você pensa".

O Tipo Três como amante: é aquele amante focado nas metas, no *status* e na carreira, que tem o melhor desempenho, que se aprimora e acha que o amor é uma conquista obtida com realizações. Ele tenta "resolver" questões de intimidade da mesma maneira que resolve problemas no escritório.

O Tipo Três promove sua causa: impressionando os outros com sucesso real ou suposto e/ou chamando a atenção para si mesmo no intuito de superar a sensação de vergonha. Ele quer ser o centro das atenções para atrair um amante. Com ele, o sexo pode parecer uma encenação: "Estive sensacional, não?"; "Vou te contar, precisei de uns tantos parceiros para apurar a técnica até chegar a esse ponto!". O Três é um tipo que quer fazer a luz de seu sucesso brilhar para seduzir as pessoas (externamente), mas talvez se sinta menos realizado por dentro.

Você pode identificar-se com alguns aspectos do Tipo Três, mesmo que não seja seu próprio tipo: se você for do Tipo Dois ou Quatro (asas) ou do Tipo Seis ou Nove (pontos de liberação e extensão).

Tipo de amor: Erótico. Em seu desejo de brilhar intensamente, esse tipo é como as crianças, cujo foco abarca apenas a si mesmas: "Olhe para mim! Veja o que eu fiz!".

Convicção nos relacionamentos: "Sou melhor que os outros. Sou um ótimo amante porque não há quem ganhe de mim na cama".

Frustração sexual: "Minha parceira simplesmente não tem noção do 'partidão' que eu sou. Aposto que nunca transou com alguém tão bom quanto eu!".

Como Entender a Sexualidade do Tipo Três

Breve Visão Geral

Os representantes do Tipo Três concentram-se em realizações: para eles, a vida é mais *fazer* que *ser*. Em algum ponto de sua sensação de desconexão do Divino, esse tipo desenvolve a crença subconsciente de que precisa emular o Divino dentro de si. Em seus representantes menos integrados, isso se manifesta como uma necessidade de projetar sucesso e realização para sentir-se bem, como se quem você é não fosse bom o bastante e, para não passar vergonha, você precisasse ser um deus ou uma deusa. São pessoas que têm necessidade de ser "mais" (*mais* bonitas, *mais* competentes). Superpondo o sexo a essa necessidade, temos alguém que precisa desempenhar, em vez de simplesmente viver. Claudio Naranjo se refere ao Tipo Três como "o tipo que se orienta pelo *marketing*":[1] aquele que precisa entrar no mercado de relacionamentos e vender-se para merecer o amor.

O Tipo Três se interessará por revistas cujos artigos tenham títulos como "10 Dicas para se Tornar um Amante Melhor", "21 Movimentos Sexuais Alucinantes para Dominar" ou "Como Atingir o Orgasmo Todas as Vezes", pois quer ser lembrado como "A melhor trepada que já dei!". Ele pode começar a se sentir como um rato em uma esteira. Quantos livros sobre definição de metas e autoaperfeiçoamento ele ainda precisa ler? O que mais ele precisa ser? O suficiente nunca é suficiente.

As pessoas desse tipo vivem para o sucesso (e o aplauso que esperam receber em seguida). Elas conseguem fazer várias coisas ao mesmo tempo e organizam ótimos encontros sociais e profissionais (Naranjo as chama de "ego-go", ou seja, pessoas cuja ação está centrada no ego).[2] Considerados os camaleões[3] do Eneagrama, os representantes do Tipo Três mudam conforme o ambiente a fim de vender suas habilidades e a si próprios da melhor maneira possível. Um *hipster* desse tipo usaria jeans *skinny* e top *vintage* para vender chocolates veganos feitos em casa (com cacau de origem ética e embalagens recicladas), mas vestiria ternos Armani para trabalhar em um escritório de advocacia.

Os Tipos Dois, Três e Quatro compõem o centro do Coração (ou do Sentimento) do Eneagrama, a tríade que abriga em seu núcleo sentimentos de vergonha e inutilidade. Devemos lembrar que os centros indicam onde temos uma ferida, e não o ponto em que somos saudáveis.[4] Portanto, o Tipo Três tem sua maior ferida no centro do Sentimento, manifesta em um medo de ser inútil[5] que provoca o sentimento da vergonha. Para disfarçar isso, os representantes desintegrados desse tipo podem mentir a respeito de suas realizações ou tornar-se vaidosos (Fixação e Paixão). É por isso que, apesar de estar no centro do Sentimento, eles conseguem mascarar o que realmente sentem e se esforçam para criar uma *persona* impressionante: "Eu como um grande sucesso"; "Eu como superior e mais importante que os outros", "Eu como o homem entre os ratos". Isso pode desembocar no que Horney chama de "Ambição Neurótica" e "Triunfo Vingativo": a necessidade de humilhar os outros com o próprio sucesso.[6]

O Tipo Três mantém sua *persona* desconectando o eu superior ou idealizado do eu autêntico ou, o que é mais frequente, descartando completamente seu eu real e focando apenas no eu idealizado.[7] Nos representantes menos integrados, o eu idealizado começa a se tornar mais verdadeiro que o autêntico.[8] Arrogante e ambicioso, o eu idealizado menospreza quem não ganha tanto/não é tão atraente/não tem tantas realizações/não tem tanta experiência sexual quanto ele. Há uma forte convicção de que, com talento, tudo se alcança. A falta de integração pode torná-los agressivos em seu desejo de reconhecimento e elogios constantes: "Querido(a), você é incrível na cama: o(a) melhor". Entre quatro paredes, eles acham que precisam saber de antemão o que fazer. Não gostam de pedir ajuda e relutam em perguntar ao parceiro o que ele quer, já que isso colocaria em questão sua autossuficiência e seu sucesso.

Já o lado sombra do Tipo Três é carente, indefeso, incapaz e frágil. Para compensar, ele busca desesperadamente atenção e afeto. O eu autêntico transcende a necessidade de segurar o sucesso com uma mão, enquanto afasta o fracasso com a outra. O verdadeiro eu reconhece e aceita tanto o sucesso quanto o fracasso: para isso, em vez de fazer, ele simplesmente é. Assim é o Tipo Três integrado.[9]

O problema dessa *persona* exterior polida do representante mediano desse tipo é que o eu interior autêntico se sente negligenciado e vazio, coisa que lhe inspira vergonha. Nos indivíduos menos integrados, isso pode descambar para um comportamento narcisista (alguns estudiosos do Eneagrama associam o narcisismo também ao Tipo Sete). A visão do narcisismo proposta por Horney difere da de Freud e das de outros psicanalistas convencionais, pois ela o atribui à criação, e não à natureza. E mais: a seu ver, o ambiente que propicia o narcisismo se define mais pela indulgência do que pela privação.[10]

Eu especularia que o Três é o tipo do Eneagrama que mais rápido está crescendo no mundo ocidental e na China. Basta pensarmos naquilo que a revista *Time* chamou de geração "*Me Me Me*" (geração Y ou geração do milênio): com suas *selfies* e seu uso míope da mídia social ("minhas experiências/meus estados de espírito/meus pensamentos/minhas férias..."), essa é uma geração que quer excelência fácil e fama imediata. William Strauss e Neil Howe atribuem-lhe as seguintes características: especial, protegida e realizadora.[11] No livro *Generation Me*, Jean Twenge classificou os filhos da geração do milênio como confiantes, narcisistas e convencidos.[12] Todos esses traços descrevem as pessoas do Tipo Três, com exceção de "especial", que se aplica mais ao Tipo Quatro.

O Nascimento do Tipo Três

Desde bem jovens, os representantes do Tipo Três buscam modelos: blogueiros com milhões de seguidores, atores famosos, *VIPs* ou quem a sociedade considerar digno de admiração. É então que começam a acreditar que o amor se conquista por meio do sucesso: "Para ser amado, tenho que ser um grande realizador". Quando crianças, muitas vezes se destacaram e foram admirados como os pequenos heróis da família.

É possível que suas primeiras explorações sexuais tenham sido frustradas por pais reprimidos ou que um dos pais (em geral o do sexo oposto ao seu) tenha rejeitado sua atenção. Outra possibilidade é a ausência (física ou emocional) desse pai do sexo oposto (ou da pessoa que desempenhou esse papel) durante os anos de formação da criança do Tipo Três ou a tentativa desta de compensar a ausência do pai (ou da figura paterna) aos olhos da mãe (ou figura materna): "Eu vou conseguir o que ele(a) não conseguiu".[13] É comum a criança seguir a mesma carreira desse pai ou mãe, talvez com o objetivo de impressionar, agradar ou ofuscar.

Em geral, as pessoas desse tipo têm um vínculo estreito com a figura nutriz e, por desejar a validação dessa pessoa (em geral, a mãe), elas buscam formas de atrair afagos. Só que, inevitavelmente, isso implica sacrificar o que querem ser em troca de reconhecimento:[14] "Eu queria muito ser artista, mas mamãe achou que contabilidade tinha mais futuro". E assim, perdendo o contato com seus verdadeiros desejos e sentimentos, as pessoas do Tipo Três vão se alienando de seu verdadeiro eu.[15]

O Tipo Três Quando se Apaixona

Se for Integrado: em sua melhor forma, o Tipo Três é autêntico e aberto à verdadeira profundidade e à beleza, e não a encenações superficiais. Ele reconhece seu direito natural a amar e a ser amado. Eis aqui o que pensa a respeito do sexo e do amor um representante integrado do Tipo Três:[16] "Eles criam e permitem [uma] plataforma para uma experiência maravilhosa de vulnerabilidade e autenticidade; de realização intelectual e física".

Além de modestas e receptivas, as pessoas integradas desse tipo deixam de resistir ao amor recusando-se a se entregar a ele. Elas pedem ajuda sem problemas e sabem que a vida é mais do que uma lista de realizações e uma gorda conta bancária. Como a cura da divisão entre a resposta amorosa e a resposta sexual já se processou, promovendo uma profunda capacidade de conexão com o parceiro, elas são sinceras e emocionalmente verdadeiras. Nos relacionamentos, não têm medo de entrar no fogo nem de se comprometer.

Aceitando suas assim chamadas "imperfeições", elas abandonam a necessidade de um eu idealizado; reconhecem as próprias realizações, mas sabem apresentá-las com elegância porque constataram que não há realização maior que um coração aberto e verdadeiro. São pessoas que amam a beleza de uma forma mais apreciativa do que narcisista. Elas apaixonam-se pelos outros, assim como pela própria vida, e abandonam a necessidade de ser as melhores.

Se for Mediano: nesse nível, é possível que o Tipo Três condicione sua escolha de parceiro ao *status* social. Antes de tomar qualquer iniciativa, a longa lista de qualidades desejadas em um potencial parceiro deve ser consultada: "Isso é o que chamamos de eficiência, não é?".

Por sua vez, ele começa a expor na vitrine os próprios dotes para impressionar potenciais "alvos". Trocando uma conversa de verdade por gracejos, o Tipo Três pode "brincar" com vários possíveis parceiros ao mesmo tempo, em geral nas redes sociais (porque é ocupado demais para pegar o telefone e ligar). Como se fosse a estrela de um filme, ele costuma assumir nos relacionamentos o papel de parceiro perfeito. Pelo fato de poder manter o controle enquanto estiver em posição de vantagem, ele consegue omitir certos aspectos de si mesmo para evitar sentir-se vulnerável. Se não for religioso, admitir que é virgem será considerado uma humilhação.

À medida que ele se desintegra, manter relacionamentos duradouros será cada vez mais difícil. Em vez de prazer e conexão emocional, o sexo vai progressivamente se resumindo a sentir-se desejado e admirado. Se for celibatário, ele investirá em ainda mais realizações. Os relacionamentos começam a parecer-lhe uma renúncia à "liberdade". Em vez de arriscar-se à importunação do amor, ele se absterá de compartilhar suas realizações e permanecerá frio e indiferente.

Se for Desintegrado: quando se desintegram, os representantes do Tipo Três tornam-se incapazes de ver os parceiros como indivíduos dotados de esperanças, desejos e sentimentos próprios; eles só os veem como admiradores dedicados a atender às suas necessidades ou como inimigos calculistas. Embora se considerem bem-sucedidos, veem os parceiros como fracassados.[17] Da mesma forma, apesar de julgar-se amantes talentosos e habilidosos, provavelmente consideram os parceiros sexualmente inadequados.

É extremamente improvável que alguém do Tipo Três admita ter alguma disfunção sexual. Esse tipo de coisa não pode acontecer com ele, é claro. Se por acaso procurar ajuda, será mais para mostrar como é uma ótima pessoa por acompanhar um parceiro "problemático" do que para admitir que ele próprio possa ter algum problema:[18] "Estou fazendo terapia de casal porque Sue precisou de apoio"; "Os homens simplesmente não conseguem resistir a mim. É tão irritante que resolvi procurar uma terapia para ver o que posso fazer para resolver isso". Se um homem desse tipo tiver uma ejaculação precoce, por exemplo, provavelmente culpará o parceiro: "Você não deveria ter feito sexo oral em mim antes". Para o Tipo Três, o fracasso simplesmente não é uma opção. Se o parceiro decidir deixá-lo, é bem provável que ele pense: "Aquele idiota não sabe o que perdeu!".

Para o mundo, ele pode parecer alegre e bem-sucedido, mas sua autoimagem idealizada fica distorcida: a vida se resume a ele e à sua necessidade de que o parceiro aceite um papel subserviente e se dedique a paparicá-lo. Depois que culpa os outros por seus próprios problemas, o Tipo Três desintegrado fica aborrecido consigo mesmo por demonstrar sintomas de estresse. A necessidade de glória é tão insaciável que a verdade acaba se perdendo ao longo do caminho se as coisas não funcionarem como planejado (o que causa enorme frustração).

Quando se desintegra, o Tipo Três começa a descuidar dos próprios interesses: já não se trata apenas de querer ser o melhor, mas sim de pensar compulsivamente "Preciso ser o melhor a qualquer custo". E pode acabar dormindo com o chefe ou alguém poderoso, mesmo que fisicamente sinta repulsa, se isso o aproximar de seu objetivo. Para seduzir o diretor executivo ou dar o golpe do baú, ele não hesita em mudar completamente de personalidade.[19]

Muitas vezes, inconscientemente ele deseja humilhar e derrotar os outros para sentir-se acima dos demais, agindo cruelmente sem empatia nem remorso:[20] para que ele vença, é preciso que os outros percam.[21] Para o parceiro de um Três desintegrado, isso é devastador.

Para preservar sua convicção de ser um amante irresistível (o melhor na cama), um representante desintegrado desse tipo pode buscar validação externa recorrendo a relações casuais e rápidos encontros sexuais. Embora possam acabar ficando sós, eles ainda se mostrarão animados, criando uma fantasia do "próximo grande êxito".

A distância entre o eu real e o eu idealizado aumenta à medida que eles se sentem cada vez mais infelizes e emocionalmente vazios. O desgaste pelo esforço de mascarar essa distância pode provocar um esgotamento que os faça desistir da batalha de uma vez por todas.

Alienados e sem nenhum interesse em continuar tentando, podem se tornar apáticos ou até catatônicos.

Como amantes, as pessoas do Tipo Três podem ser muito amorosas e aceitar-se como são, muitas vezes usando suas habilidades para o bem da humanidade. Quando não precisam mais bancar os amantes perfeitos, elas descobrem que já o são. Realizadas e admiráveis, inspiram outros a sê-lo também.

Como Seriam os Perfis de Namoro de Pessoas do Tipo Três

Ron, 35
Olá, gatona! Sou solteiro, 1,80 de altura, musculoso (sim, eu malho bastante). Já me disseram que sou bonito, me comunico bem (acabo de concluir um curso de oratória) e sou divertido (tenho um monte de amigos). Adoro gente. Vou fundo tanto no trabalho quanto na diversão – às vezes, sou descrito como "campeão" em tudo. Tenho apartamento próprio e dois carros esportivos de luxo (confesso que sou fanático). Estou louco para lhe apresentar a lugares exóticos e restaurantes incríveis. Seria bom se sua beleza física se igualasse à sua beleza emocional. Espero que você me mande uma foto recente. Enquanto isso, sorria e lembre-se: sua vida está prestes a mudar!

Batya, 34
Nível universitário, inteligente, divertida e sexy. Procurando por um cara entre 35 e 45 anos que preencha os seguintes requisitos:
- ❖ *Casa e veículo próprios (e negócio próprio também seria perfeito).*
- ❖ *Renda igual ou superior à minha (US$ 60.000/ano).*
- ❖ *Solteiro, de preferência sem casamentos anteriores.*
- ❖ *Sem filhos nem animais de estimação.*

- ❖ *Saudável.*
- ❖ *Aparência bem cuidada.*
- ❖ *Ser sósia de Ed Sheeran seria um grande bônus!!!*

ALÉM DISSO: Você terá de me acompanhar a uma reunião de família durante um fim de semana (com todas as despesas pagas). Se não for religioso, precisa dispor-se a fingir isso. Por favor, não responda se achar que não preenche esses requisitos.

A Paixão da Falsidade e a Virtude da Autenticidade

No Tipo Três, a Paixão da Falsidade provém da morte da Autenticidade: ser falso a respeito do próprio eu, em vez de mentir (embora ele também possa fazer isso quando se desintegra).[22] Esse tipo pode mudar para ser tudo que seu eu idealizado exigir.

Cria-se uma enorme tensão interna quando você investe tudo em manter uma versão idealizada de si mesmo como superior e bem-sucedido, enquanto suprime a versão que você considera malsucedida, submissa e carente. Pelo fato de ver cada deficiência como um fracasso, o Tipo Três diz a si mesmo: "Eu sou um amante incrível" (visão idealizada) para esconder seu medo de ser sexualmente inepto. O verdadeiro eu constrange; o eu inventado supera as expectativas. O medo de que alguém veja o verdadeiro eu e suas supostas deficiências leva a uma maior aversão a esse eu. É preciso esconder o verdadeiro eu dos olhos alheios, mascará-lo por medo de detecção, e é por isso que a conexão pode ser difícil para os representantes desintegrados do Tipo Três. Com medo de ser desmascarado, esse grupo passa a mentir cada vez mais, falseando conquistas, reivindicando êxitos que não lhe pertencem ou mesmo fazendo repetidas cirurgias plásticas: tudo que for necessário para sustentar o eu idealizado.

Uma Espiada no Quarto de um Representante do Tipo Três

Particularmente se forem solteiros, seu quarto pode ser uma espécie de templo a seu próprio sucesso, com troféus, medalhas, diplomas e fotos suas ao lado de ricos e famosos, ou passando férias em lugares exóticos. Isso se aplica ainda mais aos representantes do Tipo Três que tiverem Asa Dois, cujo estilo visa a impressionar. Já os de Asa Quatro provavelmente têm um pendor artístico e original por decoração, optando em geral por poucas, mas belas, peças de mobiliário. Já que sempre estão ocupados demais trabalhando, é possível que os representantes Autopreservacionistas do Tipo Três não se interessem muito por decoração, (a menos que possam pagar alguém para "resolver esse problema").

Fantasias e Literatura Erótica

Ao explorar seu lado sombra por meio da fantasia, o Tipo Três pode começar a gostar de pensar num tipo de sexo em que não haja cobrança de desempenho, que lhe permita ter insegurança e, em vez de precisar assumir o controle, ser liderado pelo parceiro. Ser arrebatado por outra pessoa elimina sua sensação de responsabilidade (se foi seduzido, a culpa não é dele), o que alivia sua ansiedade de desempenho.

Os subtipos Social e Sexual do Tipo Três, que desfilam sua beleza pela vida e frequentam clubes caros onde são a alma da festa, descobrem que esse negócio de "ser agradável" com todo mundo acaba cansando. E se, na fantasia, eles se permitissem ser maus, mas continuassem com o controle? Poderiam desfrutar de fantasias (ou realidades) nas quais, em vez de agir conforme as necessidades sociais alheias, tornam-se dominadores. Nesse papel, o outro precisa submeter-se e adorá-los! Ou poderia cultivar a fantasia indecente da "garota boa que virou má", pela qual o caminhoneiro suado não aguenta de tesão e arranca a *lingerie* de grife com sofreguidão e luxúria.

As fantasias, principalmente no caso do subtipo Sexual, podem envolver pessoas que os consideram tão atraentes que não conseguem resistir à tentação. Quanto mais os amantes se prostrarem em adoração, melhor o Tipo Três se sentirá e mais mascaradas ficarão suas inseguranças.

Por acaso já saiu de férias e fez algo inadmissível porque ninguém o conhecia? Sexo sem envolvimento emocional é algo popular entre os representantes do Tipo Três: você conhece alguém, faz sexo e depois cada um segue seu rumo. Na fantasia, às vezes o rosto da estranha fica escondido, ou a mulher do Tipo Três é penetrada por trás num lugar cheio de gente, reduzindo a chance de intimidade. Há nessa fantasia um aspecto primal brutal que o Tipo Três pode não admitir em sua vida, geralmente tão controlada em outros aspectos. A tendência ao complexo de Édipo pode levar as mulheres desse tipo a fantasiar o sexo com uma figura paterna forte e poderosa em cuja presença elas podem sentir-se fracas.

Como a afirmação e a adoração exigidas por alguém do Tipo Dois, alguns representantes do Tipo Três podem gostar da fantasia de ser *strippers*. Exibir-se é *sexy*, mas não envolve intimidade alguma, e ser desejado pode ser excitante. Além disso, ajuda a manter bem longe o medo de não ter um corpo perfeito na vida real.

Uma fantasia que os representantes masculinos do Tipo Três podem ter gira em torno de seduzir uma virgem (talvez uma líder de torcida ou uma professorinha); para eles a ideia de corromper a inocência é muito excitante. Toda virgem se lembrará sempre de quem a deflorou, algo que o Tipo Três, tão ligado no desempenho, vai apreciar. Estar no controle por ser o parceiro mais experiente permite-lhe sentir-se superior e afastar a possibilidade de críticas.

O Tipo Três nos Diferentes Sexos

Mulheres: no controverso *The Power of Sexual Surrender*, Marie N. Robinson declara que "o orgasmo é o ato físico da rendição".[23] Psiquiatra de Cornell que dedicou sua vida ao tratamento de mulheres frígidas, Robinson afirma que a frigidez é um mal que aflige milhões de mulheres americanas – e eu suspeito que muitas delas sejam do Tipo Três. O número de mulheres desse tipo tem aumentado em todo o mundo, e particularmente nos Estados Unidos, onde são o tipo mais comum do Eneagrama.[24] A frigidez pode se tornar um problema quando surge a necessidade de conter a livre expressão sexual por medo de rejeição. Isso não quer dizer que todas as mulheres frígidas sejam do Tipo Três nem que todas as mulheres do Tipo Três sejam frígidas, mas sim que existe uma tendência.

A razão à qual Robinson atribui o aumento da frigidez feminina[25] é que "a mulher frígida aprendeu a temer o amor físico, a fugir dele, e esse medo tem profundas repercussões em seus relacionamentos com os homens. As razões dele não estão a seu alcance, estão trancadas em seu inconsciente".[26] Acercando-se da necessidade que a mulher do Tipo Três tem de ser bem-sucedida num ambiente tradicionalmente voltado para os homens, ela diz: "desacreditando completamente as necessidades e características femininas, o credo feminista substituiu as metas femininas por metas masculinas",[27] ideia nada popular na ideologia feminista.

Robinson passa a explicar que, se desconfiar da própria feminilidade e do amor do parceiro, a mulher desejará assumir o controle. Em contraste, "no verdadeiro orgasmo, a mulher precisa estar fora de controle; precisa desejar voluntária e deleitosamente estar assim".[28] Uma mulher do Tipo Três que conheci admitiu ter dormido com muitos homens, sobretudo antes de seu casamento, e certamente com alguns depois. No entanto, confessou nunca ter tido um orgasmo; era a sensação de ser desejada e o poder sobre suas conquistas que ela mais desejava.

Esforçando-se tanto para não precisar de ninguém, parecer forte e evitar pedir ajuda, as mulheres do Tipo Três podem ter dificuldade em abrir mão do controle, acreditando que vão desmoronar se uma experiência sensual sem reservas jogar para o alto todo o seu eu. É mais provável que sejam as chamadas *femmes fatales*, que criam e controlam o desejo prometendo doces guloseimas sexuais, mas raramente as entregam.

Se fingir orgasmos as fizer parecer amantes mais habilidosas, elas não vão pensar duas vezes antes de gritar de prazer fingido. Afagarão o ego de um amante para encaixar-se na imagem idealizada de si mesmas como boas amantes, mas isso é apenas mais uma forma de fingimento. A repressão dos próprios desejos sexuais pode manifestar-se em estresse e sintomas psicossomáticos.

O foco dos subtipos Social e Sexual na aparência pode criar mulheres elegantes e impecavelmente vestidas que deslumbram o mundo com a promessa de serem melhores amigas, amantes, esposas ou funcionárias. Porém há frustração em precisar ser independente enquanto se depende da aprovação alheia, e a tendência de se vestir para os outros que caracteriza o Tipo Três pode criar um interior vazio com uma fachada glamourosa. (O Tipo Dois Autopreservacionista pode se comportar de modo semelhante, mas sua motivação é diferente.)

As mulheres desse tipo podem ter o profundo anseio de um relacionamento, mas o medo da rejeição pode induzi-las a desprezar pretendentes mesmo quando se sentirem atraídas. Muitas delas têm complexos edipianos; eram a "princesinha do papai", a filha com quem o pai se identificava e a quem treinava para o sucesso. Rejeitadas pelo pai à medida que amadurecem sexualmente, elas podem achar que todos os homens farão o mesmo.[29]

Algumas mulheres do Tipo Três podem demonstrar uma propensão a relacionamentos a longa distância ou com homens casados. Conheci várias mulheres atraentes e inteligentes deste tipo que, embora conseguissem tranquilamente conquistar muitos solteiros, preferiam os casados (que não tinham interesse em divorciar-se das esposas) ou então homens bem mais jovens (que podiam apreciar as atenções de uma mulher mais velha, mas não tinham vontade de criar vínculos duradouros). Mas, se as coisas mudassem e os homens manifestassem algum desejo de tornar o relacionamento mais estável, elas perdiam o interesse. Nesse sentido, o "amor" consiste em atrair alguém de *status* e em reafirmar que é visto e adorado.

Às vezes, elas reagem com muita inveja e ciúme de qualquer concorrência. Lembro-me de ouvir uma amiga do Tipo Três dizer que, se fosse a uma festa e encontrasse alguém mais atraente que ela, iria embora imediatamente. Essas mulheres querem ser "as melhores" e não hesitam em usar sua perspicácia e sua inteligência penetrante para humilhar a oposição.

Homens: os representantes masculinos do Tipo Três projetam uma imagem bem-sucedida. Buscando o amor, mas temendo a intimidade, eles podem acabar confundindo sexo e amor. Embora a emoção da sedução possa transformar-se num vício, isso não basta para garantir que não demorem em perder o interesse quando o desejo diminui. Eles são apaixonados pela paixão.

Embora possa parecer o parceiro ideal, com o tempo talvez sua falta de profundidade emocional se revele frustrante, sobretudo para tipos como o Quatro: as velas (românticas) estão acesas, mas (emocionalmente) não há ninguém em casa. O homem do Tipo Três quer o sucesso e tudo o que vem com ele, incluindo a beldade que tem nos braços. Apesar de ter facilidade e estilo para representar o papel de celebridade ou empreendedor bem-sucedido, ele costuma queixar-se de que os relacionamentos lhe exigem demasiado tempo, dinheiro e atenção.

Assim como a pressão para ser o amante perfeito, a cobrança de desempenho sexual pode criar tal ansiedade que culmine em uma disfunção erétil. O que considera fracasso pode ser humilhante a ponto de induzi-lo a afastar-se de compromissos potencialmente significativos e a optar por encontros casuais ou pagos (acreditando que as prostitutas gostam de envolver-se com ele).

Quando se desintegram, os homens do Tipo Três ficam tão concentrados em si e em seus próprios "dotes" que não demonstram a mínima preocupação com o prazer da parceira, a menos que isso também sirva para que eles se promovam: "Fiz você ter quatro orgasmos – isso é que é homem!".[30]

No livro *The Sexual Self: How Character Shapes Sexual Experience*, Offit sugere que, ao longo da história, a religião trabalhou incessantemente para disseminar a ideia de que a masturbação causava cegueira, além de uma série de outros absurdos. Offit identifica um certo "Egocentrismo Sexual" como mais estreitamente vinculado ao Tipo Três. É de esperar que os homens desse tipo apreciem a autogratificação; para quem tem Egocentrismo Sexual, a masturbação é uma constrangedora prova de não ser desejável o bastante.[31]

Tipo de Amor: Erótico

Para Naranjo, no Tipo Três, o amor tende a ser centrado em si mesmo,[32] o que o torna um dos três tipos Eróticos do Eneagrama. É um amor centrado em si mesmo mais infantil, exigente.

Na Grécia Antiga, acreditava-se que Eros (o deus grego do amor), junto com seus amigos Pothos e Himeros (anseio e desejo, respectivamente) e seu fiel escudeiro Cupido, atiravam flechas para criar desejo entre homens e mulheres. Na poesia Alexandrina, Eros se distorce e, em vez de um jovem, ele passa a ser uma criança travessa. Com o tempo, ele foi sendo retratado como uma figura cada vez mais jovem até se tornar um bebê no período helenístico. Hoje, Eros está associado a um amor parecido com o infantil, o amor a si mesmo, associado por sua vez, ao Tipo Três (e aos Tipos Sete e Oito).

Pouco me importam os relacionamentos!

Quando se trata de relacionamentos, o Tipo Três é vulnerável porque sua fachada externa de brilhantismo e realizações esconde o medo de deixar entrever o vazio que sente por dentro: "E se alguém perceber que eu sou uma farsa?". Além disso, ele é supersensível à crítica e à rejeição. É possível que controle os impulsos sexuais naturais e os redirecione para o trabalho. O desprezo que tem por si mesmo torna-se o desprezo que teme receber de um amante.[33]

Esse tipo receia ser exposto como uma fraude grosseira.[34] Um medo espreita representantes de ambos os sexos: "Sou amado por quem eu sou ou pelo dinheiro que tenho/pelo estilo de vida que propicio/pelo que faço/pela faísca que provoco no ego do parceiro?".

Narcisismo

A psiquiatria pode ver o narcisismo como uma tendência, uma condição, um estágio do desenvolvimento do ser humano ou um distúrbio.[35] E, à medida que se desintegram, os representantes do Tipo Três vão percorrendo toda essa lista. Há mais narcisistas entre os homens do que entre as mulheres.[36] O aspecto narcisístico desse tipo provoca o egocentrismo sexual que o leva a querer ser desejado. Ele se vê como mais do que é; como o perfil de um aplicativo de namoro em que se lê: "Aparência melhor que a média, ótimo senso de humor e financeiramente bem de vida". Mesmo que se considere excepcional e talentoso, lá no fundo tem ódio por si mesmo e tende a punir-se por não ter conseguido o desempenho idealizado.

Se amarem menos a si mesmas, as mulheres narcisistas do Tipo Três podem encobrir suas "falhas" com maquiagem e cirurgia. Já os representantes masculinos desintegrados desse tipo podem vestir-se mal, estar acima do peso, descuidar da manutenção de seu corte de cabelo, mas, apesar disso, achar que são irresistíveis e que seu pênis é um presente para o parceiro. É possível que limitem a própria expressão sexual caso esta ameace a visão exaltada que nutrem de si mesmos.

É pouco provável que o parceiro de um narcisista do Tipo Três receba elogios quando fizer algo bem. Quando desintegrado, o homem pode chamar uma mulher multiorgástica de vadia, enquanto elogia a própria habilidade como amante. Se ele mesmo mal conseguir ter um orgasmo, tentará justificar-se dizendo: "Não há nada de errado comigo; a culpa é sua".

Vergonha

A vergonha costuma ser associada a experiências de cunho sexual e pode ser bastante prejudicial aos relacionamentos. Embora afete todos os tipos, a vergonha, em geral, está mais profundamente associada aos Tipos Dois, Três e Quatro.

A expressão sexual na infância pode ter sido repleta de humilhação, desde dificuldades no treinamento para usar a privada a repreensões por brincar com "isso aí" ou abusos concretos. Com o início da puberdade, surge toda uma nova gama de potenciais experiências que desembocam em vergonha e humilhação (como vazamentos durante a menstruação, ereções fora de hora, sonhos molhados ou flagrantes durante a masturbação), as quais serão repetidamente lembradas ao longo de nossas vidas e contribuirão para a perda de nossa confiança sexual.[37]

O dr. Donald Nathanson, psiquiatra e autor de *Shame and Pride: Affect, Sex, and the Birth of the Self*, afirma que não é só a criação que reprime a sexualidade que cria a vergonha: mais profunda ainda é a vergonha de não ser amado. A vergonha pode começar com qualquer experiência de rejeição ou de falta de confiança em nosso próprio poder de atração, em nossa coragem, em nossa competência – em nós mesmos, enfim. E o sexo tem o poder de deflagrar todos esses potenciais pontos de vergonha. Nathanson sugere que nós reagimos à vergonha com uma dentre quatro possíveis estratégias de enfrentamento, as quais denominou "*Compass of Shame*" (literalmente, bússola da vergonha): Recuo, Ataque a si mesmo, Evasão, Ataque a outro.[38]

O *Recuo* consistiria em esconder-se das pessoas, tal como faria alguém do Tipo Cinco. O *Ataque a si mesmo* seria uma forma masoquista de menosprezar-se, como a autolesão. A *Evasão* manifesta-se no uso de drogas ou álcool, na busca de experiências que provoquem emoção ou na negação da existência de um problema. O *Ataque a outro* seria culpar e envergonhar os outros, seja verbal, física ou sexualmente, ou, então, danificar a propriedade de outra pessoa, como se poderia esperar dos tipos Atirados do Eneagrama.[39]

A meu ver, o Tipo Três usa principalmente três dessas técnicas para lidar com a própria vergonha. Por ser otimista como o Tipo Sete, o subtipo Sexual do Três evadiria a vergonha.[40] O subtipo Autopreservacionista talvez recuasse para buscar autonomia.[41] Por ser o mais agressivo, o subtipo Social teria maior probabilidade de atacar os outros.[42] A pesquisa para a Escala da Bússola da Vergonha revelou que os homens tendem mais à Evasão e as mulheres, por sua vez, tendem mais ao Recuo. O Ataque a outro foi a estratégia adotada por um número ligeiramente superior de mulheres (mas a diferença não foi significativa).[43]

Não querendo que os outros descubram sua falta de autoestima (ou seu eu "defeituoso"), o Tipo Três esforça-se para desviar a atenção do que considera uma falha exibindo suas realizações ou buscando a beleza física. Nathanson diz que as pessoas que sentem vergonha geralmente procuram um herói ou uma heroína a quem possam imitar. Além disso, tornam-se extremamente competitivas. Independentemente de qual a estratégia ou combinação de estratégias que use, esse tipo mostra uma imagem exterior que não condiz com a criatura falha que julga ser.[44]

Atributos como competente, confiante, *sexy* e desejável mascaram essa pessoa incompetente, fraca, desagradável, pouco atraente, vergonhosa, sexualmente inadequada e indesejável que ele subconscientemente se sente. O trabalho permite ao Tipo Três sentir-se valorizado e digno.[45]

As Pulsões dos Instintos

O Tipo Três Autopreservacionista (*contrafóbico*): os outros dois subtipos instintivos do Tipo Três podem investir uma quantidade excessiva de tempo, energia e dinheiro para reduzir a distância entre o eu idealizado e o eu percebido. Mas o Três contrafóbico faz o contrário, dizendo a si mesmo que está acima de preocupações mesquinhas e que é seu desempenho, e não a imagem, que conta. Como tal, ele finge não se importar,[46] mas no fundo se importa, sim: o tipo contrafóbico se imiscui sem querer que os outros percebam.

O Autopreservacionista do Tipo Três está sempre depreciando a própria aparência por não ver o eu idealizado do outro lado do espelho. Ele não quer que o julguem fixado na própria imagem: mais modestos em termos de aparência, sua vaidade está em não ser vaidoso.[47] Portanto, as mulheres desse subtipo podem não usar maquiagem, e os homens, zombar de quem frequenta academias (mas malhar em casa).

Dos três subtipos do Tipo Três, é esse o mais propenso a viciar-se em trabalho, desejando segurança por meio do bem-estar financeiro e de suas competências profissionais: "Se eu for o melhor no trabalho, não poderei ser demitido"; "Já consegui poupar tanto que, mesmo que eu perca o emprego, meus investimentos me manterão".

Dos três subtipos do Tipo Três, é esse o menos propenso a pedir ajuda ou demonstrar estresse. Como me disse um representante típico: "Eu não tinha ideia de que poderia ser afetado pelo estresse até ter um colapso. Para mim, foi um choque descobrir essa vulnerabilidade, saber que não era invencível e que precisava de ajuda".

O Autopreservacionista desse tipo pode ser modesto e contrafóbico por parecer não se preocupar com a imagem.[48] Ele deseja ser uma "boa" pessoa, e as boas pessoas não se preocupam com a imagem (isso seria uma vaidade inaceitável). Graças a essa tendência, ele pode ser incorretamente classificado como pertencente ao Tipo Um. Nos relacionamentos, pode transmitir as seguintes mensagens: "Não tenho nenhuma vontade especial de namorar. Tenho outros interesses"; "Paquera é coisa de loura burra que não tem outra maneira de chamar a atenção".

O Três Autopreservacionista quer ser um bom amante e um bom parceiro, além de inspirar admiração por suas conquistas financeiras e profissionais. Seus representantes são práticos, habilidosos e capazes de cuidar das necessidades financeiras da família, embora o desejo de acumular dinheiro possa negar-lhes tempo para aproveitá-lo. Os parceiros podem achar difícil conectar-se sexual ou emocionalmente com eles, pois sempre estão envolvidos numa luta, em geral por segurança financeira.

Para eles, é mais difícil conectar-se com os próprios sentimentos do que para os outros dois subtipos instintivos. Por isso, em vez de deixar seu amor fluir livremente, é possível que prefiram demonstrá-lo fazendo coisas para os outros ou cumprindo obrigações. O funcionamento eficiente pode destruir a interação emocional: os próprios parceiros podem ser julgados com base no "atendimento de todos os pré-requisitos". Apesar de ser um dos tipos Sencientes, o pensamento pode sobrepujar os sentimentos. Naranjo descreve o Tipo Três em geral como sendo o caráter "rígido" do dr. Alexander Lowen e do psicólogo Stephen M. Johnson, ou seja, a pessoa que separa o amor das suas reações sexuais.[49] E Chestnut descreve o Três Autopreservacionista como o mais rígido dos subtipos do Tipo Três:[50] eficiente, mas a custo de tudo o mais. Foi um Três Autopreservacionista quem disse: "Por razões de saúde, é preciso fazer sexo".[51] (Mais uma tarefa a ticar em sua longa lista de tarefas pendentes!)

Como os representantes desse tipo gostam de estar no controle e não querem expor-se a sentimentos de fraqueza, seus parceiros podem ter a impressão de que eles buscam contato sexual só para evitá-lo depois. Separar o amor do sexo traduz-se em uma incapacidade de viver o amor de verdade, pois sempre está faltando alguma coisa. Algumas pessoas do Tipo Três tentam superar isso com uma opção clássica: ter um parceiro de quem gostam, mas pelo qual não sentem atração sexual (amor), e um amante a quem desejam, mas pelo qual não têm outros sentimentos (sexo). Fazer esse tipo relaxar e chegar ao orgasmo pode ser complicado e exigir um certo esforço.

Segundo Naranjo, é possível que o Tipo Três Autopreservacionista tenha vivido alguma espécie de caos familiar[52] que promoveu a frustração de sua necessidade de atenção, seja por doença, alcoolismo, carência ou indisponibilidade emocional de um ou de ambos os pais. Assim, ainda jovem ele aprende a cuidar de si e encontrar outras maneiras de obter atenção.

Diferentemente do que ocorre com as demais pulsões Instintivas, ele vai contra não apenas a vaidade (sua Paixão), mas também contra a falsidade (sua Fixação). Dos três subtipos, o Autopreservacionista é o que tem maior probabilidade de não mentir a respeito de uma infidelidade.

O Tipo Três Social: como a criança que está sempre representando papéis e exigindo os pais como plateia, esse subtipo gosta de ocupar o centro do palco. Por isso, ele é o mais vaidoso, mas também o mais adaptável dos três subtipos. Socialmente muito hábil, ele interage com todo mundo, brilha em eventos sociais e sabe fazer contatos e admiradores.[53]

Muito sedutoras, as pessoas desse subtipo são capazes de usar friamente os laços emocionais que criam para atingir os próprios objetivos. Elas podem "usar de qualquer meio para chegar ao topo", demonstrando um triunfo vingativo[54] sobre os que estão abaixo de si. Ex-parceiros de novos amores seus podem ser submetidos a uma derrota humilhante, pois os representantes desse subtipo do Tipo Três consideram a mágoa e a humilhação uma parte necessária de seu prêmio. "Sexo é como uma coceira: depois que coça, acaba", afirmou um deles.[55]

Quando a vida se resume a alardear seus feitos para atrair aspirantes a admiradores, pouco resta de seu eu verdadeiro. Duas lindas e bem-sucedidas representantes desse subtipo admitiram para mim que consideravam a função de CEO um lugar solitário. Ambas se perguntavam se a escada corporativa era mesmo a que elas queriam subir.

O Tipo Três Sexual: Esse tipo prefere ser admirado no sexo a ser admirado na profissão. Ele sabe anunciar-se como grande amante e, no intuito de aumentar o próprio poder de atração, esforça-se para estudar e imitar modelos sexualmente atraentes. Além disso, pode receber a projeção dos desejos alheios e tornar-se o que o parceiro fantasia: "Quer que eu seja uma pastorinha travessa que você começa a seguir pelo campo?". Só que então seu dilema passa a ser responder à pergunta: "Será que ele só me ama porque eu topo entrar na brincadeira?".

As conquistas sexuais reafirmam seu sucesso. Como sereias, as pessoas desse subtipo atraem e seduzem os que caem em seu feitiço para que cuidem delas (ao contrário do Tipo Três Autopreservacionista, que quer cuidar dos outros). Elas não se importam em ficar de fora dos holofotes, pois podem ser o "poder por trás do trono", como a Josefina de Napoleão. Isso lhes permite ser mais introvertidas e focar em criar uma apresentação agradável de si mesmas (como se fosse a apresentação de um trabalho).[56] Seu eu idealizado consiste em ser o(a) marido/esposa/amante perfeito(a), em um relacionamento perfeito, com filhos perfeitos (como em um anúncio publicitário).

Quando a versão idealizada do amor desmorona, procurar um eu autêntico nos escombros pode ser uma experiência traumática. É como se a máscara continuasse lá, mas o ator tivesse saído do palco. Na cama, você pode ter a impressão de que a pessoa com quem dormiu tantas vezes ainda é uma estranha: está presente fisicamente, mas ausente emocionalmente. A resposta desse Três Sexual é típica: "Ambos [sexo e amor] são importantes, mas às vezes estou estressado demais para dedicar muito tempo a essa área da minha vida".[57]

As Asas

Tipo Três com Asa Dois (*Amor Erótico e Maternal*): nesse subtipo, a ambição do Tipo Três encontra o afeto do Tipo Dois. Quando integrado, ele é extrovertido, divertido e cativante. Além disso, costuma ter mais delicadeza nos relacionamentos do que o outro tipo de asa. Sabe equilibrar trabalho e relacionamento e está em contato com as próprias emoções. Para ele, os relacionamentos são tão importantes quanto o desejo de realização. Quando menos integrado, quer projetar-se como parceiro e amante perfeito. Na cama, é provável que queira estar por cima física e emocionalmente. Em público, ele vai querer cativar a todos para ganhar a admiração que acredita merecer.

Tipo Três com Asa Quatro (*Amor Erótico e Maternal contrafóbico*): aqui o ambicioso Tipo Três encontra o artístico Tipo Quatro. Mais frio, introvertido e reservado do que o outro tipo de asa, esse tem mais sintonia com suas emoções (como o Tipo Quatro quando integrado). Quando menos saudável, isso pode manifestar-se como mau humor e distanciamento emocional. Entre quatro paredes, talvez ele se mostre desajeitado, constrangido e estranhamente inseguro de si mesmo. O medo da rejeição tem papel ainda maior em seus relacionamentos, de modo que talvez as aventuras de curta duração sejam vistas por ele como uma opção mais fácil.

Como Desfrutar da Presença Sexual

O Que Dificulta a Satisfação Sexual do Tipo Três

Para avançar em direção aos outros sacudindo bandeiras com as próprias realizações, esse tipo pode desconectar-se de seu eu autêntico. Mantendo o foco no desempenho e nos elogios que espera receber, ele perde a conexão com o aqui e o agora, podendo dar a impressão de estar desempenhando um papel. Se gabar-se das próprias conquistas fizer os outros se sentirem inadequados e gratos pela honra de sua atenção, os representantes menos integrados do Tipo Três não hesitarão em fazê-lo, perdendo a beleza da verdade. Para ser verdadeiro, é preciso valorizar o verdadeiro eu, e o sexo é intimidade e carinho mútuo; não uma tentativa de impressionar.

Para permitir-se ser vulnerável, é preciso ter muita confiança no parceiro. E, se essa confiança for quebrada, o resultado pode ser emocionalmente destrutivo. Como descreveu um representante do Tipo Três, "É como se eu tivesse derrubado parte da parede para finalmente deixar alguém entrar. Então, se essa pessoa me rejeitar, nunca mais eu me permitiria derrubar a parede novamente".

Outra maneira de se enganar é usar a autossugestão, como me disse certa vez outra pessoa do Tipo Três: "Estou ocupado demais para ter um relacionamento. Não seria justo com o parceiro. Trabalho demais e vivo viajando".

Esse tipo acha mais seguro manter os parceiros a distância, esvoaçando de um caso para outro como uma borboleta. Quanto mais amantes tiver, menor a chance de ter que se aprofundar com alguém, além de alimentar a lenda de suas proezas sexuais. Alguns podem escolher parceiros indisponíveis ou simplesmente continuar solteiros: "Os parceiros da minha amiga são todos uns derrotados; melhor ficar solteira do que ter a meu lado alguém assim".

Como o Tipo Três Pode se Tornar Sexualmente Presente

Acesse seu eu autêntico: à medida que se conecta com seu eu interior, o Tipo Três conscientiza-se de seus verdadeiros sentimentos. Em vez de ser só desempenho, a sexualidade torna-se uma experiência que abarca tudo e, em vez de autoengrandecedora, a realização é autêntica.

Amor, intimidade e sexo se unem quando o representante do Tipo Três consegue equilibrar o paradoxo de sua necessidade de ser um grande amante com seu medo de ser vazio. Sexo não tem nada a ver com ser o melhor nem é uma competição com o parceiro. Perdendo a necessidade de ser uma "superestrela do amor", ele pode se tornar extraordinário de verdade: alguém que ama e é amado.

Aceite: o Tipo Três precisa libertar-se da vergonha e da culpa de encontros sexuais anteriores, bem como de qualquer autocrítica e constrangimento acerca de seus primeiros anseios sexuais por um dos pais. Ele não sente mais a necessidade de rejeitar para não ser rejeitado.

Abra-se para o seu mundo interior: quando a máscara do sucesso cai, o Tipo Três enfrenta o medo de expor seu mundo interior a uma pessoa querida. Perdendo a necessidade constante de melhorar a aparência externa, ele pode adotar uma abordagem mais natural e descobrir sua beleza intrínseca.

Crie um equilíbrio saudável entre vida profissional e vida pessoal: deixe o trabalho ocasionalmente ficar em segundo plano. O estresse diminui quando a vida entra em equilíbrio.

Esqueça o medo do fracasso e a necessidade de controle: quando integrado, esse tipo ri das próprias falhas na cama e pede ajuda e *feedback* sexual. Por meio dessa vulnerabilidade, ele aprende a confiar. A verdadeira vitória envolve a rendição, que deixa de ser vista como uma fraqueza e se torna uma força.

Perguntas para o Diário

> *OBSERVAÇÃO: Vale a pena responder a estas perguntas, seja qual for o seu tipo.*

- ❖ Você acha que sexo é uma coisa que dá muito trabalho?
- ❖ Você merece ter uma boa vida sexual? Por quê?
- ❖ A necessidade de ser um grande atleta sexual está deixando você estressado?
- ❖ Você costuma fingir o orgasmo? Nesse caso, por quê?
- ❖ De que modo você poderia ser mais autêntico em sua expressão sexual?

Tipo Sete: o Pretendente Espontâneo

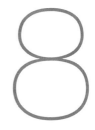

O lema do Tipo Sete: "A paixão, o prazer e a busca do amor!".

O Tipo Sete como amante: quer empolgação, um novo estímulo ou qualquer coisa que lhe propicie um pico extra de adrenalina: "Preciso de algo que me satisfaça, e preciso já!". Como não gostam de ver sua liberdade cerceada, é difícil que as pessoas desse tipo desejem compromissos de longo prazo. Elas tendem a evitar lidar com problemas de relacionamento, pois querem que os relacionamentos sejam só diversão.

O Tipo Sete promove sua causa: transitando pelo mundo com a convicção de que sua presença animará o grupo; de que é ele a principal atração. Como tal, esse tipo volta sua energia para fora. Ele vive no futuro das possibilidades, planejando envolvimentos sexuais no intuito de satisfazer a gula do desejo. Seu foco no exterior acarreta a perda de sua conexão com o interior.

Você pode identificar-se com alguns aspectos do Tipo Sete, mesmo que não seja seu próprio tipo: se você for do Tipo Seis ou Oito (asas) ou do Tipo Um ou Cinco (pontos de extensão e liberação).

Tipo de amor: Erótico. Em um relacionamento, esse tipo geralmente se considera a parte mais importante: o erotismo infantil surge quando o sexo se destina principalmente a atender às necessidades dele.

Convicção nos relacionamentos: "Na cama, sou mais *sexy* e mais aberto do que os outros".

Frustração sexual: "Os parceiros vão ficando previsíveis e chatos demais. Eles não conseguem acompanhar meu ritmo".

Como Entender a Sexualidade do Tipo Sete

Breve Visão Geral

A gula, a Paixão do Tipo Sete, não é só o desejo de comida e álcool, mas também o desejo de experiência: "O que vai me dar o maior barato?". Para ele, a felicidade sempre está numa nova experiência, sempre além de seu alcance.

Freud cunhou o termo "princípio do prazer" (*Lustprinzip* em alemão), considerado a força motriz por trás da busca instintiva do prazer para evitar o sofrimento, ao qual se opõe o "princípio de realidade", que se desenvolve com a maturidade, quando aprendemos a adiar a gratificação. Freud postulou que "um ego assim educado torna-se 'razoável'; ele já não se deixa governar pelo princípio do prazer, mas obedece ao princípio da realidade, que também, no fundo, busca obter prazer, mas o prazer que é assegurado quando se leva em conta a realidade, ainda que seja um prazer adiado e diminuído".[1] É como no famoso "teste do *marshmallow*", em que as crianças recebem um *marshmallow* e são recompensadas com outro se postergarem a gratificação de comê-lo imediatamente. Como as crianças que preferem devorar na mesma hora o *marshmallow* que têm diante de si, os representantes do Tipo Sete mergulham de cabeça nas doces promessas da vida.

Por serem hedonistas que vivenciam o amor como prazer, para eles é lógico que, sem prazer, não haja amor.[2] O risco desse raciocínio é crer que uma atitude "feliz" de busca do prazer seja como um estado de iluminação, em vez de um foco no prazer. Desse modo, a convicção de personificar seu próprio eu idealizado faz do Tipo Sete um ser humano "raro" cujas falhas são, elas próprias, divinas.[3]

Os representantes desse tipo querem soluções rápidas, não toleram processos longos de aprendizagem e tendem a acreditar que já são o que desejam ser. Se o Tipo Oito gosta de sexo primal e lascivo, o Sete quer o barato que ele pode propiciar, além do barato que é a vida (ou outra droga que o substitua). Eles são o sonho de qualquer anunciante: basta verem à frente a palavra "novo" que já vão tirando a carteira do bolso. *Sites* de viagens com pechinchas de última hora (como o lastminute.com) são seu maior deleite, pois espontaneidade é a sua paixão. Além disso, são grandes visionários e empreendedores que gostam de ver potenciais.

Em geral, as pessoas do Tipo Sete são inteligentes, muito qualificadas em vários campos e têm interesses bem diversificados. Além disso, são companhias perspicazes e divertidas. Naranjo compara esse tipo à raposa das fábulas, a estrategista sempre astuta e ardilosa.[4] Eu, particularmente, o vejo como o bobo da corte, o *trickster* arquetípico que, apesar de ser às vezes ultrajante, sempre acaba evitando reações adversas à sua *performance*.

Alguma vez já esteve em uma festa conversando com alguém que não está prestando atenção ao que você diz, pois fica olhando para trás para ver se chegou alguém mais importante, famoso, engraçado ou popular? Essa sensação de "alguma coisa melhor" é típica do Tipo Sete. A inquietação o impele a pensar que o agora nunca basta: para ele, a grama sempre é mais verde do outro lado, o que busca está logo depois da próxima esquina.

Confiante e carismático, o Tipo Sete tende ao exibicionismo e adora ocupar o centro das atenções. Lembro-me certa vez de ter saído com uma amiga desse tipo. Apesar de estar sóbria quando entramos em uma boate, ela não se importou nem um pouco em pular no balcão do bar e esparramar-se sedutoramente sobre ele, ao som dos gritos e aplausos da multidão encantada. Do Tipo Sete são também os "*playboys*"[5] do mundo, que quebram regras, correm riscos e ganham e perdem fortunas; tudo com aparente indiferença. Pense naquele homem bonito num iate de luxo, tomando champanhe cercado por modelos da *Vogue*, nas "locomotivas" de um mundo inacessível para simples mortais, onde muitas vezes a bondade é fingimento. Como os Tipos Dois e Nove, este também faz a vida parecer um mar de rosas.

Poderíamos estabelecer uma relação entre o Tipo Sete e certos aspectos do estágio dois de desenvolvimento do *animus* de Jung, o "Homem de Ação", um aventureiro como Ernest Hemingway, que "tem iniciativa e capacidade de ação planejada".[6] Seus representantes veem o panorama mais amplo e, a menos que estejam integrados a seu ponto de extensão (Tipo Um), podem ignorar os detalhes mais sutis. Eles são inovadores que usam seu ponto de liberação no Tipo Cinco para criar elos entre diferentes conceitos e para imaginar uma maneira diferente de fazer as coisas (inclusive na cama).

Porém, ele é um dos tipos do Medo e o disfarça lançando-se ao mundo por meio das aventuras e do empreendedorismo. O Tipo Sete não se preocupa com as pequenas coisas e não perde tempo com títulos extravagantes, categorias nem hierarquias. Do ponto de vista do sexo, isso significa que ele topará facilmente com algum famoso ou alguém de posição acima da sua, não por tentar insinuar-se, como faria um representante do Tipo Dois, mas sim porque de fato não vê divisões sociais.

Se o Tipo Um vê a vida em termos de deveria/não deveria, o Sete tirou o verbo "dever" de seu vocabulário. Para ele, viver é escolher uma entre inúmeras opções tentadoras. No sexo, isso significa que o que *poderia* acontecer pode ser mais atraente do que o que *está* acontecendo: "Será que...?"; "Como seria se...?"; "Que tal se...?". Se o sexo decepcionar ou uma rejeição acontecer, sempre haverá algo novo a esperar. Enquanto o Tipo Quatro não quer ser tedioso, o Sete não quer entediar-se, achando que "Os outros não veem as possibilidades; são limitados demais no pensar".

Tolerar as emoções "negativas" de um parceiro é algo difícil para as pessoas do Tipo Sete. Assim como fogem dos próprios medos, elas podem querer fugir também do parceiro que lhes evocar sensações semelhantes. "Quando meu astral baixa, eu leio um livro ou tomo uma xícara de chá e já me sinto bem melhor": assim descreveu uma pessoa desse tipo sua forma de "lidar" com emoções problemáticas. Procurar possíveis amantes ou fantasiar ligações sexuais pode tornar-se outra forma de distração.

O Nascimento do Tipo Sete

Para negar o sentimento de não ser amada nem valorizada, a criança desse tipo aprendeu a evitar emoções como medo, raiva e sofrimento. Sentindo-se separado da figura materna (seja a causa uma viagem, problemas de saúde, o trabalho ou outro filho) e, em última análise, do próprio Ser, o jovem do Tipo Sete concentra-se em distrações externas.[7] À medida que vai envelhecendo, o que muda é apenas a natureza dessas distrações. Isso cria um estado de constante expectativa e planejamento que o induz a viver no futuro e, por conseguinte, a não estar presente.

Por não tolerar hierarquias, o Tipo Sete tende a rebelar-se contra o pai (ou a figura paterna), a quem comumente atribui posições mais altas na família, e estabelece relacionamentos mais profundos com sua figura materna.[8]

O Tipo Sete Quando se Apaixona

Se for Integrado: em seus níveis mais saudáveis, ele quer verdadeiramente tornar o mundo um lugar melhor e alegra-se em servir a uma causa que promova isso. Por isso, muitas vezes seus representantes escolhem profissões que lhes permitam aconselhar e influenciar os outros.[9] De qualquer modo, como são grandes motivadores e sabem falar muito bem em público, conseguem inspirar as pessoas a agir, não importa qual seja sua profissão.

Eles aprenderam a saborear cada momento (inclusive no sexo) estando, ao mesmo tempo, totalmente presentes para a experiência. A necessidade de olhar para um futuro mais fascinante foi substituída pela prazerosa apreciação do agora.

Seus representantes são indivíduos passionais, animados e joviais, o que, junto com sua curiosidade e autoconfiança, pode ser uma garantia de diversão na intimidade. Fazer amor é um dom requintado, em vez de um ato que visa à sua própria gratificação.[10] O mundo sensual os atrai. Se acontecer alguma coisa aquém do ideal (como uma ejaculação precoce ou a perda de uma ereção), eles não ficam constrangidos: preferem rir disso e tentar outra coisa. Seu senso de humor é ultrajante[11] e às vezes obsceno, e isso ajuda a aliviar qualquer ansiedade de desempenho.

Em relacionamentos do mesmo sexo, se algo tiver funcionado bem para eles, sem dúvida adorarão explicar a técnica a você.

Se for Mediano: nem sempre se pode confiar no que diz o Tipo Sete. Mesmo que seja pego na cama com a babá, ele usa seu charme para não arcar com a responsabilidade e jogar a culpa no parceiro: "O sexo era uma coisa tão previsível que eu tive que tentar algo mais estimulante". E se essa não "colar", ele vai se zangar, reclamar e atirar seus brinquedinhos (sexuais) para fora da cama.

Quando se volta para as próprias necessidades, ele pode mostrar-se insensível ou indiferente às pessoas. Se estiver casado com alguém do tipo aquiescente ou retraído que não o desafie, ele logo se sentirá superior tanto em termos de intelecto quanto de habilidades práticas. Da mesma forma, se estiver com alguém de um tipo mais agressivo, ele também poderá sentir-se inferior.[12]

Esse tipo tem dificuldade em estabelecer limites nos relacionamentos, pois não quer ser cerceado e está sempre procurando algum espaço para espalhar-se. É possível que se sinta dividido entre o senso de dever para com os entes queridos e o desejo ser livre e fugir das restrições dos relacionamentos. Quando se desintegra, ele pode se tornar cada vez menos confiável ou fazer muitas promessas ("Vou levar você a um *spa* de luxo no fim de semana") e não cumprir nenhuma.

O Tipo Sete tem medo de envelhecer porque acha que a idade limitará seu poder de atração e sua potência sexual. À medida que se desintegra, ele pode ficar menos seletivo ao escolher seus parceiros,[13] desejando variedade, emoção e novas experiências. Os relacionamentos podem se tornar apenas um meio de driblar o medo da solidão, em vez de um interesse genuíno.

A partir daí, ele fica cada vez mais egoísta e superficial, transformando-se num consumidor que deixou de apreciar o que consome. As pessoas mais próximas começam a ficar exasperadas com suas constantes tentativas de evitar as questões mais penosas. Para manter esse estilo de vida descomedido, ele precisa cada vez mais de dinheiro, o que às vezes implica escolher um parceiro mais pela riqueza que por amor.

Se for Desintegrado: quando se desintegra, o Tipo Sete torna-se cada vez mais egocêntrico ou narcisista e passa a dar muita importância ao próprio prazer. Além disso, mostra-se disperso e imprevisível, arriscando-se a desenvolver graves dependências. Como tal, pode sentir-se "acima da lei", confrontador e irracionalmente exigente:[14] "Quero sexo agora. Pouco me importa se você não quiser. Você é meu parceiro, e satisfazer minhas necessidades é seu dever!". Se suas necessidades não forem atendidas, ele pode ter rompantes de raiva e irracionalidade, exigindo dos outros o que ele mesmo não se dispõe a dar.

Sem demonstrar remorso nem responsabilidade, o Tipo Sete desintegrado pode vociferar com raiva petulante se algo ou alguém (inclusive seus próprios filhos) ameaçar restringir seu prazer, humilhando com escárnio qualquer um que não apoie sua autoimagem idealizada de divertido e fabuloso. Além disso, ele tem uma visão idealizada do mundo e das pessoas mais próximas (diferentemente do Tipo Três, cujo idealismo refere-se apenas a si mesmo). Manter o otimismo torna-se essencial. Tudo e todos os que o cercarem precisam ser incríveis. Qualquer forma de crítica e qualquer tentativa de desinflar essa visão o assusta e intimida.

A versão idealizada e otimista de si mesmo contradiz a versão inferior e insegura. Ainda que ele possa transmitir otimismo, leveza casual e autoconfiança mesmo nas situações mais terríveis, será um estado frágil que pode rapidamente transformar-se em depressão e desânimo.

O Tipo Sete sente-se acima das necessidades da vida;[15] o tédio do cotidiano é rejeitado ou deve ser jogado nos ombros do parceiro: "As contas são um porre!"; "Pagar impostos é uma perda de tempo e de recursos!"; "Responsabilidade é algo que cabe a quem não sabe se divertir". A promiscuidade sexual aumenta com a ingestão de álcool ou o uso de drogas, especialmente drogas como a cocaína, que dá um barato – vale qualquer coisa que alimente seu apetite insaciável por estímulos.[16] A busca da próxima nova experiência torna-se uma compulsão.

Assim, ele se torna cada vez mais irracional, tomando decisões irresponsáveis, muitas vezes com implicações financeiras negativas, algo que pode ser extremamente difícil para os parceiros. Nesse processo, a lei e a moral são colocadas de lado. As pessoas tornam-se objetos que podem ser usados e com frequência abusados.

A atuação sexual é comum, do gênero "Não consegui me controlar. X estava lá e, na hora, me pareceu uma coisa louca que eu simplesmente tinha de fazer". A disciplina desintegra-se em autocomplacência, tanto sexual quanto financeiramente. Ele se torna cada vez mais disperso, iniciando projetos que raramente conclui. Também nos relacionamentos, o compromisso se transforma em problema, e ele pode se livrar friamente de quem mais apoio lhe deu. Só ele pode desfrutar da vida.

Além disso, pode explorar cada vez mais os parceiros e as pessoas em geral,[17] sentindo-se no direito de servir-se de quanto amor e carinho quiser, sem limites nem restrições. À medida que o medo aumenta e fica mais difícil fugir do sofrimento, ele pode se tornar completamente desregrado, fazendo experimentos sexuais cada vez mais depravados e manipulando parceiros para que concordem em submeter-se. Nada mais é divertido. O paraíso se perdeu. Com rancor e descontrole, ele se volta contra os que tentaram ajudá-lo e busca nas emoções uma fuga da ansiedade que o ameaça.[18]

Tendo parado para sentir o perfume das rosas, o Tipo Sete pode encontrar a verdadeira alegria interior na experiência do momento. Permanecer ao lado do amante em vez de afastar-se dele permitirá que sua criatividade, sua espontaneidade e seu profundo apreço pelo parceiro (e pela vida em geral) aflorem.

Como Seriam os Perfis de Namoro de Pessoas do Tipo Sete

Silas, 24

Se o que você quer é relaxar, estou fora. Mas se quiser se divertir, seja provando o nhoque de um novo restaurante italiano, saltando de bungee jump de uma ponte ou desbravando uma região remota na África, então você achou o cara certo! (Até meu gato é hiperativo: ele sobe pelas cortinas e persegue o próprio rabo.)

Sou espontâneo, então nos fins de semana rola uma série de aventuras e explorações, pois sempre há algo novo para a gente experimentar. Eu amo a natureza e ATENÇÃO: você terá que aceitar me dividir com minha kiteboard (e meu gato). Morar nos arredores da cidade não é comigo. Mas minha cobertura no centro da cidade é perfeita para mim. Juntos, vamos nos divertir de montão: risos e novas experiências evitarão que fiquemos entediados. Se você gosta do lado bom da vida e de experimentar coisas novas, já podemos formar uma boa dupla!

Cora, 38
Para namorar comigo, você tem que aproveitar ao máximo! Senso de humor também é essencial. A vida existe para ser vivida, e eu quero viver tudo a que tenho direito! Se houver uma montanha que você ainda não escalou, um país que nunca visitou ou um novo restaurante que deseja conhecer, vou adorar levá-lo lá! Dirijo meu carro a toda velocidade, gosto de ouvir música no volume máximo e adoro festas.

Eu já andei num elefante, saltei de paraquedas, passei três meses viajando a pé pela Índia, caminhei até o acampamento base no Everest e dormi na selva ouvindo o rugido dos leões. Não gosto de depressivos, atletas de sofá, nem gente que envelhece antes da hora.

Sou dona de uma agência de publicidade e faço muitos trabalhos gratuitos para várias instituições de caridade. Não estou procurando um homem que corresponda necessariamente a todos os meus interesses, mas seria ótimo ter alguém com quem pudesse compartilhar alguns deles. Ofereço uma relação alegre e divertida, que nos permita explorar a vida juntos enquanto tivermos saúde e disposição!

O Medo

Quando menos integrados, os hedonistas representantes do Tipo Sete afastam-se de boa parte de sua profundidade emocional. Eles podem parecer superficiais, como alguém que pensamos conhecer há muito tempo, mas na verdade mal conhecemos. Algumas pessoas, especialmente as dos tipos Sencientes, podem achar frustrante essa aparente falta de profundidade emocional.

Seu crescimento é limitado porque eles não conseguem sentir emoções "negativas" por medo de precisar desistir de sua autoimagem idealizada. Isso também pode dificultar sua abordagem de um parceiro desse tipo quando você tiver problemas, pois a hiperpositividade dele pode dar-lhe a impressão de estar sendo desconsiderado e incompreendido,[19] criando uma alienação não intencional. As pessoas do Tipo Sete podem não ter empatia e predispor-se a dar-nos tapinhas nas costas dizendo que devemos manter o rosto sempre erguido.

Quando a vida não corre conforme o planejado, o Tipo Sete reformula o evento para transformá-lo em algo mais positivo: "Fui a esse encontro do Tinder. Cinco minutos depois, ele foi ao banheiro e não voltou. Mas isso foi a maior sorte, porque nisso um cara gostoso entrou no bar e começamos a conversar. Ele é casado, mas a noite foi muito mais divertida". Ser otimista é mais fácil que enfrentar a dor da rejeição.

No afã de afirmar sua superioridade (da maneira mais gentil), esse tipo realça tanto as próprias habilidades que acaba virando um "homem polivalente", mas dominando poucas delas quando menos integrado. Além disso, ele não gosta muito de estudar um tema (leva tempo demais). Em sua opinião, participar de um *workshop* de fim de semana já os transforma em especialistas na área e projetar o próprio *site* os transforma em desenvolvedores de *software*.

A Paixão da Gula e a Fixação do Planejamento

Por ser um dos tipos do Medo, o Sete cria uma mentalidade voltada para o futuro (o medo do que poderia acontecer), e daí provém a Fixação do Planejamento e da Expectativa.[20] Paradoxalmente, a Paixão desse tipo (a Gula, do latim *gluttire*, que significa engolir) cria a necessidade de gratificação imediata daquilo que se espera. Ele se sente invencível porque vive num futuro em que aquilo que pensou já aconteceu: "Já sou o que pretendo ser". Os representantes do Tipo Sete sempre pegam o caminho mais rápido para tudo, inclusive o namoro: quando não conseguem paquerar (e cativar) o alvo imediatamente, partem logo para outra pessoa.

A gula se manifesta como desejo de novas experiências e de gratificação instantânea. O planejamento propicia ao Tipo Sete um meio de mapear seus desejos sexuais: "Sexo, para mim, está sendo em dupla agora... Eu me pergunto como seria se nós fôssemos três?".

Uma Espiada no Quarto de um Representante do Tipo Sete

Decoração, para ele, não é uma coisa minuciosamente pensada; é mais uma questão de decisão momentânea como: "Ei, eu gostei disso – vamos fazer acontecer!"; "Com a reforma do quarto, talvez o valor do apartamento aumente e possamos vendê-lo com lucro!". Ele quer que o espaço seja confortável e moderno, com ótimas obras de arte contemporânea nas paredes. Como é um tipo pródigo que aprecia o luxo, o orçamento não será problema quando a ideia é criar um refúgio elegante e sedutor. Quando menos integrado, seu gosto pode tender um pouco ao espalhafatoso (pense em tecidos exóticos, lençóis de cetim vermelho, camas gigantescas e arte cafona).

Fantasias e Literatura Erótica

Esse tipo pode ter fascínio pela ideia de fazer sexo de uma determinada maneira, e essa fantasia pode acabar ficando tão clara e detalhada como se já tivesse acontecido. Sua curiosidade natural e sua imaginação fértil podem levá-los a sonhar com maneiras novas e inovadoras de fazer sexo, muitas vezes apreciando mais o potencial do que o próprio ato. Assistir pornografia acaba tornando-se uma forma de estimular seu planejamento. Mas, embora possa demorar a imaginar uma ligação sexual, ele pode se desviar espontaneamente do plano se achar que isso será mais excitante!

Já que está disposto a explorar novas ideias, o Tipo Sete não deixa de considerar nenhuma fantasia. Autocomplacente, ele leva o tempo que for preciso para explorar seus desejos e pode ser extremamente permissivo (consigo mesmo e com o parceiro). Além disso, é capaz de gostar de explorar abertamente as façanhas sexuais do parceiro.

Por isso, o Tipo Sete é o que tem maior probabilidade de ser encontrado em clubes de *swing*, mesmo que seus parceiros não compartilhem de seu entusiasmo. Este representante exprime muitos desses elementos:

> *Por ser do Tipo Sete, acho que não tenho o mesmo nível de julgamento que as pessoas normalmente têm; eu entendo que as pessoas tenham seus fetiches. Tudo faz parte de um processo criativo e exploratório. Sou menos emotivo e mais racional em relação ao sexo, e isso me permite maior abertura à exploração sexual, já que não me prendo a sentimentos. Gosto de planejar esses encontros e pensar em maneiras de aperfeiçoar cada novo passo.*

Esse tipo acredita que em algum lugar existe uma utopia sexual. E gosta de fantasiar como seria dormir com gente de todos os continentes/países ou como seria fazer sexo com a mulher do chefe.

Além disso, pode levar o próprio lado sombra para suas fantasias, buscando sofrimento e restrição, em vez de evitá-los (o que pode incluir práticas como *bondage* e S&M – sadomasoquismo). E talvez goste de dominar, com desaforos gritados para animar as coisas (porque o silêncio é chato).

O Tipo Sete nos Diferentes Sexos

Mulheres: a mente é nosso maior órgão sexual, e a falta de fantasias e pensamentos eróticos durante o sexo afeta a capacidade física de atingir o orgasmo. Um estudo revelou que as mulheres que se distraem com pensamentos não sexuais têm menos probabilidade de chegar ao orgasmo.[21]

Como disse uma mulher do Tipo Sete, "Às vezes, tenho dificuldade em chegar ao clímax. Tenho sempre mil ideias na cabeça: um novo conceito para uma *startup*, os vizinhos, a experiência do meu parceiro, o trabalho... Simplesmente não consigo relaxar". Conseguir levar o parceiro ao orgasmo é importante, pois seu prazer reafirma a perícia do Tipo Sete. Outra mulher desse tipo declarou:

> *Eu vivo na minha cabeça! Talvez seja por isso que, apesar das limitações, sempre fui monogâmica. Se eu deixar um homem entrar na minha cabeça, então é porque confio o bastante para permitir-me ser livre e desinibida. Por isso, não me interesso por sexo casual, embora sexo com um ex sem dúvida funcione!*

Com a imaginação e a abertura mental que têm, as mulheres do Tipo Sete costumam fantasiar sobre a sedução antes de envolver-se. Apreciadoras do que se convencionou chamar de presença de espírito, elas fazem dos jogos de palavras uma espécie de preliminar, provocando os parceiros a tentar decifrá-las com as dicas sutis (verbais ou não) que elas dão. Siga as pistas, e essa mulher será uma amante hábil e cheia de paixão, principalmente se você acrescentar estímulo intelectual à mistura.

Homens: os representantes masculinos do Tipo Sete tendem a ser amantes criativos e vigorosos, que muitas vezes aparentam não ter muitos dos bloqueios sexuais associados aos demais tipos. A maioria tende a ser monogâmica, apesar dos problemas em assumir um compromisso. Mesmo uma crise pode influir pouco no sentido de suprimir seus desejos.[22] Porém, o tédio fará o sexo tornar-se desinteressante:

> *Eu gosto de jogos de poder no sexo. Gosto de dominar as mulheres, mesmo que eu não chegue ao orgasmo. Mas depois de algum tempo*

> com a mesma pessoa, e quando sinto que alcancei meu objetivo de ser um grande amante para ela, fica difícil manter o interesse. Eu me concentro tanto nesse objetivo que muitas vezes acabo esquecendo os aspectos mais emocionais do nosso relacionamento. Também posso ver o sexo como uma função puramente instintiva: temos tesão, então vamos transar e, depois, fazer outra coisa estimulante.

Como suas contrapartes femininas, às vezes os homens desse tipo descobrem que a mente ocupada e voltada para o futuro pode dificultar a intimidade, o afeto e o compartilhamento de emoções durante o sexo. Para focar no sexo, alguns relatam que fumar maconha ou tomar um drinque ajuda; outros reservam um tempo depois do trabalho para relaxar e bater um papo com o parceiro. Como disse um deles:

> Se não der um jeito de acalmar minha agitação mental, eu posso transar, mas estarei pensando num e-mail *que preciso enviar. Minha parceira ficaria muito infeliz se soubesse onde está minha cabeça na maior parte do tempo. Tenho que tentar fixar-me no quarto e começar a me concentrar nela e em seu corpo.*

Os homens do Tipo Sete, especialmente os que tiverem Asa Oito, podem tentar cortejar possíveis parceiros com presentes luxuosos, jantares caros e tudo do bom e do melhor – vinho, champanhe, joias e férias –, raramente percebendo que amor de verdade nunca pode ser comprado.

Tipo de Amor: Erótico

A compulsão por novas experiências pode acabar em infidelidade sexual. Livros como *Mating in Captivity*, de Esther Perel, podem ajudar o Tipo Sete a compreender a diferença entre a necessidade da segurança da intimidade e da familiaridade de um parceiro e a própria necessidade de risco, erotismo e liberdade de desejo. (Perel vê a intimidade e o desejo como duas coisas distintas e analisa como se pode manter o desejo na familiaridade do casamento.)

Sendo um tipo Erótico e assertivo, o Sete não perde tempo com rodeios quando se trata de satisfazer seu desejo. Quando quer uma coisa, ele quer mesmo. Se você não concordar em atender às suas demandas, ele pode ficar com raiva ou simplesmente buscar prazer em outro lugar.

O amor erótico é autossatisfatório e infantil, inquieto como uma criança cuja capacidade de concentração é fugaz. O Tipo Sete estará pensando: *Estou aqui num restaurante romântico com meu novo amante..., mas preciso enviar uma mensagem de texto ao meu próximo amor.* Depois de disparar sua flecha, Eros já está colocando a seguinte no arco.

Uma Estrela

Como gosta de ser o centro das atenções, o Tipo Sete valoriza parceiros que não o ofusquem, preferindo os que se afastem para deixá-lo brilhar. Se você reprimir uma pessoa desse tipo (por exemplo, questionando fatos da história que ela está contando e fazendo-a parecer tola), espere uma retaliação ferina, humilhante, irônica ou sarcástica – se é que ela não vai minimizar ou disfarçar por completo o problema.

Sedução

O Tipo Sete é mestre em racionalizar. Por isso, consegue explicar comportamentos inaceitáveis, mentiras ou uma montanha de casos amorosos de maneira fluente e convincente. Ele também pode nutrir expectativas irrealistas em relação aos outros: "Por que você não pode simplesmente aceitar que faço sexo com outras mulheres só pelo sexo, nada mais? Por que você insiste em impor limitações a nós dois?" Isso pode fazer o parceiro começar a achar que o problema está nele.

Enquanto muitos representantes desse tipo são fiéis e monogâmicos, para outros, resistir a uma traquinagem ilícita é algo quase impossível. O fascínio de novas oportunidades sexuais pode se tornar uma fixação.

Conheci um homem do Tipo Sete que, mesmo sendo casado, se dedicava a seduzir todas as mulheres que lhe apareciam pela frente: a babá, as amigas da esposa, suas funcionárias, velhas, moças... Curiosamente, o principal motivador não era o sexo; o que ele queria era a conquista, juntamente com a excitação e o afago no ego que ela propicia. Finda a sedução, ele perdia o interesse e seguia em frente. Os infiéis do Tipo Sete podem acabar obrigando os parceiros a tomar decisões difíceis, como definir se querem ou não conviver com esse tipo de conduta. Um relacionamento poliamoroso poderia funcionar bem para os representantes desse tipo, mas será que é isso que o parceiro realmente deseja?

Tédio!

Para alguém do Tipo Sete, geralmente é muito difícil comprometer-se com uma única pessoa. Quando questionado sobre o sexo e o amor, um representante desse tipo disse: "Vida, quero vida!". Outro respondeu assim: "Divertido e *perigoso*".[23]

O Tipo Sete quer saber mais sobre o corpo e os desejos de seu parceiro. Ele busca o que é diferente, novos territórios inexplorados, inclusive no sexo. Os parceiros que quiserem manter vivo um relacionamento com alguém desse tipo talvez precisem de buscar maneiras de apimentar as coisas. O mesmo de sempre pode ser reconfortante para alguns tipos, mas não para esse: ele ficará inquieto e pode acabar pulando a cerca. O tédio na cama o sufoca. Uma posição recebida com entusiasmo na semana passada pode ser abandonada nesta. (Dica: as 245 posições do *Kama Sutra* podem ajudar!)

A única maneira de sentir-se livre é cortar o laço que o prende: ele adora experimentar, o que pode causar atrito se o parceiro for contra ou tiver tabus religiosos em relação a certas práticas. Alguns representantes do Tipo Sete podem estar mais focados em alcançar o objetivo final do orgasmo e menos preocupados com a jornada até lá.

Esse tipo também pode bagunçar a cabeça do parceiro: enquanto ele projeta uma visão espontânea, divertida, aventureira e aberta do mundo e de seu relacionamento, o parceiro pode começar a sentir-se desinteressante e restritivo. Qualquer indício de falta de animação (tristeza, irritação, depressão ou falta de interesse por uma ideia) pode fazê-lo acusar você de ser menos evoluído espiritual ou emocionalmente: você é quem tem o problema. Incapaz de admitir que está evitando emoções penosas ou interesses narcisistas,[24] o Tipo Sete não entende que exuberância nem sempre é sinal de integração.

Buscando a liberdade a qualquer custo, ele adora embarcar em um iate aqui, descobrir uma nova ilha ali, voltar de avião quando o iatismo ficar chato e dirigir 1.300 km para ir a uma festa no deserto... Acompanhá-lo pode ser algo extenuante para o parceiro.

Exibicionismo

Naranjo define o Tipo Sete como "hipomaníaco".[25] Os hipomaníacos têm um "temperamento positivo, impulsividade e distanciamento (negativamente)", bem como "predisposição para a mania, incluindo tendências para o humor exaltado, busca de novidades, supremacia interpessoal e autoconfiança elevada". Sua pesquisa conclui que "uma exploração de traços anormais de personalidade revelou que a hipomania também está associada a disfunções de personalidade, entre as quais arrogância, exibicionismo e percepções excêntricas", traços que se encaixam perfeitamente no que sabemos sobre representantes desintegrados do Tipo Sete.[26]

Em um artigo, o psicólogo Michael Bader afirma que a prática do exibicionismo está relacionada não apenas à ansiedade, mas também ao poder. É provável que o exibicionismo decorra do medo subjacente do Tipo Sete (particularmente quando ele se desintegra) aliado a outros fatores, como ansiedade, falta de empatia, egocentrismo, fantasia e alívio pela encenação de uma fantasia (é o barato que se torna real).[27]

Pensar *versus* Sentir

Por ser um dos três tipos da Cabeça (ou Pensantes), o Tipo Sete prefere pensar as emoções, em vez de senti-las. Tendo em vista o foco natural em si mesmo, isso significa que ele pode dar a impressão de ser frio e indiferente, de estar fora de sintonia com os sentimentos do parceiro e até com os seus próprios, algo que geralmente inibe a intimidade. Apesar de ser um tipo intuitivo, ele pode combinar-se ao seu aspecto Um (ponto de liberação) para acreditar que está "certo". Sua mente pode dispersar-se e dificultar muito sua concentração.

O Tipo Sete consegue justificar por A + B que sua impossibilidade de seguir o plano combinado lhe dá "abertura para mudanças" (em vez de falta de confiança) e argumentar que se decepcionou você no último momento é porque ele valoriza a "liberdade de escolha", mas sentiu-se "coagido" a concordar com esse plano. E ai de quem disser que ele é imprudente e insensível: despertará um dragão furioso – com a influência do Tipo Um e a autoconfiança própria do Tipo Sete, ele raramente aceita críticas.

Esse tipo esconde os medos e inseguranças por trás de uma máscara de segurança e até de arrogância. Ele exige de um relacionamento crescimento constante, mas não consegue ver que seu pensamento (e não o sentimento) pode ser a causa de muitos problemas.

As Pulsões dos Instintos

O Tipo Sete Autopreservacionista: a paixão da Gula manifesta-se nesse subtipo como um desejo de criar para si oportunidades favoráveis e geralmente muito ambiciosas. Dos três subtipos do Tipo Sete, o Autopreservacionista é o que tem mais iniciativa e empreendedorismo, além de destreza em negociação e *networking*.

Nada assusta o Tipo Sete quando se trata de conseguir o parceiro que deseja. Mas, depois que alcança seu objetivo, ele pode acabar frustrado com parceiros menos inteligentes ou perspicazes que ele. Nos relacionamentos, por trás da fachada otimista e simpática, ele está ocupadíssimo controlando a experiência que vocês dois terão em seguida. As pessoas desse subtipo são amantes confiantes, que têm facilidade em seduzir. Por isso, para elas o sexo se torna uma espécie de habilidade adquirida, como a apreciação de um bom vinho: algo que deve ser planejado, avaliado e, por fim, saboreado. Suas necessidades de autopreservação tornam o dinheiro uma parte importante de seu bem-estar. Seu calor natural, sua generosidade, seu amor à diversão e sua prodigalidade no que se refere ao entretenimento atraem muita gente. Seus parceiros podem acabar perdidos na multidão atenta à próxima história intrigante do Tipo Sete (ele adora contar histórias). Para ele, a segurança vem quando cria um grupo de fãs enfeitiçados e leais em quem ele confie.

Muitas vezes é na casa do Tipo Sete que sua família e seus amigos se reúnem, o que alimenta seu desejo íntimo de ser considerado um benfeitor benevolente. Excelente comida e bebida e até mesmo drogas podem rolar livremente (no caso de drogas ilegais, os Autopreservacionistas podem considerar-se acima da lei).

Esse é o mais afetuoso, o mais paquerador, o mais sedutor e o mais sensual dos três subtipos, e é dele que vem a fama de festeiros ou "*playboys*"[28] do Tipo Sete. No Autopreservacionista há mais amor físico pelas coisas do que no etéreo subtipo Sexual, mais voltado para o espírito. Apesar disso, os representantes desse subtipo podem manter relacionamentos estáveis. É como se suas necessidades de segurança exigissem um plano de reserva, alguém que estivesse sempre disposto a ajudá-los se todos os rejeitassem.[29]

À medida que se desintegram, eles ultrapassam seus limites gastando demais e caindo em todo tipo de excesso e tentação: "Tomo um suco verde bem saudável pela manhã, mas, depois disso, eu me entrego a tudo que quiser comer e beber. Para mim, isso é estar em equilíbrio".

O Tipo Sete Social (*contrafóbico*): os interesses desse Sete afetuoso e envolvente estão mais direcionados a aliviar o sofrimento alheio do que a fugir de sua própria dor. Menos narcisista e explorador do que os outros dois subtipos, esse é altruísta e seu egoísmo está mais camuflado. A gula é suprimida para exaltar os demais. De acordo com Naranjo, muitas vezes as pessoas desse subtipo são veganas.[30]

Os representantes desse subtipo costumam trabalhar como dedicados ativistas sociais, curandeiros alternativos, professores de yoga do riso ou conselheiros pessoais (*coach*), geralmente em instituições de caridade. Tão obedientes e leais no amor quanto os representantes do Tipo Seis, podem minimizar as próprias necessidades e sacrificar-se pelo parceiro ou pelo bem da coletividade, porém podem concentrar-se demais na meta de atingir a iluminação, em detrimento de seus relacionamentos. Os parceiros podem achar difícil entender seu grande desejo de aprimorar-se, e eles podem atacar e culpar os outros por frustrarem suas inclinações espirituais.

Como o Tipo Seis, esse subtipo do Sete também demonstra mais culpa do que os outros dois subtipos e costuma ser o mais intelectual e idealista. Nos relacionamentos, ele é mais responsável pelas próprias ações e demonstra mais consciência. Além disso, pode proteger ferozmente aqueles a quem ama, embora às vezes os veja como um fardo.

Ele quer que o parceiro compartilhe de seu entusiasmo, seja por causa de um cliente cuja dor física conseguiu aliviar ou de um projeto seu que está tornando o mundo um lugar melhor. E gosta de ajudar os outros ou sacrificar-se por eles (sem reconhecer que isso é uma forma de evitar a própria dor).

Muitas vezes, o subtipo Social do Tipo Sete deixa de reconhecer as próprias necessidades e deficiências. Em um relacionamento, ele se considera o salvador, o parceiro mais evoluído, cujo papel é elevar o amante. Como alegremente confessou um deles ao parceiro, "Estou mais adiantado no caminho da integração do que você, mas sei que me alcançará quando chegar a hora certa".[31]

Mas não deve ser fácil manter um relacionamento com alguém que assume a postura de guru bem-intencionado, pois a única função que resta é ser o discípulo admirador. O eu idealizado desse subtipo Social quer (na verdade, quer vorazmente) ser reconhecido por tudo que faz.

Ele gosta de racionalizar e usa qualquer religião ou sistema de crença com o qual esteja trabalhando. Se algo der errado, ele simplesmente passa ao sistema de crença seguinte. E justifica qualquer confusão e aborrecimento que possa ter provocado como parte de sua "jornada espiritual". À medida que se desintegra, o subtipo Social do Tipo Sete se torna cada vez mais incapaz de assumir compromissos, podendo cancelar encontros, "esquecer" horários ou chegar atrasado, ignorando ou negando o inconveniente e a mágoa que pode causar.

O Tipo Sete Sexual: imagine aquela sensação de formigamento e zumbido que você tem quando está falando com um possível novo amante, quando um simples roçar do braço faz seus joelhos tremerem e a atração é quase palpável. É esse frio na barriga provocado por uma explosão de prazer potencial o que esse subtipo mais deseja: "Aonde isso me levará?". Ele é apaixonado pela ideia de estar apaixonado.

A canção *Imagine*, de John Lennon, reflete esse subtipo do Tipo Sete. Sonhador e idealista, ele é menos interessado em ganhos materiais ou sucesso mundano do que os outros dois subtipos, embora muitas vezes esteja mais envolvido consigo mesmo. De qualquer modo, provavelmente será diferente de qualquer pessoa que você já conheceu. Como tem sonhos, ele quer conhecer os seus. Poucos minutos depois de conhecê-lo, você está planejando uma ótima experiência na qual os sonhos dos dois se encontram: "Em Spello há uma pequena taverna que tem o mais incrível *antipasto misto*. Vamos!".

Embora possa parecer alguém do Tipo Quatro na autocomplacência, na imaginação fértil, no idealismo, na capacidade de sonhar com um mundo melhor e no desejo do extraordinário, ele é animado, feliz e otimista demais para ser do Tipo Quatro. Esse subtipo me faz lembrar a carta o "Louco" do tarô, na qual um jovem acompanhado de um cachorrinho está prestes a saltar alegremente de um precipício.

O Louco representa novos começos, a crença no universo, a fé no futuro, a ingenuidade, a credulidade, a improvisação e a espontaneidade, tudo que se aplica com propriedade ao despreocupado subtipo Sexual do Tipo Sete, que transita pela vida a bordo de uma nuvem cor-de-rosa. Ele anseia pelo mundo idealizado de suas fantasias.[32] Quando lhe pediram que descrevesse sua reação às palavras "sexo e amor", este representante do subtipo Sexual disse:

> *Amor demais e paixão de menos torna as coisas platônicas, as pessoas se entediam e querem dar o fora. Sexo demais e amor de menos faz a pessoa sentir-se usada e substituível, já que sexo é algo tão fácil de encontrar. Se estiver em um relacionamento e houver um desequilíbrio entre os dois, você sairá desiludido.*[33]

Pode haver frustração porque o amante fantasioso com quem ele sonha horas a fio raramente se materializa. Como o Tipo Sete pode aproximar-se em certos aspectos ao crítico Tipo Um, o parceiro real pode não se igualar ao da fantasia. E, assim, ele pode acabar pensando em trair porque o amante perfeito pode estar prestes a entrar na sala.

Mais do que os outros subtipos, esse pode ir de relacionamento em relacionamento em busca de um "pico" de amor só para acabar decepcionado e desiludido de novo. Ele pode aproximar-se facilmente de qualquer pessoa por quem sinta atração e enfeitiçá-la com seu encanto.[34] Porém, quando menos integrado, encontrará outra musa assim que o parceiro estiver começando a relaxar no relacionamento. Apesar dessa tendência, muitos permanecem monogâmicos, pois trata-se mais de turbinar uma "onda" do que de sexo em si: o que excita é a emoção da conexão. (Na verdade, os parceiros de pessoas desse tipo costumam queixar-se de que elas não se interessam tanto por sexo quanto eles gostariam.) O subtipo Sexual do Tipo Sete é capaz de apaixonar-se e de entrar em transe por causa de uma pessoa que considere exótica, mesmo que não seja uma atração sexual. Para esse tipo, o celibato talvez seja uma opção mais suportável do que fazer papai e mamãe no dia marcado.

As Asas

Tipo Sete com Asa Seis (*Amor Erótico e Paternal*): nesse subtipo, a ansiedade do Tipo Seis encontra a expectativa do Tipo Sete. A influência do Tipo Seis permite ao Sete ser mais comprometido, compassivo, responsável e leal nos relacionamentos. Envolvente, trabalhador e engraçado, ele não gosta de ficar sozinho, mas pode encontrar defeitos quando o parceiro não corresponder ao idealismo de suas necessidades. O que fazer quando o cético Seis surgir? Seguir em frente na esperança de encontrar o parceiro ideal ao preço de perder a segurança que tem com o parceiro atual. À medida que se sente mais carente de um relacionamento, esse subtipo se expõe à possibilidade de codependência e até de abuso.

Além de maior capacidade de empatia, os representantes desse subtipo podem ser mais vulneráveis e inseguros do que os do subtipo que tem a outra asa. E podem sentir mais culpa por magoar as pessoas ou trair o parceiro. Como Peter Pan, lutam para crescer e assumir responsabilidades e talvez precisem muito de um parceiro que resolva os aspectos mais práticos da vida. Quando desintegrados, eles podem se tornar mais paranoicos, dispersos e irresponsáveis.

Tipo Sete com Asa Oito (*Amor Duplamente Erótico*): nesse subtipo, o medo de compromisso do Tipo Sete encontra o desejo de não se deixar controlar do Tipo Oito. Mais oportunistas, materialistas[35] e seguros do que os representantes do subtipo que tem a outra asa, os deste costumam ter sucesso financeiro e trabalhar em funções de liderança. Como são generosos, gostam de paparicar o parceiro.

Seu pragmatismo e seu senso prático implicam que podem escolher para parceiro, em vez de um ideal romântico, alguém que contribua para seu próprio crescimento corporativo ou empresarial. A influência do Tipo Oito os leva a não ter medo de ficar sozinhos e, por isso, eles podem ser duros com o companheiro, a ponto mesmo de magoar e ferir.[36] Além disso, às vezes ficam impacientes, irritados e exigentes, vendo os problemas apenas de sua própria perspectiva. Os parceiros podem precisar agir com cuidado quando se tratar de confrontar problemas, pois esse subtipo do Sete não aceita muito bem as críticas.

Além disso, às vezes são hipócritas e podem atacar o companheiro por causa de um comportamento que eles próprios adotam: "Como é que você tem coragem de tomar um café com um ex-namorado!", gritam, apesar de terem feito a mesma coisa na semana anterior.

Como Desfrutar da Presença Sexual

O Que Dificulta a Satisfação Sexual do Tipo Sete

Como os Tipos Cinco e Seis, o Tipo Sete está na tríade do Medo, projetando-se no futuro do que pode acontecer. Se você está fazendo sexo com alguém que já está pensando no próximo orgasmo (com você ou não), essa pessoa não está presente, e isso pode tornar o sexo algo solitário para o parceiro de um representante do Tipo Sete. Para ele, essa necessidade de planejar o próximo envolvimento se traduz em nunca estar satisfeito com o que é. Talvez nem o orgasmo mais alucinante seja satisfatório o bastante para ele, pois continua querendo sempre mais.

A fixação no planejamento pode levar esse tipo a planejar nos mínimos detalhes futuros envolvimentos sexuais, o que cria problemas para dançar conforme a música no sexo. Isso torna o sexo uma experiência mental, em vez de emocional ou física.

Como o Tipo Sete Pode se Tornar Sexualmente Presente

Enfrente sua dor: quando as coisas se complicam e o Tipo Sete não consegue engrenar na primeira, esse é um grande passo para a cura. Esse tipo cresce quando aprende a resistir aos momentos difíceis de um relacionamento porque, então, enfrenta não apenas a própria dor, mas também a do parceiro.

Pratique a sobriedade: Ichazo enumera a sobriedade como a virtude do Tipo Sete.[37] Diferentemente do que acontece na gula, quando sóbrio você não tira mais do que precisa no momento. Quando chega a esse nível, esse tipo encontra a verdadeira alegria interior. Em vez de querer tudo, ele se torna mais atento em relação aos próprios desejos e, em vez de se preocupar por ter escolhido o parceiro errado, aprecia as qualidades de quem ama. O compromisso torna-se algo mais fácil.

Esteja presente: o título do livro *After the Ecstasy, the Laundry*,* de Jack Kornfield, me lembra o crescimento do Tipo Sete para encontrar o extraordinário no comum. Passar um tempinho relaxando juntos pode ser mais extasiante do que correr atrás do próximo evento social. A felicidade não é uma meta a perseguir, mas sim a capacidade de apreciar o que é. A impulsividade, então, dá lugar à contenção sóbria. A transcendência e a aceitação acontecem entre os polos do "parceiro excitante, de espírito livre, empreendedor e feliz" que vive no momento e do "parceiro fugitivo, medroso, preso e insatisfeito" que está sempre procurando a próxima coisa melhor. Ele aprende não tanto a ver o mundo flutuando em uma nuvem cor-de-rosa, mas a ter tempo para sentir o perfume das rosas!

Encontre um equilíbrio saudável entre vida profissional e vida pessoal: ao encontrar o equilíbrio entre o trabalho e seus relacionamentos pessoais, o Tipo Sete encontra a verdadeira realização, sentindo alegria pelo que está acontecendo no presente. Ele para de usar o trabalho como fuga e consegue mostrar-se no relacionamento como carinhoso, receptivo e verdadeiro, não precisando que o parceiro compactue com seu mundo de idealização.

Adote a alegria: depois de fugir de sua dor e de seu medo da privação, o Tipo Sete precisa parar, encará-los e abraçá-los. À dor, eles já sobreviveram – ela já passou. Já não é preciso evitá-la. A fuga impede a vivência de seu maravilhoso dom da alegria.

---

* *Depois do Êxtase, Lave a Roupa Suja*, Editora Cultrix, São Paulo, 2002 (fora de catálogo).

Ouça atentamente: o Tipo Sete precisa aprender a ouvir o parceiro em um nível emocional profundo, e não ver a interação como um problema a analisar e resolver rapidamente ou desviar a conversa para si mesmo. Confrontar a própria dor emocional lhe permitiria sentir as pessoas em um nível mais profundo, no qual os sentimentos são explorados e compartilhados.

Procure a intimidade: o Tipo Sete precisa saber que ninguém está esperando que ele seja especialista em sexo. Reservar um tempo para descobrir, sem pressa, os desejos sutis do parceiro trará intimidade, realização e prazer.

Perguntas para o Diário

> *OBSERVAÇÃO: Vale a pena responder a estas perguntas, seja qual for o seu tipo.*

- O planejamento e a expectativa do sexo futuro tornam o sexo que você faz agora menos prazeroso?
- Querer tudo às vezes o faz se sentir vazio depois do sexo?
- Você percebe que se mover à frente de si mesmo é uma forma de evitar estar verdadeiramente com o parceiro?
- De que forma isso afeta o parceiro?

Tipo Oito: o Amante Voluptuoso

O lema do Tipo Oito: "A vida é dura, mas eu sou mais duro ainda. Venha cá, que eu lhe mostro quanto"; "Vamos fazer do meu jeito e fazer já!".

O Tipo Oito como amante: a Luxúria, Paixão do Tipo Oito, exige gratificação, então ele vai direto ao ponto. Brigas e reconciliações o estimulam. Ele não recua diante de um "não": se quiser você, encontrará uma maneira de tê-lo. Esse tipo exige o controle na cama. O desejo de controle e de dominação pode desembocar em práticas sexuais S&M. O sexo tem paixão e fartura, mas pode não ter momentos de preliminares delicadas.

O Tipo Oito avança: movendo-se avidamente em direção às pessoas, criando intriga ou intensidade. "Entre no fogo comigo" é o que ele parece dizer. Ele vai de encontro aos outros para estar no comando, apoderar-se ou dominar, querendo que as coisas sejam feitas conforme suas necessidades. Afeito à autonomia, não gosta de ser cerceado sexualmente.

Você pode identificar-se com alguns aspectos do Tipo Oito, mesmo que não seja seu próprio tipo: se você for do Tipo Sete ou Nove (asas) ou do Tipo Dois ou Cinco (pontos de liberação e extensão).

Tipo de amor: Erótico (contratipo). O sexo é autogratificação, um desejo físico e mundano.

Convicções nos relacionamentos: "Tenho um forte impulso sexual. Sou forte e autossuficiente. Os relacionamentos podem ser bons, mas eu

> não preciso deles para sobreviver. Ninguém me controla. Preciso ser forte para que nenhum amante tire vantagem de mim. Sexo é bom; mais sexo, melhor ainda. Trabalho muito, e isso me dá o direito de me divertir muito".
>
> **Frustração sexual:** "Gosto mais de sexo que meu parceiro. Quando me permito demonstrar meu lado mais terno, ele tira vantagem de mim"; "A força de meus parceiros não se compara à minha".

Como Entender a Sexualidade do Tipo Oito

Breve Visão Geral

Independentemente de qual seja o sexo de seus representantes, o Tipo Oito é o mais arquetipicamente masculino dos tipos do Eneagrama em termos de comportamento, exibindo dentre todos a menor sensibilidade emocional (embora o Tipo Oito Sexual tenda a ser mais emocional).[1] Ele está alinhado com o *animus* da terminologia junguiana. Seu oposto no Eneagrama é o sensibilíssimo Tipo Quatro, talvez o tipo mais arquetipicamente feminino, seguido pelo Tipo Dois.[2]

Junto com os Tipos Nove e Um, o Oito é um dos três Tipos do Corpo/Instintivos do Eneagrama e volta-se para o presente. Por essa razão, ele aprecia a parte física do sexo. A Paixão da Luxúria é apropriada para ele: associada ao pecado e aos instintos primários, ela indica força e desejo físicos.

Como a Luxúria é a Paixão do Tipo Oito, não é surpreendente que o volume esteja no máximo quando a questão é sexo! Ele vai em busca da vida (e de sexo) com mais urgência e arrojo do que qualquer dos outros tipos: "Basta eu ver uma coisa que, se me excitar, quero *já*!". Esse tipo quer intensidade e paixão, mas seu grau de exigência na abordagem do sexo pode levar os amantes a recuar.[3] O bastante nunca lhe basta.

A luxúria exige ação imediata. Em geral, a atração que inicialmente sentimos por alguém é alimentada por ela, e nosso instinto primordial de procriação exige satisfação imediata. A luxúria não entende o futuro. Não perde tempo nem se incomoda com os doces murmúrios do poeta, cujo desejo é suavizado pelo coração. Conheço um homem do Tipo Oito que costumava abordar mulheres nas festas que frequentava dizendo: "Oi, quer ir lá pro fundo fazer sexo selvagem?". Por incrível que pareça, essa cara de pau funcionava: ele geralmente conseguia pelo menos uma que concordasse.

A cor vermelha e a emoção da ira estão associadas ao Tipo Oito. Do ponto de vista sexual, ele busca gratificação instantânea, estimulação intensa e atividades que enriqueçam e ampliem a experiência do presente. Há uma ânsia pela vida em sua plenitude, já que as emoções avassaladoras desse tipo agarram aquilo que é real: "Se sentir raiva, exploda. Se sentir tesão, tire a roupa!".

O Tipo Oito quer alta voltagem no sexo, para que o parceiro fique ofegante, de joelhos bambos, enquanto é empurrado contra a porta do banheiro do restaurante. Para ele, o sexo é o foco do relacionamento. Ele quer ser bom em ser "mau" e, nessa premência, pode se esquecer das necessidades do parceiro. Pouco importa uma dor de cabeça se sentir desejo: "Se ela tiver um dia intenso, dê-lhe uma noite intensa!". O Tipo Oito acha que faz jus ao sexo simplesmente por estar em um relacionamento: "Eu cuido de você, então você também tem que cuidar de mim".

Esse tipo tem necessidade de proteger e controlar o parceiro. Palmer observa que, no México, os casamentos são predominantemente entre homens desse tipo e mulheres do Tipo Quatro: os maridos sentem-se incultos em relação a suas mulheres elegantes e pretensiosas e, por isso, as respeitam. Elas, por sua vez, são atraídas pela capacidade demonstrada pelos maridos de cuidar delas (resgatá-las) e pelo desprezo que manifestam diante da sociedade e das normas em geral.[4]

Esse tipo precisa parecer grande e forte. O que revela sua linguagem corporal é: "Não mexa comigo". Movendo-se de encontro ao mundo, ele pode ser amoral e antissocial.

O Nascimento do Tipo Oito

Em algum momento da infância do Tipo Oito, levantou-se a questão da impotência. Crescendo em um mundo que, de algum modo, lhe parecia inseguro (seja pela presença de conflitos no lar ou pela falta de segurança no próprio ambiente), o jovem do Tipo Oito viu-se obrigado a assumir o comando para sobreviver ou para proteger a si mesmo ou a outras pessoas da família que possam ter sido vítimas de abuso. É possível que tenha sofrido abuso de poder ou testemunhado a prática desse abuso contra uma pessoa querida que ele se sentia incapaz de proteger. Uma experiência comum entre as crianças do Tipo Oito é a de precisar abrir mão da própria infância, assumir a responsabilidade por adultos disfuncionais ou cuidar de irmãos mais novos. Então, para ele, sobreviver era demonstrar resistência ("Sou eu contra você"), por achar que só os mais aptos e os mais fortes sobreviveriam intactos.

Para evitar a sensação de impotência, esse tipo procura intimidar posicionando-se contra o mundo para proteger os fracos e desafiar aqueles que vê como ameaça. Horney o considera uma personalidade que precisa criar resiliência emocional para não se sentir vulnerável,[5] pois demonstrar afetividade equivale a sentir-se como uma criança indefesa.

O Tipo Oito Quando se Apaixona

Se for Integrado: os representantes integrados desse tipo são afetuosos, dinâmicos e abertos. Por serem passionais, eles perseguem com ardor o objeto de suas afeições. Eles adoram entrar na vida das pessoas e ser os heróis. Lutando para pagar as contas? Precisa de ajuda com o *laptop*? Não precisa se estressar: o Oito de sua vida resolverá o problema. Ele se esforça muito para melhorar a vida daqueles a quem amam. Na sua forma mais saudável, esse tipo alia os melhores aspectos do amor e do carinho do Tipo Dois à sua própria força e ao seu poder. Para parceiros em potencial (especialmente se forem do subtipo Autopreservacionista) que secretamente desejarem alguém que cuide de suas necessidades de sobrevivência (dinheiro, segurança, alimentação), essa mistura pode ser um poderoso afrodisíaco. Esta citação de Marie Robinson[6] descreve muito bem um representante integrado do Tipo Oito:

> *Em seu sentido mais profundo, o amor significa união; união entre indivíduos. [...] É a necessidade mais básica e profunda que temos, e seu poder para o bem é ilimitável. [...] O parceiro-amante torna-se tão importante quanto você mesmo. [...] É por isso que o verdadeiro amor nunca leva à dominação nem a uma luta por poder.*

Se você tiver sofrido em relacionamentos anteriores, os representantes saudáveis do Tipo Oito vão se empenhar em reconstruir e fortalecer você (porque eles sabem o que é ser vítima). Se vocês dois forem de tipos dominantes, a luta pelo controle pode ser excitante e trazer sensações que apimentem o sexo. É essa intensidade que anima esse tipo e o faz se sentir mais vivo. Ele quer que o volume esteja sempre no *máximo*! Quem conheceu um representante saudável do Tipo Oito dificilmente deixará de se lembrar da experiência como positiva.

Compassivo e amoroso, ele pode ser muito generoso com as pessoas de quem gosta. Quando integrado, abandona suas defesas e a necessidade de controle para admitir sua vulnerabilidade. Isso significa que ele é aberto, confiante e dotado de uma capacidade infantil de admiração. Então o sexo deixa de ser controle e dominação para se tornar o doce prazer de duas pessoas que abrem seus corações uma para a outra.

Se for Mediano: os representantes medianos do Tipo Oito excitam-se com o calor do confronto, de modo que uma discussão pode acabar com uma certa quantidade de roupas íntimas rasgadas pelo quarto. Seu desejo pelo excesso leva-os a buscar orgasmos múltiplos, e isso pode transformá-los em atletas sexuais. Eles gostam de competir pelas atenções do parceiro, desde que ganhem no final.

Contudo, eles podem perder a confiança até mesmo nas pessoas mais próximas e pôr o parceiro de toda a vida sob constante escrutínio por suspeita (infundada) de infidelidade: "Ela foi mesmo para a academia ou está se encontrando com alguém?".

Por buscar autonomia, esse tipo não aceita nenhuma tentativa de controle. Embora queira estabelecer limites para o parceiro, gosta de burlar limites e regras. Quer saber tudo sobre as aventuras sexuais de seu novo amante, mas pouco revela sobre suas próprias. Nos níveis medianos, ele considera que se vingar de quem julga ter quebrado sua confiança é um ato de justiça.[7]

Em geral, seu desejo de controlar, dominar e possuir o amante deixa pouco espaço para a individualidade em um relacionamento. O Tipo Oito quer que o parceiro o apoie e confie nele, podendo ver as próprias exigências como demonstrações de cuidado, em vez de controle. À medida que se torna menos integrado, essas exigências vão ficando cada vez mais excessivas: "Sim, já transamos esta noite, mas foi tão bom que eu quero outra rodada!"

Sua lei é *a* lei. Esse tipo pode se tornar cada vez mais impulsivo e correr cada vez mais riscos, deixando de usar preservativos em um primeiro encontro ou tendo uma aventura com a mulher de um amigo enquanto está na casa desse amigo, por exemplo. Como não suporta levar a pior em uma discussão, mesmo que pareça aceitar que o parceiro venceu, ele já estará planejando um revide (dado em geral quando menos se espera). O Tipo Oito às vezes não entende a mágoa que seus rompantes podem causar.

Se for Desintegrado: à medida que se desintegra, o Tipo Oito se torna um tirano megalomaníaco cercado de comparsas que se prestam a seus caprichos sórdidos. Além disso, é capaz de recorrer à violência, à coação e até ao sadismo em sua expressão sexual. Lembro-me de um amigo que trabalhava para um homem desse tipo que era muito desintegrado, mas poderoso e riquíssimo. Se visse em um restaurante uma mulher com quem quisesse dormir, ele mandava o pobre do empregado negociar o preço. Essas mulheres não eram prostitutas; eram mulheres comuns que simplesmente estavam comendo fora. Mas isso pouco importava – ele as queria e pagaria o que fosse preciso (às vezes milhões) para consegui-las.

A necessidade de controle que esse tipo tem se fortalece à medida que ele fica menos saudável. Assim, é possível que comece a espionar o parceiro, para isso contratando serviços de profissionais, vigiando por meio de câmeras escondidas ou usando aplicativos em celulares para rastrear seu paradeiro ou suas supostas atividades sexuais. Conheci um homem do Tipo Oito que, muito depois de se divorciar, instalou câmeras e *spyware* sofisticado na casa da ex-mulher para verificar o que ela e o amante faziam.

O *bullying* pode assumir a forma de abuso físico porque, intimidando, ele se sente onipotente. Ele é capaz de entrar em casa, berrar por causa de alguma bobagem como uma toalha molhada no chão ou um cocô de cachorro no gramado, não dizer uma palavra durante o jantar ou até mesmo ficar violento e, depois, ainda querer transar nessa mesma noite. O sentimento é o de "quem manda aqui sou eu". Os parceiros podem ter medo de falar abertamente ou de retaliar, e buscar ajuda talvez os assuste devido à probabilidade da represália. Por isso, o Tipo Oito começa a se julgar acima da lei.

Pesquisas sobre agressividade ressaltam que a alta autoestima está associada a estupro e violência; as pessoas tímidas, introvertidas, autodepreciativas e inseguras têm menos probabilidade de cometer crimes violentos. Os estupradores, em particular, têm alto nível de autoconfiança e um ego imenso, além de acreditarem ser "super-heróis multitalentosos".[8]

Sua luxúria e sua falta de controle, juntamente com a convicção de serem super-homens ou mulheres-maravilha, geram uma combinação perigosa. É compreensível que, nos níveis mais baixos da desintegração, os representantes do Tipo Oito possam se tornar sociopatas induzidos por traumas ou ser psicopatas (condição inata). Sentindo-se invencíveis, eles arrogam-se poder sobre todos os demais, inclusive sobre seus direitos sexuais.

Quando saudáveis, os representantes do Tipo Oito são parceiros amorosos, fiéis, verdadeiramente fortes, atenciosos e corajosos; pessoas que se alegram em assumir a liderança na cama tanto quanto em deixar que seus amantes o façam.

Como Seriam os Perfis de Namoro de Pessoas do Tipo Oito

Dan, o Cara! 32
Ei, gata, eu sou seu cara!
Quer viver a vida com um cara que vai te levar a lugares onde você nunca esteve antes? Gosto de fazer uma mulher se sentir mulher. Sou um homem grande de coração grande (que não é nada bom em escrever perfis de namoro)!
Eu: um cara de fala franca, que gosta de caçar, pescar e praticar atividades ao ar livre e que sabe mandar para dentro um steak bem-preparado.
O que procuro: mulher sexy, voluptuosa, afetuosa e simpática que gosta de homem que é homem.

O que não estou procurando: dramas, enrolações, golpes do baú.

Então, se eu quiser que você seja minha namorada, vou levá-la para jantar em restaurantes de alto estilo e prometo que vou tratá-la quase tão bem quanto trato minha Lamborghini.

Ava, 28
Eu "curto" a vida ao máximo! Sonho grande e vivo da mesma maneira. Meus amigos e minha família são muito importantes em minha vida. Sou divertida e adoro entreter os amigos. Sou uma pessoa muito apaixonada, embora algumas pessoas considerem minha energia e minha animação excessivas.

Sou fascinada pela interação humana e pela comunicação mediada por computador, assim como pela razão por que as pessoas fazem o que fazem. Gosto de gente que diz o que pensa e pensa o que diz. Tenho uma concessionária de automóveis (sou capaz de vender horrores!). Amo viajar e adoro carros velozes. Acredito em trabalho duro e em diversão ainda mais dura. Quando vejo algo que quero (e esse "algo" pode ser você), vou atrás sem medo.

A Paixão da Luxúria e a Fixação da Vingança

O lascivo Tipo Oito vai atrás do que quer com urgência e paixão – e não há nada que o detenha. Para ganhar seu prêmio, ele é capaz de quebrar todas as regras. Esse tipo abomina a hesitação e a timidez: "O modo como você bate seu corpo contra o meu me faz sentir vivo". Quando se sente injustiçado ou desprezado no amor ou na vida, ele busca consolo na vingança e na lei do olho por olho: quem mexe com ele não sobrevive intacto!

Essa luxúria pode levá-lo a cobiçar amantes mais atraentes, mais ricos, mais bem posicionados socialmente ou casados. A luxúria não permite que nada se interponha em seu caminho.

Uma Espiada no Quarto de um Representante do Tipo Oito

Esse tipo gosta de gastar e, mesmo que não tenha muito dinheiro, lança mão do cartão de crédito, se preciso for. Como ele é grande e esbanjador, pode esperar camas *king size*, lençóis de cetim, muita coisa vermelha, uma TV de tela grande e todos os confortos possíveis. Como em tudo mais na sua vida, grande é mesmo melhor! É possível que ele goste da ideia de criar no próprio quarto um paraíso do sexo para atender a todas as necessidades dos amantes.

Fantasias e Literatura Erótica

Muitas vezes, é nas fantasias que nos permitimos explorar nosso lado sombra. Para os poderosos representantes do Tipo Oito, isso pode envolver fantasias de fragilidade e submissão, nas quais eles são amarrados, destituídos de controle ou humilhados.

Impossibilitadas de exprimir seu aspecto dominante em nossa sociedade controlada pelos homens, as mulheres desse tipo podem fantasiar que são sexualmente agressivas. As mulheres dominadoras são tachadas de não femininas, mas na imaginação do Tipo Oito não existem tais regras, e elas podem fazer o que quiserem sem sofrer sanções. Já os homens podem desfrutar de fantasias nas quais dirigem e protagonizam um *ménage à trois* – isso afaga seu ego e sacia seu amor ao excesso (porque se um parceiro é bom, ter dois é melhor ainda!). Nessas fantasias podem incluir-se, entre outras, a de ser capaz de manter ereções intermináveis, dormir com muitas mulheres ou ser o sultão de um enorme harém louco de tesão. Em fantasias com o mesmo sexo, os machões desse tipo descobrem que podem dar vazão com segurança a todos os anseios homossexuais que porventura já tenham renegado. Ou desfrutar de papéis submissos tanto na fantasia quanto no material pornô que usar.

O Tipo Oito gosta de explorar sua sexualidade e está disposto a experimentar praticamente tudo pelo menos uma vez. Brinquedos sexuais, *bondage* e interpretação de papéis podem ser explorados no ciberespaço ou com o parceiro, como sugere um homem desse tipo:

> *Gosto de procurar na internet coisas novas para explorar sexualmente. Mas acaba ficando chato. Então, recentemente, mudei para situações que envolvem restrições, algemas e mordaças de bola. Isso eu experimentei na realidade e fiz sexo em situações mais tabu, como lugares públicos. Também tentei alternar entre dominar e ser submisso; estou sempre querendo explorar mais minha sexualidade. Assisto filmes pornô na fantasia e na realidade.*

As mulheres desse tipo também tendem a ser mais liberadas que as de alguns dos outros tipos. Sua boa autoestima mostra que elas têm segurança para experimentar o inexplorado:

> *Sou prática quando se trata de satisfazer minhas necessidades sexuais. Por isso, não aceito o pensamento sexista e às vezes sou bem dominadora, talvez até agressiva, e provavelmente é por essa razão que sou bissexual. Essa abertura me permite assistir pornografia quando pinta o desejo.*

Também é interessante que, quando se libera para o Tipo Cinco, o Tipo Oito conecta-se com o gosto pelo tabu (os aspectos mais sombrios e proibidos do sexo) e por sua exploração, algo que caracteriza o Cinco. Como tal, ele então se torna mais discreto e reservado, compartimentando sua vida. Como os representantes menos saudáveis do Tipo Cinco, ele pode ter pontos de vista extremamente antissociais, desprezando cada vez mais as pessoas que considera carentes e fracas. O sadismo se transforma em um meio de vingança.

Naturalmente, isso não quer dizer que cada Oito que você encontre pela frente vai olhar para os pés da sua cama de ferro já pensando no tamanho das algemas que deve levar. Na verdade, muito mais pessoas, particularmente as do sexo masculino, preferem fantasiar com o BDSM (*bondage*, disciplina, submissão, dominação e sadomasoquismo ou S&M) a participar dele na realidade.[9]

O Tipo Oito nos Diferentes Sexos

Mulheres: em nossa sociedade hipócrita, quando uma mulher desse tipo entra em uma sala, seu arrojo pode ser interpretado como atrevimento ou agressividade, e sua confiança, como arrogância. No entanto, em um homem essas características seriam admiradas. Sua sexualidade sensual e forte pode valer-lhe descrições como "devoradora de homens" ou "castradora". Como muitas vezes a sociedade não aceita as mulheres do Tipo Oito pelo que são, elas podem não conseguir exprimir sua força e seu verdadeiro eu.[10] Confrontadoras, ousadas e impetuosas, essas mulheres são bravas guerreiras. Curiosamente, elas podem avaliar mais favoravelmente o poder de sua sexualidade do que a experiência física do sexo em si.[11]

Se uma mulher desse tipo quiser um determinado cara, ela não pensará duas vezes antes de assediá-lo. (Caso conheça a série *Good Behavior*, Ann Dowd interpreta uma agente do FBI que é do Tipo Oito e persegue o agente da condicional, um homem do Tipo Nove, interpretado por Christian Woodhill.) Esse talvez seja o motivo pelo qual as mulheres desse tipo costumam se casar com homens do Tipo Nove (que pertencem ao grupo dos Retraídos), ao passo que os homens do Tipo Oito não têm tanta probabilidade de se casar com mulheres do Tipo Nove. Em casa, eles podem cantar de galo, mesmo que no trabalho não se comportem assim.[12]

Embora obviamente qualquer tipo do Eneagrama possa ser homossexual, é importante observar as diferentes experiências sociais no caso do Tipo Oito. Em certos grupos, talvez as mulheres homossexuais desse tipo tenham encontrado maneiras de se expressar: o Dykes on Bikes, por exemplo, um clube de motociclistas lésbicas criado nos Estados Unidos, mas de alcance mundial, subverteu o uso do termo tradicionalmente negativo "*dyke*" e o celebra na imagem masculinizada e durona da "*diesel-dyke*". Ao personificar uma imagem feminina forte/dominadora, elas estão desafiando as normas convencionais e encontrando uma nova via de expressão que pode agradar particularmente às mulheres do Tipo Oito.

Homens: Quando vir um coroa corpulento, sem muitos atrativos, entrando numa festa com uma bela loira, é provável que o casal seja formado por um homem do Tipo Oito e uma mulher do Tipo Seis ou Quatro. O poder, o dinheiro e o carisma dos homens desse tipo compensam muita coisa. Machistas e atrevidos, eles costumam fazer pouco dos homens que não demonstram o mesmo grau de arrogância sexual. Em sua opinião, as lutas precisam ser limpas e o sexo, sujo, intenso e intempestivo: roupas podem voar pelo quarto em meio a gritos e brigas, e eles podem tratar as parceiras como madonas num instante e prostitutas no outro[13] (assista ao vídeo da canção *Love the Way You Lie*, de Rihanna e Eminem).

É possível que adotem uma postura do tipo "me ame ou me deixe" e que não tenham escrúpulos em usar as mulheres para sustentar seus egos e suas ereções (descartando as amantes quando já não os excitam). Para esses homens, o foco pode estar em manter a ereção, e não em ter um orgasmo.[14]

Os homens do Tipo Oito geralmente personificam o arquétipo do herói clássico: eles são os gladiadores do mundo, e o que sua imagem diz é: "Não mexa comigo". Parte de sua cura depende da capacidade de reconhecer a criança inocente e vulnerável que têm dentro de si. Com o equilíbrio dessas energias, eles alcançam a saúde emocional e podem exprimir o amor verdadeiro do seu aspecto do Tipo Dois. O amor então é poder e o poder se expressa por meio do amor.

Por serem "durões", sejam eles homossexuais, bissexuais, transgêneros ou pansexuais, os homens desse tipo conseguem desempenhar em seus relacionamentos o papel do parceiro sexualmente dominante. No entanto, por trás dessa fachada se esconde a vulnerabilidade emocional, o que torna especialmente difícil para eles expressar a própria sexualidade em certas sociedades. Por isso, talvez prefiram manter a guarda, preferindo permanecer no armário a correr o risco de se expor e sentir-se vulneráveis.

Quando se desintegram, os homens do Tipo Oito podem desafiar seus medos homossexuais exibindo comportamentos homofóbicos, como criticar ou mesmo atacar *gays*.

Tipo de Amor: Erótico (Contratipo)

Junto com os Tipos Sete e Três, o Tipo Oito é um dos três subtipos eróticos, nos quais o sexo envolve a ação, os instintos físicos e o eu.

Uma criança pode amar os pais, mas se concentrará principalmente nas próprias necessidades.[15] Os outros dois tipos eróticos infantis exigem admiração, mas o Tipo Oito é o contratipo porque admira a si próprio e tem a si próprio como referência. Por isso, ele não anseia por elogios e admiração como os outros dois tipos.

Sexo e Autoconfiança

O Tipo Oito investe em afirmar sua força e seu ego para o mundo, criando a bravata de uma autoconfiança cuja principal mensagem diz que ninguém vai tirar vantagem dele. Provavelmente não será errado presumir que as pessoas autoconfiantes têm probabilidade de fazer mais sexo – e o egotismo e o poder do Tipo Oito conferem-lhe um forte senso de autoconfiança. Mesmo quando não tem beleza, seu carisma e seu charme fazem as pessoas caírem facilmente a seus pés e em sua cama. Enquanto os menos confiantes costumam ficar lambendo as feridas após uma rejeição, os que têm mais autoconfiança se recuperam mais facilmente. Além disso, mais confiança significa maior disposição a explorar.

Esse tipo gosta de lutar com palavras e quer parceiros que o enfrentem. Os capachos estão aí para ser pisados. Portanto, se você não lhe retribuir na mesma moeda, ele logo ficará frustrado e entediado. Como disse a mulher de um homem do Tipo Oito, "Se eu lhe der um centímetro, ele vai tirar metros. Para manter a dinâmica de nosso relacionamento, eu tive que o enfrentar. Se eu não tivesse feito isso, ele já teria passado por cima de mim há anos".

Eu, Eu, Eu!

Os representantes menos saudáveis do Tipo Oito podem parecer egoístas e estar totalmente focados em seu próprio prazer sexual, em vez de pensar também no prazer do parceiro: "Vim, vi, venci e gozei!". Os tipos submissos podem se sentir intimidados demais para manifestar suas necessidades a alguém desse tipo.

Como valoriza a independência, ele ignora solenemente todas as tentativas de controle, mas mantém o parceiro sob rédea curta. Contudo, não se importa de trabalhar duro para pagar mimos especiais para o parceiro. Embora exija fidelidade, ele minimiza as próprias escapadas: "Para dizer a verdade, aquilo não teve nenhuma importância".

Com Gentileza não se Vai Longe

O Tipo Oito não gosta de carências e, no entanto, atrai os que precisam de sua força. Adepto do velho estilo ("homem não chora"), ele pode confundir sentir uma emoção genuína com fraqueza. Se pedir a alguém desse tipo que se conecte com os próprios sentimentos, você estará pedindo a ele que se deite para levar uma surra. Pelo fato de achar que é preciso dominar para não ser dominado, ele iguala gentileza à vulnerabilidade e, por tabela, a uma perda da autonomia, capacidade que considera imprescindível à própria sobrevivência. Por isso, para ele o sexo pode não envolver intimidade, amor, nem ternura, mas sim uma espécie de "pá-pum e obrigado, minha senhora!".

A Reificação do Parceiro

Você está correndo para pegar um trem, e há pessoas impedindo sua passagem. À medida que você passa, esbarrando e empurrando, elas são meros obstáculos em seu caminho. É assim que os representantes desintegrados do Tipo Oito podem ver os outros.

A tendência a objetificar as pessoas do Tipo Oito torna seus representantes desintegrados os mais insensíveis dos tipos do Eneagrama.[16] Sem amor, o sexo é somente alívio, conquista ou exercício. E também um lugar perigoso caso eles desejem práticas sexuais com as quais você não concorde.

Poder e Sadomasoquismo

> *É sempre por meio da dor que se chega ao prazer.*
> — MARQUÊS DE SADE

O desvio sexual é definido como "a prática sexual biologicamente atípica, considerada moralmente errada ou legalmente proibida".[17]

É possível que, aquilo que uma pessoa considera desviante, outra possa considerar "só uma diversãozinha" – a chave está no consentimento mútuo.

Às vezes, o desejo do Tipo Oito de sentir-se mais – mais vivo, mais estimulado, mais intenso – traduz-se em ir além das normas sexuais esperadas, e ele pode viciar-se em sexo porque o sexo lhe confere poder sobre os outros. Assim, ele será capaz de instruir prostitutas em várias práticas ou de obrigar parceiros a agir e vestir-se conforme suas exigências. Os níveis extremamente prejudiciais à saúde descem até o mundo sombrio do estupro e a necessidade de domínio, imposição pela força e sadismo do eu inferior.[18]

Esse tipo precisa dominar; precisa estar literalmente por cima. Os representantes que preferem manifestar seu desejo de controlar e de ser durões e exigentes descobrem que "estar por cima" em BDSM representa uma válvula de escape. Pesquisas revelam que as pessoas que se envolvem em práticas de BDSM têm níveis mais baixos de afabilidade do que aquelas que não o fazem. Além disso, são menos sensíveis à rejeição, menos neuróticas e mais extrovertidas; características que se encaixam na personalidade do Tipo Oito.[19]

Em BDSM, os entusiastas da dominação eram "durões, em vez de ternos, tomavam de bom grado decisões difíceis e tendiam a ser mandões e exigentes em sua maneira de se relacionar com os outros",[20] enquanto os submissos (ou "por baixo") foram previsivelmente considerados pessoas mais agradáveis. Para Scott McGreal, isso "sugere que os dominadores encontraram uma maneira de dar vazão à própria intratabilidade de uma forma que é realmente bem-vinda e apreciada por seus parceiros submissos. Isso contrasta com a intratabilidade mais comum na vida cotidiana, que geralmente é vista como rude e irritante".[21] Outro estudo descobriu que, comparados aos "por baixo" ou à população como um todo, os "por cima" têm autoestima elevada, satisfação com a vida, abertura para novas experiências, níveis mais baixos de afabilidade e maior desejo de controle. Embora as pesquisas variem, só um pequeno percentual (entre 4 e 8%) das mulheres gosta de estar "por cima".

No sexo, é possível que o Tipo Oito também sinta necessidade de explorar essa sombra (seu aspecto vulnerável) ficando "por baixo". Muitos executivos de alto escalão relatam gostar de estar "por baixo", geralmente quando o sexo é pago – o que, sem dúvida, é um alívio e uma libertação da tensão de precisar estar sempre "por cima" no trabalho.

Uma pesquisa interessante com 14.306 homens e mulheres examinou a ligação entre o poder social e a excitação sexual no sadomasoquismo consensual, descobrindo que o poder de fato aumentou o desejo de realizar práticas de S&M. O efeito do poder na excitação de pensamentos sádicos (infligir dor a outras pessoas, algo mais típico do comportamento do Tipo Oito) é mais forte entre as mulheres, ao passo que o efeito do poder na excitação por pensamentos masoquistas (infligir dor a si mesmo) é mais forte entre os homens. Os resultados da pesquisa mostraram que o poder leva ao desrespeito às convenções sociais e normas sexuais.[22]

Narcisismo Fálico

Conforme a definição de Wilhelm Reich, os narcisistas fálicos são arrogantes, carismáticos, enérgicos, voltados para a ação, "impressionantes no porte" e "pouco indicados para cargos subalternos".[23] Embora possam ser homens ou mulheres, esse tipo de narcisismo é menos comum entre elas.

Ao falar do narcisismo fálico, Reich está, na maioria das vezes, descrevendo os representantes menos saudáveis do Tipo Oito. Como estes, os narcisistas fálicos tentam esconder sua vulnerabilidade e seus sentimentos de inferioridade. Ele descreve os narcisistas fálicos como opositores do objeto de seus afetos e, em maior ou menor grau, possuidores de "características sádicas disfarçadas", observando que "[seus] relacionamentos com as mulheres são conturbados pela atitude depreciativa em relação ao sexo feminino". Nesse nível de desintegração, o Tipo Oito usa suas conquistas sexuais para humilhar o parceiro e manifesta total desprezo pelos sentimentos dele.[24]

Os narcisistas fálicos acreditam ser atletas sexuais e dão preferência a parceiros "troféus" – atraentes e submissos. Eles adoram malhar, criando físicos fortes e atraentes para cativar os amantes e podem, de repente, mostrar-se agressivos em situações que não exigem nenhuma agressividade. Além disso, podem encantar, desarmar e, com a mesma rapidez, tornar-se rudes e frios, deixando os parceiros confusos e propensos a recriminar-se: "A culpa deve ter sido minha". Como o Tipo Oito, o narcisista fálico normalmente tem pescoço grosso e tórax avantajado, como se inflado para amedrontar o mundo. É compreensível que, quando começa a perder poder no mundo (em termos físicos, financeiros ou de *status*), ele sinta raiva, ansiedade, alienação e depressão. Como balões esvaziados, tudo que o sustentava se foi.

No caso das mulheres, o narcisismo fálico desenvolve-se após os 4 anos de idade, quando podem ter sentido rejeição por parte da mãe ou da figura materna e um maior grau de aceitação do pai. Para receber o afeto do pai, elas foram obrigadas a descartar seu lado feminino. São mulheres que intimidam os parceiros e diminuem suas realizações. Um caso de que fui testemunha envolvia uma mulher extremamente rica que integrava o conselho de várias empresas internacionais. O marido tinha conquistas próprias meritórias e dignas de nota, mas ela adorava diminuí-lo para sobressair-se e o chamava por um apelido carinhoso, mas depreciativo.

Em sua descrição do narcisismo fálico, Reich inclui alguns aspectos que se encaixam mais na descrição de um Tipo Quatro, como a necessidade de ser considerado especial, a incapacidade de aceitar críticas e a tendência à depressão. Com o Tipo Quatro colocado defronte ao Oito, isso pode ser visto como uma indicação da sombra do Tipo Oito.

Problemas Sexuais

Graças a seus altos níveis de energia, o Tipo Oito costuma fazer sexo com mais frequência do que os demais tipos e, por isso, julga-se superior. O que os homens desse tipo raramente mencionam é que estão mais sujeitos à ejaculação precoce do que os dos demais tipos. A descarga limitada de sêmen mantém a energia sexual desperta, promovendo um certo nível de excitação mesmo depois do sexo, ou seja: sempre há mais um pouco a liberar. Além disso, pode significar que a gratificação sexual é mais egoica que física e que os parceiros podem ser culpabilizados e acabar sendo levados a procurar uma satisfação maior.[25] Mesmo que não tenha ejaculação precoce, pode haver uma experiência emocional de insatisfação e um desejo mais profundo de intimidade, embora o Tipo Oito possa interpretá-lo simplesmente como necessidade de mais sexo. Esse tipo também pode ficar obcecado com o tamanho de sua virilidade, porque "os homens de verdade têm pênis grande". Evidentemente, isso pode ser um problema se ele não for bem-dotado.

Vingança

O Tipo Oito testa os limites sexuais dos outros. Se não receber um "Não" bem direto e claro, ele pode entender a situação como um convite para pressionar mais, porém isso só vale para ele mesmo: se você tentar ultrapassar os limites dele, é provável que esse tipo lance mão de vingança sob pretexto de justiça.

Embora o Tipo Quatro possa cometer crimes passionais motivados pela inveja e pelo ciúme, o Tipo Oito tem mais probabilidade de cometer crimes de vingança. Como um representante desintegrado do Tipo Cinco, ele se retrai e conspira, principalmente se achar que alguém desobedeceu a suas regras ou o magoou.[26] Como também aprecia o confronto, ele pode muito bem enfrentar alguém por olhar para seu parceiro do jeito errado.

Curiosamente, em casos de infidelidade, os representantes masculinos do Tipo Oito têm maior probabilidade de vingar-se do amante do parceiro que do próprio parceiro, que eles veem como uma vítima frágil demais para ser responsável.

As Pulsões dos Instintos

O Tipo Oito Autopreservacionista: esse subtipo está preocupado em satisfazer as próprias necessidades físicas e o faz com franqueza, imediatismo e força. O que ele quer, ele consegue: pessoas, empresas, vendas, carros, cargos e (naturalmente) sexo. Ele sabe sobreviver no mundo e não se incomoda com o que nem com quem precisa destruir para atingir seus objetivos, pois vê em todos à sua volta potenciais concorrentes. E, para atender às suas necessidades (satisfazer sua luxúria), ele não deixará de violar as normas sociais, pouco se importando com casamento, ditames religiosos nem com o que possam pensar os vizinhos.

O Tipo Oito Social (*contrafóbico*): Chestnut se refere a esse subtipo como sendo o Oito contrafóbico porque ele é menos conflituoso e menos agressivo do que os subtipos correspondentes aos outros impulsos instintivos.[27] Além disso, está mais preocupado em satisfazer as necessidades dos outros do que as suas próprias e tende a ser mais gentil. Por preocupar-se excessivamente com os males e mazelas dos mais próximos, ele pode deixar de cuidar de si mesmo ou de suas próprias doenças. Um representante desse subtipo do Tipo Oito comentou que não se importava com o desinteresse da esposa por sexo e que estava feliz por estar ao lado dela, mesmo que não fizessem sexo com frequência, o que constitui um exemplo perfeito do desprendido Oito Social.[28] É possível que receie chegar perto demais do parceiro porque não quer sentir a dor da rejeição. Pelo fato de parecer mais descontraído e menos egocêntrico, muitas vezes ele não é visto como alguém do Tipo Oito. Segundo Chestnut, os homens desse subtipo Social podem se parecer com os do Tipo Nove, assim como as mulheres desse subtipo Social podem se parecer com as do Tipo Dois.[29]

O Tipo Oito Sexual: além de tenderem a ser os meninos e meninas maus do Eneagrama, os representantes desse subtipo do Tipo Oito são os que têm mais probabilidade de "pular a cerca" no casamento. Eles não dão a mínima para o que preconiza a sociedade. Os mais carismáticos dentre os representantes dos três subtipos, eles exigem atenção e adoram intrigas sexuais. Caçadores de prazer, sedutores e verdadeiramente inebriantes, eles perseguem a vida com luxúria e paixão, controlando os outros por meio da criação de necessidades que só eles podem atender, como os representantes menos integrados do Tipo Dois.

Esse subtipo do Tipo Oito tende a ser mais emocional que os outros dois. Quando lhe solicitaram que descrevesse sua reação às palavras "amor e sexo", um de seus representantes disse o seguinte:

> [Eles] *são extremamente importantes para mim. Se faltam na minha vida, eu me sinto incompleto. Já me causaram um sofrimento incomensurável. Já me arrebentei e me magoei, mas de algum modo ainda consigo ter fé neles; achar que valem a pena.*[30]

Em vez de pessoas com direito a ter seus próprios desejos e vontades, os amantes costumam ser vistos como súditos leais.[31] Os representantes desse subtipo são capazes de cantar *I did it my way* (canção consagrada por Frank Sinatra, com letra de Paul Anka), enquanto tomam vinho tinto e se debruçam sedutoramente para proteger o parceiro.

As Asas

Tipo Oito com Asa Sete (*Amor Duplamente Erótico*): nesse subtipo, o poder do Tipo Oito encontra o hedonismo do Tipo Sete. Esse tipo não é a noivinha ruborizada do Eneagrama e provavelmente só vai encontrar no Tipo Sete um rival à sua altura na disputa pelo título de tipo sexualmente mais proativo do Eneagrama (embora seus níveis de energia sejam reais, enquanto os do Sete são mais para "tirar uma onda"). Como o Tipo Sete, esse subtipo tem uma expressão hedonística exacerbada e maior propensão a correr riscos no sexo: "Claro, minha esposa está lá no bar, mas nós dois estamos aqui no banheiro!"; "Camisinha? Mas para quê? Vamos correr o risco!". O potencial explosivo da mistura de hedonismo, amor ao risco e agressividade com as Paixões da Luxúria (Oito) e da Gula (Sete) é maior que o de uma bomba atômica.

O Tipo Oito com Asa Sete tem maior probabilidade de buscar emoções sexuais fora de casa, seja em clubes, nas férias ou em viagens de trabalho. Voltado para a ação, ele é mais propenso a tomar a iniciativa no sexo, algo que pode agradar a tipos mais submissos, mas fará voarem fagulhas para todos os lados com os outros dois Tipos Atirados (Três e Sete).

Pelo fato de tanto o Tipo Oito quanto o Tipo Sete serem Atirados, esse subtipo não é de ficar esperando sentado por sexo: no primeiro encontro está ótimo, e se for no carro, antes mesmo de chegar lá, melhor ainda. Para obter o efeito que desejam, ele não hesita em dominar e manipular os parceiros. Caso não obedeçam, estes podem esperar uma crítica severa e mordaz ou uma retirada hostil se ele assumir seu aspecto Cinco. Nos níveis menos integrados, esse subtipo do Tipo Oito não se importará muito se o parceiro não gostar de transar.

Tipo Oito com Asa Nove (*Amor Erótico com Amor Maternal***):** aqui, o poder do Tipo Oito encontra o desejo de paz do Tipo Nove. Um amante da paz, o Tipo Nove aporta um aspecto mais ameno ao Tipo Oito, embora esse subtipo combine dois tipos Instintivos (raiva) em oposição à combinação de Instintivo e Pensante do Subtipo Oito com Asa Sete.

Enquanto o aspecto Oito quer dominar e exige sexo, o aspecto Nove é mais submisso e deseja ser sexualizado. Esse subtipo é menos agressivo e demonstra uma força tácita. Além disso, é menos propenso a buscar sexo fora do leito conjugal. Ele demonstra maior aptidão para proteger, especialmente quando se trata de familiares e amigos próximos.

Curiosamente, o Enneagram Institute se refere a esse tipo de asa como "O Urso",[32] que é o nome que têm na comunidade *gay* os homens grandes e peludos que projetam uma imagem forte de masculinidade. Qualquer que seja sua orientação sexual, os homens do Tipo Oito costumam compartilhar dessa semelhança.

O comportamento desse tipo de asa em geral é menos consistente do que o do outro subtipo: num instante, ele pode cobrir o parceiro de carícias e presentes; no outro, mostra-se abertamente ameaçador e hostil. Além disso, pode ser um tirano no trabalho, mas carinhoso e acessível em casa ou vice-versa. Quando se decepciona ou se sente rejeitado, esse subtipo se torna recluso, enquanto o Tipo Oito com Asa Sete se torna mais imprudente.

Como Desfrutar da Presença Sexual

O Que Dificulta a Satisfação Sexual do Tipo Oito

Lançando-se contra o mundo, esse tipo às vezes é visto pelas pessoas como um usurpador de seu livre-arbítrio. Conforme ele avança, o parceiro recua, o que gera para ele uma frustração por sentir-se menos no comando. Às vezes (geralmente sem perceber), esse tipo usa sua presença forte e enérgica para fazer o parceiro sentir-se menor e menos importante.

A necessidade de poder diminui sua capacidade de perceber a vulnerabilidade dos demais. Ele aprofunda sua experiência sexual quando cria coragem de abrir-se para a própria vulnerabilidade e relacionar-se com o parceiro em pé de igualdade.[33]

Como o Tipo Oito Pode se Tornar Sexualmente Presente

Renuncie ao controle: os representantes do Tipo Oito tornam-se amantes integrados, passando do egoísmo egocêntrico à expressão plena da compaixão, quando param de ditar regras para os parceiros. Quando abrem mão de sua necessidade de controlar e veem as necessidades dos parceiros como veem as suas, eles começam a se curar.

Não seja superior; seja igual: para estar totalmente presente com o parceiro não é preciso empurrá-lo para a frente nem puxá-lo para trás. O que importa é estar com o parceiro, e não contra ele. A dominação cria nas pessoas resistência e retraimento, e isso é o oposto do que o Tipo Oito mais deseja.

Conecte-se com sua vulnerabilidade: a verdadeira cura consiste em permitir vulnerabilidade e abertura antes, durante e depois do sexo, e não em fazer os outros sentirem-se vulneráveis. Deixar-se abraçar pelo parceiro, em vez de precisar ter controle sobre o parceiro, leva o Tipo Oito a vivenciar o sexo com um sentimento de admiração e deslumbramento. Então, ele será capaz de resolver o paradoxo de si mesmo: o do guerreiro corajoso que leva dentro de si uma criança vulnerável.

Livre-se da necessidade de excessos: equilíbrio de vida é um termo popular, mas é especialmente relevante para os Tipos Oito, Sete e Três, que podem exceder-se em tudo que fazem. Aprender a equilibrar a ação com o pensamento e o sentimento é um passo importante para a integração.

Entre em contato com seus sentimentos: o representante mais integrado do Tipo Oito sabe sentir as emoções sem pressa, em vez de reagir com raiva àquelas que não deseja.

A vida não é uma batalha: o Tipo Oito integra-se quando percebe que não está em guerra com o parceiro e que o sexo não é uma batalha de vontades. A cura não é acabar por cima, mas sim cooperação, compromisso e envolvimento íntimos.

Perguntas para o Diário

OBSERVAÇÃO: Vale a pena responder a estas perguntas, seja qual for o seu tipo.

- Que impacto sua necessidade de dominar o parceiro tem sobre ele e sobre você?
- Quando você não aceita demonstrar sua própria vulnerabilidade no sexo, está impondo uma convicção de que você é forte e seu parceiro, fraco?
- Seu medo de ser controlado ou violado afeta seu comportamento na cama? De que modo?

Investigando os Tipos Sexuais:
o Grupo Arredio

Tipos Quatro, Cinco e Nove

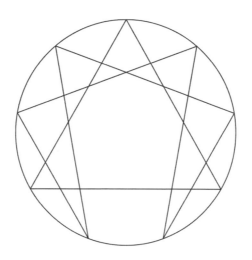

Tipo Quatro: o Romantismo de Romeu (ou de Julieta)

O lema do Tipo Quatro: "Em algum lugar, minha verdadeira alma gêmea está à minha espera".

O Tipo Quatro como amante: é romântico, intenso, tímido, temperamental e passional, e dá muita ênfase a seus relacionamentos. Ele anseia ter um amante que o "arrebate" e com quem possa ter uma intimidade profunda e autêntica. Quando menos integrado, seu relacionamento corre o risco de ser uma montanha-russa emocional.

A esquivez do Tipo Quatro: está no recurso às fantasias, à imaginação e às emoções no intuito de aumentar a intensidade sexual. Ele precisa sentir uma conexão profunda e estimulante com o parceiro, a qual muitas vezes é mais importante que o sexo em si. Ele costuma sentir-se um estranho e vive de acordo com seu eu idealizado e fantasioso: "Eu como o artista famoso e excêntrico".

Você pode identificar-se com alguns aspectos do Tipo Quatro, mesmo que não seja seu próprio tipo: se você for do Tipo Três ou Cinco (asas) ou do Tipo Um ou Dois (pontos de liberação e extensão).

Tipo de amor: Maternal (contratipo). O Tipo Quatro procura parceiros que cuidem dele, embora também possa ser cuidadoso com seus parceiros.

Convicção nos relacionamentos: "Eu sou único; você não vai encontrar ninguém como eu por aí".

Frustração sexual: "Todo mundo sempre parece feliz e apaixonado. Por que eu não consigo encontrar o relacionamento dos meus sonhos?".

Como Entender a Sexualidade do Tipo Quatro

Breve Visão Geral

O Tipo Quatro deseja o que não tem: a grama de qualquer um é mais verde que a dele. Isso gera um grande sofrimento e, por essa razão, ele investiga o passado na esperança de que o passado possa mudar o futuro. Esse tipo costuma relatar a sensação de ter vivido uma vida mais difícil que a dos demais. Graças a essa percepção, ele tem uma sensação de que a vida lhe deve uma compensação por seu sofrimento.[1] Esse tipo tem atração por pessoas que o "arrebatem", que o apoiem, que se conectem profundamente com ele e aqueçam sua alma delicada. O amor, ou a busca por ele, torna-se a suprema motivação.

A necessidade da centelha emocional explica por que o Tipo Quatro aprecia relacionamentos com pessoas do mesmo tipo, embora sua opção mais frequente (e o tipo de relacionamento mais comum do Eneagrama) seja entre mulher do Tipo Quatro e homem do Tipo Nove.[2] No entanto, em vez de satisfazer seu desejo, quando afinal encontra um amante (e uma identidade melhor), a dúvida torna a acender-se e pode fazê-lo rejeitar o parceiro para manter a crença subconsciente de estar perdido (e, por isso, é imperfeito). O que ele tem nunca o sacia, e isso suscita nele uma melancolia cada vez maior pelo que não é e pelo que poderia ser.

O Tipo Quatro anseia ser resgatado por um salvador a quem ele atribui os aspectos de que sente falta em si mesmo. Os relacionamentos são construídos com base na satisfação dessas expectativas, o que pode implicar que os parceiros precisem negar certos aspectos de si mesmos. Por exemplo, um representante desse tipo que se sinta fraco e incompetente pode procurar um parceiro forte e capaz. Mas, para que o relacionamento se mantenha, os aspectos mais delicados do parceiro não podem ser expressos. Quando menos integrado, ele pode ficar furioso se o parceiro não conseguir corresponder às expectativas que lhe impôs.

Esse tipo pode se tornar arrogante e elitista, colocando-se acima dos outros por acreditar que não sejam capazes de entendê-lo (embora isso não o faça se sentir menos inadequado): "Você simplesmente não entende, não é?"; "O gosto dele é tão vulgar". Às vezes, trata o parceiro com desprezo só para sair correndo atrás quando ele resolve dar no pé. Isso acaba criando uma tensão incômoda entre aproximar-se e afastar-se, a qual, se levada a extremos, torna-se simultaneamente amor e ódio. Pelo fato de depender muito do amor, o Tipo Quatro teme a rejeição, pois ela reforça suas carências. Sentindo-se indigno, mas sem querer enfrentar esse medo, ele pode acabar evitando as pessoas.

Quando menos integrados, os amantes do Tipo Quatro tendem a ser intensos e temperamentais: agora estão profundamente apaixonados, mas daqui a pouco podem ficar taciturnos. Eles criam relacionamentos em seus próprios termos: "Resolvi que, enquanto ele não se comportar como deve, nada de sexo".

Desejando ser únicos, os representantes do Tipo Quatro e, em especial, os do subtipo Sexual, gostam de fazer experimentos com sua imagem exterior assumindo diferentes papéis ou vestindo-se com roupas de diferentes estilos. Quem resolve pintar de roxo uma mecha do cabelo, usar roupas *vintage*, fazer muitas tatuagens ("meu corpo como arte") ou usar uma boina com uma estrela vermelha muito provavelmente é do Tipo Quatro.

Os representantes do tipo são românticos e artistas arquetípicos; sonhadores que precisam expressar-se criativamente, mas que também sofrem pela própria causa (o artista que não é reconhecido ou passa fome).

O Nascimento do Tipo Quatro

Quando nos tornamos Um com Deus, temos a verdadeira união, uma incrível sensação de conexão com tudo o que existe, uma integridade de espírito que transcende a carne. Essa é a conexão almejada pelo Tipo Quatro (e por todos nós, pois todos temos dentro de nós aspectos do Tipo Quatro). A palavra "tântrico" significa "a tecelagem e a expansão da energia". Isso é o que deseja esse tipo: "Se nos entrelaçamos, passamos a ser mais".

Quando nos sentimos um com o Ser – com a totalidade (e a santidade) da vida –, nós ficamos centrados. Quando nos afastamos, vivemos uma separação ou divisão. A desconexão gera o medo do abandono e o anseio de reconexão. À medida que nos desintegramos, esse desejo de conexão com o Ser transforma-se em um anseio de conexão com outra pessoa: "Quando encontrar minha alma gêmea, eu me sentirei conectado e novamente inteiro".

Na infância, o Tipo Quatro busca a aprovação e o amor dos pais biológicos ou dos pais que ele gostaria de ter. Como os Garotos Perdidos na Terra do Nunca de *Peter Pan*, esse tipo cresce procurando a parte perdida de si mesmo. Por não a encontrar, ele se sente diferente dos outros: como uma ovelha negra, não se sente verdadeiramente um membro da família. Na verdade, sente-se imperfeito e constrangido a crer que aquilo que ele é não basta. Para compensar isso, acaba criando a convicção de ser diferente dos demais e, de alguma forma, "especial".

O Tipo Quatro Quando se Apaixona

Se for Integrado: esse tipo será incomparável, gentil, tímido e genuinamente romântico. Não há como saber qual era o tipo do poeta sufi Rumi no Eneagrama, mas suas palavras sensíveis e sua devoção na busca do amor lembram-me os representantes integrados do Tipo Quatro.

Você geralmente os encontra envolvidos em alguma forma de expressão criativa ou talvez no campo da psicologia. Autênticos e honestos consigo mesmos, eles desejam nos parceiros a mesma abertura; querem que você se mostre em sua verdade e, em troca, exigem que os aceite totalmente. Apreciadores de *workshops* de sexo tântrico ou de yoga, podem sentir afinidade com o trabalho de um autor como David Deida, que escreve sobre relacionamentos sexuais e espirituais.

Esse tipo tende a ser reservado e intenso e não gosta de conversinhas superficiais. Por querer mergulhar nas partes mais profundas de si mesmo e da pessoa com quem se relaciona, ele é um amante apaixonado e atento que muitas vezes expressa sexualmente sua singular criatividade.

Por isso, poderá escrever-lhe poemas e se lembrará daquela guloseima de que você gosta e de como prefere que seu cabelo seja acariciado, pois sintoniza-se intuitivamente com as necessidades do seu corpo. Nesse nível, sua relação com o sofrimento traduz-se numa profunda compaixão pelo sofrimento alheio e pelo seu próprio. Ele realmente se preocupa com os problemas do amante e, por saber ouvir de coração aberto, pode operar curas transformadoras.

Se for Mediano: esse tipo mergulhará na própria história e verá as experiências do presente através da lente do passado. Por sentir que lhe falta alguma coisa, ele projeta a sensação de que sempre está faltando alguma coisa no mundo: o relacionamento que prometia tanto agora parece vazio; o parceiro já não tem algo que ele deseja. O Tipo Quatro começa então a refugiar-se em suas fantasias e a intensificar seus sentimentos, sem perceber que isso inibe a conexão na vida real: "Quero algo mais que simplesmente sexo; minha satisfação é mais profunda quando há intimidade emocional. O sexo é apenas uma expressão da intimidade. Quando alguém tem meu corpo, tem também minha alma".

Focar tão profundamente em seus próprios estados de espírito pode tornar egocêntricos os representantes menos integrados do Tipo Quatro. É possível que usem sua imagem de excêntricos e originais para atrair parceiros. Eles querem que as coisas sejam feitas do seu jeito e podem não gostar de compartilhar o que têm,[3] principalmente se tiverem Asa Cinco. Novos relacionamentos podem parecer-lhes condenados antes mesmo de começar: "Isso não vai acabar bem". No entanto, esse final infeliz lhes dá uma sensação de satisfação,[4] como se sentir-se vitimizados lhes trouxesse alguma recompensa ou consolo. Seu receio é que os possíveis parceiros não apreciem seus dotes especiais ou sua singularidade e que, por isso, jamais venham a ser "resgatados" para a vida que desejam.

Se for Desintegrado: a vida e o amor se transformam em decepção. Seu eu idealizado foi muito além do eu real. Ele olha com amor para Vênus e só vê Marte em guerra. Desdenha o parceiro, encontrando defeitos em tudo que ele faz, enfurecendo-se e sabotando a si mesmo. Mas, apesar disso, é extremamente invejoso: "Ninguém me entende!"; "O que ela fez para ser reconhecida com tanta facilidade?".

Hipersensível às próprias necessidades, mas insensível às necessidades do parceiro, ele se crê cercado por imbecis rudes e toscos que não têm a menor ideia de estilo, emoções verdadeiras, beleza, amor... "Esses idiotas insensíveis!"

Sentindo-se incompreendidos, esses representantes do Tipo Quatro ruminam rancorosamente sobre o quanto sua vida é ruim, sonhando que algo ou alguém caia do céu para salvá-los. Mais que um parceiro, eles buscam um provedor que os apoie tanto financeira quanto emocionalmente. A vida é como uma tragédia na qual eles representam os heróis ou heroínas não reconhecidos. E parecem gostar de cada novo drama, fracasso ou rejeição, pois eles corroboram sua certeza de que a vida é especialmente dura com eles. E seu sofrimento desperta-lhes uma vaidade, pois afirmam querer ser artistas famosos, mas aparentemente desistem da busca antes de começar: "Ninguém tem inteligência para compreender minha obra".

Sentindo-se extremamente decepcionado com a vida, o Tipo Quatro pode entrar em depressão. Acredita ser uma vítima, e a inveja transforma-se em um ressentimento amargo e profundo. A culpa é de todo mundo, especialmente do parceiro. "A vida é tão fácil para você", ele pode gritar enfurecido, magoando com seu despeito quem tenta ajudá-lo. Sexualmente, talvez ele mergulhe em práticas perversas e oscile entre o sadismo e o masoquismo com igual intensidade: é Romeu/Julieta que passa do prazo de validade.

Em sua melhor forma, os representantes do Tipo Quatro são os poetas, músicos e artistas amorosos do Eneagrama; pessoas que instilam beleza neste mundo sem graça. Por meio de sua percepção e de sua extrema sensibilidade, eles nos inspiram a conhecer melhor o sentido de nossa própria vida, para ver a beleza que a vida é.

Como Seriam os Perfis de Namoro de Pessoas do Tipo Quatro

Pierre, 32
Então, aqui estou. Este sou eu...

1. *Eu sou um romântico de coração (uma vez conheci uma garota on-line e depois voei meio mundo para conhecê-la, certo de que ela era minha alma gêmea. Tá bom, na época eu tinha só 18 anos...).*
2. *Sinto como se a família em que cresci não fosse minha família de verdade – acho que sou meio ovelha negra.*
3. *Sou o cara que largou a escola e abriu um negócio de decoração – sem chefe e com um monte de tempo livre (e de coisas bonitas).*
4. *Música. Ah, sim. Eu toco violão e escrevo canções. A música nos leva de volta a emoções que sentimos no passado. Os sentimentos, para mim, são como um vício.*
5. *Adoro dançar salsa e estou aprendendo tango. Estou só esperando aquela noite no Asia Bar em Bariloche com você...*

6. Eu faço terapia de redução de estresse corporal para alguns clientes (e, só para que você saiba, gosto de dar massagens...).
7. Sem dúvida, café descafeinado e dieta vegana.
8. Viciado em waffles.
9. Extrovertido: 16%, introvertido: 74%, indeciso: 10%.
10. Aparecer? De jeito nenhum.
11. Artista preferida: Frida Kahlo.
12. Viajar: para lugares estranhos e totalmente maravilhosos.
13. Viagem, meditação, auras, yoga e pensamentos como energia: sim a todos.

Se puder ser você a minha verdadeira alma gêmea, me procure.

Fatima, 43
Todos os perfis parecem iguais. Todo mundo berrando o quanto é bom, o quanto é legal ou o quanto é divertido. Mas até que ponto vai sua sinceridade? Cansei das mentiras, das desculpas, dos fingimentos... Estou procurando meu melhor amigo. Não sei se o mundo vai durar para sempre, mas sei que estarei com você para sempre!

Não sei quando finalmente conhecerei você para aquecer meu coração e juntar-se a mim para uma vida melhor e mais feliz, mas sei que não consigo parar de procurá-lo, chamando por você no meu coração...

Também não sei o que a vida me trará amanhã, mas sei que não ficamos mais jovens, e me sentiria mais segura envelhecendo a seu lado. Talvez a questão seja a hora certa, o lugar certo, a pessoa certa... Será que o namoro on-line *serve para alguma coisa? Veremos!*

A Paixão da Inveja e a Fixação da Melancolia

Trabalhei com um casal em que os dois eram do Tipo Quatro: ele era artista e ela, crítica de arte. O relacionamento deles começou como um encontro intenso e ardente de mentes e corpos. Até que sua arte começou a ser repetidamente rejeitada e ele não quis voltar a esculpir. Ela sustentou a casa, mas colecionou uma série de amantes atraídos por sua elegância e por seu poder no mundo da arte. E invejava o tempo livre e a falta de responsabilidade do marido. Ele invejava a fama e o estilo de vida glamouroso da mulher. A greve de sexo deles continuou durante mais de trinta anos. Eles não conseguiam deixar um ao outro, mas também não conseguiam se amar de verdade.

Ver todo mundo em situação melhor que a delas desperta inveja nas pessoas do Tipo Quatro. Algumas podem não ter consciência dessa inveja, mas ela pode se manifestar como arrogância e alheamento, ou como "acidentes" inconscientes que afetam terceiros: "Opa, acabei de derramar café na sua pintura"; "Desculpe, quebrei seu vaso preferido – não era minha intenção". Só que reconhecer essa inveja cria ainda mais vergonha.[5]

Para os representantes desse tipo, os outros parecem realizados e felizes, mas na sua própria vida há uma incompletude[6] que os leva a perguntar-se: "Por que será que só eu tenho defeitos?". A inveja é um sentimento muito forte. Naranjo se refere a ela como "a mais apaixonada das paixões".[7] A sensação de que algo está faltando gera tristeza, mas também é o espaço em que o Tipo Quatro relata sentir com mais profundidade e criar seu melhor trabalho.

Pense em Frida Khalo, ofuscada em sua carreira artística pelo marido, Diego Rivera, na época um pintor mais famoso que ela. Ela sofreu tanto com a poliomielite quanto com as sequelas de um acidente de trânsito, enquanto Diego conquistava a fama durante o casamento. Ela só fez a primeira exposição individual um ano antes de sua morte, em 1954, e só começou a ser reconhecida de fato no final da década de 1970. Essa é a história de muitos representantes talentosos do Tipo Quatro.

Quando passa da inveja à aceitação e da fantasia à realização de seus sonhos, o Tipo Quatro reforça a autoestima.

Vergonha

Como têm seus problemas com a vergonha e a culpa, os Tipos do Coração (Dois, Três e Quatro) se esforçam para apresentar uma imagem "aprimorada" de si mesmos. Buscando afirmação e aprovação, o Tipo Dois faz pelos outros, o Tipo Três quer sucesso e o Tipo Quatro deseja amor: "Se alguém me amar, então eu tenho valor".

As pessoas desse tipo que idealizam o parceiro no início do relacionamento ("Você me salvou"), nele projetam inconscientemente sua falta de autoestima e nele começam a encontrar defeitos.

Uma Espiada no Quarto de um Representante do Tipo Quatro

Esse tipo costuma desfrutar do refúgio silencioso que é a sua casa. Já que é um amante da beleza, seu quarto muitas vezes reflete isso de uma maneira elegante e minimalista. Cores frias, uma bela peça de cerâmica escolhida em uma de suas viagens, um determinado tom de cinza, iluminação suave e muitas texturas, conforto e belas obras de arte, ou o que melhor revelar seu bom gosto e seu estado de espírito.

Os representantes do Tipo Quatro com Asa Cinco, cuja postura é mais próxima à do movimento *hippie*, podem optar por mantas tecidas à mão, pisos de madeira, velas, incenso e música psicodélica. Eles também são menos organizados. Já os representantes do Tipo Quatro com Asa Três podem querer impressionar com arte moderna de artistas badalados, ter um gosto mais refinado e elegante em móveis ou uma abordagem minimalista. Em geral (dependendo da influência dos parceiros), o quarto é artisticamente decorado, estiloso e incomum – um lugar para realmente relaxar e fugir do mundo hostil.

Fantasias, Fetiches e Literatura Erótica

Pelo fato de seu mundo interior estar com frequência mais em foco do que o exterior, o Tipo Quatro tem uma maior tendência à fantasia,[8] embora essa introspecção intensifique ainda mais sua sensação externa de carência. A fantasia se disfarça de realização e pode se tornar uma forma de defesa.

Como o lado sombra desse tipo aflora em suas fantasias, ele pode querer mudar seu estilo habitual e assumir um papel dominante. Ou então querer dar vazão a uma necessidade de sexo masoquista por gostar de ser espancado ou açoitado. É interessante lembrar que alguns animais só ovulam depois que são mordidos, o que constitui um exemplo biológico de dor prazerosa. O espancamento também pode originar-se na culpa por gostar de sexo, de ser punido para ter prazer.

Os encontros de uma noite só podem propiciar excitação, embora raramente propiciem a intensidade emocional que o Tipo Quatro deseja. Incenso, uma taça de vinho, velas, um livro e suas próprias fantasias geralmente lhe parecem uma opção melhor. Alguns representantes desse tipo relatam fantasiar que fazem sexo em lugares públicos que normalmente evitariam (praias, salas de reuniões ou banheiros), o que tem o efeito de tornar a ideia de sair de seu santuário mais convidativa!

As mulheres que só têm fantasias do tipo que acaba em *lingerie* rasgada podem ter dificuldade em separar o amor do sexo.[9] E algumas podem passar horas criando fantasias nas quais são resgatadas para um mundo de riqueza, poder e fama.

Esse tipo pode descobrir que a solidão o induz a comportamentos sexuais compulsivos. O artista que não consegue pintar, o escritor que não consegue repetir o brilhantismo do primeiro romance, o estilista cujas roupas ficam penduradas na arara podem procurar "amizades coloridas" aleatórias, "maratonar" séries, beber uma garrafa de uísque por noite ou recorrer a drogas para aliviar a dor emocional e evitar tomar medidas efetivas para melhorar a situação.[10]

Aqueles que se sentem solitários, isolados ou ignorados pelo parceiro podem recorrer à pornografia para satisfazer seus intensos desejos sexuais. Além de dar-lhes a sensação de vingança contra um parceiro que não consideram disponível, a pornografia permite-lhes ser infiéis com segurança. E pode constituir uma solução para a sensação de que suas necessidades não estão sendo satisfeitas, já que, na tela, os atores atendem a todos os seus desejos sexuais.

O comportamento fetichista é uma possibilidade quando o Tipo Quatro começa a obedecer aos impulsos sexuais.[11] O fetiche mais popular são os pés e coisas a eles associadas, como meias de seda, sapatos e meias comuns.[12] Em seguida vêm as mãos e os cabelos (e, por extensão, sapatos, luvas e roupas íntimas). Porém os fetiches podem ser mais bizarros e provocar excitação com a visão de besouros sendo esmagados, a contemplação de estátuas ou a ideia da katoptronofilia (fazer sexo na frente de um espelho).[13]

De acordo com os drs. Mark Laaser e Tim Clinton, os fetiches sexuais podem decorrer de uma tentativa do cérebro de trabalhar feridas e traumas de infância,[14] pois a experiência sexual que originalmente levou à excitação fica impressa no cérebro, abrindo caminho para a excitação futura. Caso o fetiche se torne compulsivo, controlar o impulso pode ser difícil.

Porém, mais do que qualquer ginástica sexual selvagem, o Tipo Quatro procura conexão e sintonia. Caso o parceiro se abra para ele na cama, ele não se importa em retribuir. (Ainda bem que ele guardou aquela fantasia de médico!) Esse tipo normalmente tem muita imaginação e detesta papai e mamãe. Se no relacionamento houver confiança, ele se disporá a experimentar coisas novas.

O Tipo Quatro nos Diferentes Sexos

Mulheres: esse tipo geralmente é associado a traços mais "femininos", como sensibilidade, delicadeza, intuição e vulnerabilidade. E, de fato, ao que parece, há mais mulheres que homens do Tipo Quatro. Além disso, de acordo com Naranjo,[15] há uma proporção maior de homossexuais nesse tipo que em qualquer outro.

Conforme mencionado no capítulo sobre o Tipo Oito (que representa o homem arquetípico), os Tipos Dois e Quatro são os que compartilham traços mais femininos. Em relacionamentos do mesmo sexo, nos papéis que são atribuídos a esses tipos há uma correlação com os arquétipos masculino/feminino: assim, uma mulher lésbica do Tipo Oito pode ser descrita como uma "sapatão" e uma mulher do Tipo Quatro, como uma "sandalinha".[16]

Graças à forma como a sociedade tem sido tradicionalmente estruturada, é mais fácil para as mulheres do Tipo Quatro encontrar alguém que as apoie e cuide de suas necessidades. O rico e poderoso empresário do Tipo Oito, cuja esposa do Tipo Quatro se expressa por meio da escultura, pode ser capaz de desfrutar da criatividade da mulher (porque isso reflete uma estrutura socialmente "aceitável"), mas a esposa de um músico extremamente criativo do Tipo Quatro pode ficar ressentida por ele estudar incessantemente, mas pouco fazer para ganhar o pão de cada dia.

As representantes desse tipo são românticas (especialmente quando têm Asa Três), gostam das coisas boas da vida – *design*, moda, viagens, amantes exóticos – e preferem não se preocupar com problemas de ordem prática e prosaica. Embora um iate de luxo possa ser um estímulo sexual melhor do que um barco a remo, raramente bastará a uma mulher do Tipo Quatro. Elas podem dar a impressão de "ter tudo", mas, mesmo quando estão realizando seus sonhos, uma parte sua já está fantasiando melancolicamente outra realidade.

Enquanto as mulheres do Tipo Quatro que têm Asa Três possam gostar de ser elogiadas, as de Asa Cinco podem achar a ideia repulsiva:

Detesto chamar atenção por causa da minha aparência. É uma coisa superficial e boba, embora se espere que eu goste do elogio. Se ele

> *dissesse: "A cor do seu cabelo é tão bonita, e eu adoro o jeito como ele cai em seus ombros como se fosse uma cascata", em vez de "Você é linda", seria melhor porque, dizendo algo mais pessoal, ele mostraria que realmente notou algo de especial em mim.*

As mulheres desse tipo têm mais propensão a sentir-se atraídas por tipos estáveis cujo senso de humor permita-lhes resistir às explosões emocionais e aos amuamentos dos parceiros. Para elas, ter alguém que afirme sua singularidade e reforce sua autoestima contribui muito para que consigam superar as adversidades de um relacionamento.

Homens: a melancolia permite que o Tipo Quatro sinta as emoções com mais intensidade ainda. Para ele, a conexão é um objetivo maior que a felicidade. Ele não quer profundidade emocional em todo mundo, mas precisa dela nos parceiros. Esse tipo gosta da conexão desencadeada no enfrentamento, não na discussão cerebral e civilizada. Como no caso do Tipo Oito, a luta do Tipo Quatro é acirrada, apaixonada, real – e do outro lado dessa guerra estão o amor e a reconciliação com uma boa noite de sexo depois...

Os homens desse tipo (e, particularmente, os do subtipo Sexual) querem 100% da atenção de suas parceiras, de modo que às vezes eles podem irritar-se até com os próprios filhos. Se um relacionamento há muito desejado acabar em decepção, o Tipo Quatro menos integrado acreditará que a culpa é do parceiro.

Quando motivada pela solidão e pelo desejo de conexão, a busca desesperada do amor pode levar o Tipo Quatro a achar que o encontrou em lugares errados, em hábitos sexuais arriscados e em amantes de comportamento abusivo. Enquanto a dependência do sexo pode ocorrer nos representantes menos integrados do Tipo Quatro, para outros, o sexo envolve uma conexão emocional que abrange tudo e vai muito além do simples orgasmo:

Quero que minha vida sexual tenha um sentido; que não seja apenas uma coisa física. Não consigo aceitar a cultura da amizade colorida, do sexo casual. Sou tão acanhado que não consigo nem imaginar como seria fazer sexo com um estranho. Eu quero do sexo algo mais que "só sexo": espero uma verdadeira conexão, mas não consigo encontrá-la. Sempre falta alguma coisa.

Esse comentário resume o que os homens do Tipo Quatro buscam no sexo: "Eu me masturbo sozinho para satisfazer uma necessidade física, mas para mim sexo é me abrir emocionalmente de uma forma total: cabeça, coração e corpo. Quando é assim, o sexo é o paraíso".

Tipo de Amor: Maternal (Contratipo)

Os outros dois Tipos (Dois e Nove) da tríade do amor Maternal voltam-se para o exterior no intuito de ajudar terceiros. Embora seja compreensivo e abnegado, além de poder ser empático no papel de assistente social ou psicólogo, por exemplo, o Tipo Quatro geralmente é mais focado em si mesmo, em especial quando menos integrado. Ele procura quem cuide dele ou pessoas de quem possa depender, e não o contrário, o que o torna o contratipo do Amor Maternal.

Sexo e Depressão

Quando tocamos ou abraçamos humanos ou animais, liberamos ocitocina, hormônio que promove sensações de otimismo, bem-estar e felicidade e nos ajuda a ter mais compaixão por nossos semelhantes. Além disso, descobriu-se que ele aumenta nossos níveis de dopamina e serotonina, responsáveis por aliviar o estresse e a ansiedade e reduzir a pressão arterial. Quando caem em melancolia, as pessoas do Tipo Quatro (aliás, como todo mundo) precisam do toque físico para abandoná-la e ter maior felicidade e bem-estar. É compreensível que a privação do toque possa ter o efeito oposto.

Esse tipo cria uma versão idealizada de si mesmo. Enquanto o Tipo Três acredita que já é o próprio eu idealizado, o Tipo Quatro sente-se incapaz de ser o seu eu fantasiado,[17] como alguém que tenta abraçar a lua. Enquanto o Tipo Três pode estar inteiramente convencido de ser o melhor na cama, o Tipo Quatro geralmente acha que está aquém das expectativas, e o fato de nunca conseguir alcançar seu ideal gera sentimentos de culpa e vergonha. É esse ciclo que o torna um dos tipos mais propensos à depressão.

O Tipo Quatro deseja intimidade e autenticidade (ou, para citar Naranjo, "gratificação sensual").[18] Ele sugere que esse tipo precisa do alívio e do efeito calmante do sexo regular para evitar possíveis depressões. Para seus representantes, o desejo de validação por meio do amor traduz-se numa fome de sexo. O sexo, por sua vez, os reforça e os faz se sentir dignos de amor. No instante do orgasmo, eles vivenciam (embora fugazmente) a tão desejada experiência de ser inteiros, de ser um só com o parceiro.

A Dependência como Combustível do Sexo

Se for verdade que sexo, dinheiro e poder lubrificam as rodas do amor, isso se aplica especialmente ao Tipo Quatro. Os representantes desintegrados desse tipo acreditam (sem razão) ter direito a tudo e, em níveis inferiores de integração, muitas vezes não são capazes de sustentar-se.[19] Offit define quatro tipos de dependência:

- ❖ ***Dependência social*** – *é quando a solidão, muitas vezes sentida pelas pessoas do Tipo Quatro, as impele a criar relacionamentos.*
- ❖ ***Dependência econômica*** – *é quando o poder da conta bancária determina com quem fazemos sexo. (Para Naranjo, a necessidade de apoio financeiro surge do desejo de ser cuidado.[20])*

- **Dependência de pai/mãe** – é quando alguém cuida de nós como se fosse um pai ou uma mãe. (Temos um bom exemplo em Pigmalião, peça de George Bernard Shaw na qual o professor Henry Higgins encarrega-se de instruir a vendedora de flores Eliza Doolittle. Durante as aulas de elocução, uma atração se desenvolve entre eles.) Como se o mundo fosse duro demais para seu eu sensível, o Tipo Quatro deseja um arquétipo parental que o proteja.
- **Dependência da dor** – é quando o desejo de sentir dor (emocional ou física) se torna uma necessidade.[21]

Todas essas características de dependência têm o potencial de criar relacionamentos em que o sexo é estimulado pela solidão, pelo dinheiro, pelo desejo de ser cuidado ou por necessidades masoquistas. No caso do Tipo Quatro, elas podem desembocar em relacionamentos e experiências sexuais nas quais o sexo é consentido, mesmo que ele não queira transar: "Todos os dias, meu marido quer sexo, mesmo que eu não tenha nenhuma vontade. Eu fico lá deitada e deixo que ele vá em frente. Isso garante que ele se mantenha tolerável, e eu consigo o estilo de vida que desejo".

Quando se desintegra, o Tipo Quatro sente-se completamente incapaz de lidar com a vida, e suas dependências podem acabar corroendo toda a sua autoestima. Ele pode ficar deprimido, largado em casa, acusando o parceiro de negligência só porque esse parceiro precisa trabalhar (inclusive para sustentá-lo). Para obter a atenção que acredita estar perdendo, ele pode se comportar de maneira autodestrutiva, machucar-se, ter explosões de raiva, agir com crueldade ou culpar os outros por seus próprios problemas. O parceiro sofre por ele se recusar a admitir que a pessoa de quem depende tenha necessidades e desejos próprios.

Aparentemente, "Amor" é a solução para o dilema do ódio que o Tipo Quatro nutre por si mesmo. O amor traz consigo a promessa de propiciar compreensão, companhia e amor-próprio, prazer sexual e segurança financeira, bem como o fim da necessidade de "se virar", de responsabilizar-se por si mesmo e de invejar aqueles que parecem contar com ele. O amor torna-se uma forma de completar-se, pois o Tipo Quatro menos integrado não consegue encontrar a plenitude dentro de si.[22]

Masoquismo: a Liberdade Amarrada

Você é um artista, mas criar sua arte é um processo penoso. O medo de ser medíocre ou, pior ainda, de ser um chato o mantém acordado à noite. Você adora a arte, mas ela é difícil de produzir. Prazer e dor são coisas que se misturam, tanto no seu estúdio quanto na sua cama. A tortura que você vive na fantasia reflete a tortura da vida real, satisfazendo-o de uma forma que o papai e mamãe não conseguiria. A forma como você se agride emocionalmente faz com que lhe pareça natural ser agredido fisicamente.

Leopold von Sacher-Masoch (de quem deriva a palavra "masoquismo") nasceu na Ucrânia em 1836. Escritor, tinha propensão a fantasias e fetiches que envolviam mulheres dominantes (de preferência, usando casacos e outras peças de pele). Sua obra mais famosa foi a novela *A Vênus das Peles*, na qual deixa entrever que escrevia sobre seus próprios desejos. Entretanto, na vida real ele foi além quando fez a amante (a baronesa Fanny Pistor) assinar um contrato de seis meses que o tornava seu escravo, acrescentando a seguinte cláusula: que ela usasse peças de pele sempre que possível. Os dois viajaram para a Itália: Leopold, disfarçado de criado na terceira classe, enquanto ela viajava na primeira. Sua vida privada teria continuado assim se não fosse por sua esposa, Aurora Rümelin (mais tarde Wanda von Dunajew), com quem estava fazia dez anos, ter dado com a língua nos dentes em um livro de memórias chamado *Meine Lebensbeichte (Minha Confissão de Vida)*.

Esse desejo de buscar prazer na dor ou na humilhação não é incomum no Tipo Quatro. Harold Kelman – neurologista, psiquiatra, psicanalista, professor, escritor e colaborador muito próximo de Karen Horney – afirmou que o masoquismo é uma forma de lidarmos com a vida "sendo dependentes e nos diminuindo". Kelman situou esse tipo de comportamento principalmente na arena sexual, mas ele também se manifesta na forma como as pessoas evitam a responsabilidade e as críticas acusando os outros. É um mundo no qual o sofrimento ganha *status* de nobreza ou virtude e, como tal, exige amor e aceitação.[23]

Na década de 1980, a American Psychiatric Association retirou o sadomasoquismo do *Diagnostic and Statistical Manual of Mental Disorders* (DSM, Manual Diagnóstico e Estatístico de Transtornos Mentais), o que é muito bom porque, do contrário, com uma a cada dez pessoas declarando-se adepta do S&M, uma grande parte da população seria considerada mentalmente instável! Ao permitir que as pessoas percam sua identidade normal, o S&M as leva a relaxar e abandonar as expectativas de desempenho. Quando você tem vergonha de si e acha-se inadequado, feio ou "mau", ser ferido pode transformar a dor emocional em uma experiência física à qual se segue um alívio temporário e até mesmo uma euforia. Por um breve período, as ansiedades cotidianas decorrentes de nossas hipotecas, dos impostos, prazos e problemas financeiros dissolvem-se com um golpe do chicote, pois o masoquista só tem consciência do que está acontecendo no momento.

Quando se desintegra, o discreto, acanhado e dependente Tipo Quatro é, indiscutivelmente, o mais infeliz dos tipos do Eneagrama. A vida passa a girar em torno do sofrimento; ele sofre por amor. É compreensível que as pessoas desse tipo geralmente escolham para parceiros os tolerantes representantes do Tipo Nove e, logo em seguida, os fortes representantes do Tipo Oito.[24] Do ponto de vista psicológico, o desejo de sentir dor para ter prazer ocorre quando temos medo de exteriorizar nossa agressividade e, assim, internalizamos a raiva na forma de sofrimento. Enquanto o Tipo Oito propicia ao Quatro a segurança que este deseja, o Tipo Nove não lhe oferece nem um pouco da intensidade que ele almeja. O Tipo Quatro cria dramas, mas o que o Tipo Nove quer é paz.

Quando o Amor se Contamina

Conforme vai descendo a níveis mais medianos e a solidão aumenta, o Tipo Quatro pode começar a buscar o amor compulsivamente: "Eu ocasionalmente tenho encontros de uma noite só, mas, mesmo que não dure quase nada, para mim a relação ainda é íntima". À medida que a decepção substitui a conexão, o desejo de encontrar "a pessoa" cresce, tornando a busca mais desesperada e os encontros, menos criteriosos. A vergonha aumenta, estimulando o desejo de encontrar um "pai" ou uma "mãe" que o salve, até que restem apenas os encontros aleatórios com sexo degradante mascarado de amor. E, assim, o amor contaminado substitui o amor autêntico.

As Pulsões dos Instintos

O Tipo Quatro Autopreservacionista (*contrafóbico*): por ser o subtipo contrafóbico, às vezes esse Quatro é difícil de identificar. Em vez de levar sua dor, sua tristeza e seu sofrimento para o mundo, ele os internaliza a tal ponto que pode até parecer otimista em comparação aos outros dois subtipos. Enquanto estes acreditam que ganharão a atenção que desejam se mostrarem suas dificuldades ao mundo, os representantes do Tipo Quatro Autopreservacionista (contrafóbico) acreditam que têm mais probabilidade de satisfazer as próprias necessidades (sexuais ou não) se *não* demonstrarem sua dor.[25] Eles assim descrevem o amor e o sexo: "mais doce, impossível", "quando amor e sexo estão juntos, magia, beleza e todo tipo de maravilha acontecem" e "amar é ser capaz de pôr o sexo de lado, porque nem sempre o amor é sexo. Amar é quando duas pessoas se dispõem a ajudar uma à outra quando 'as coisas se tornam sérias'".[26]

Os representantes desse subtipo são mais proativos e, se sentirem solidão, terão maior probabilidade de procurar ativamente um parceiro que substitua sua indefinida sensação de saudade. Em vez de ser as vítimas, eles podem trabalhar com vítimas que precisem de ajuda e alento, tornando-se psicólogos, médicos ou filantropos. E podem cuidar de terceiros em detrimento de si mesmos, seja cuidando de pais idosos ou de um parceiro incapacitado ou sendo aquele(a) pai/mãe solteiro(a) que não se envolve num relacionamento por causa dos filhos. Naranjo se refere a isso como "autoescravidão".[27]

Eles veem sua dor na dor alheia, o que pode levá-los a resgatar um parceiro e a esconder a própria necessidade de resgate. Até mesmo a visão de um animal ferido pode mobilizar fortemente suas próprias feridas.[28] Lembro-me de uma Autopreservacionista do Tipo Quatro que encontrou um filhote de pássaro ferido, do qual cuidou durante dois dias. Semanas após a morte do filhote, ela ainda lamentava profundamente essa perda.

Apesar de sua empatia diante da dor alheia, esse subtipo do Tipo Quatro é tão estoico quanto o Tipo Um. Ele persevera onde os outros subtipos desistiriam, preferindo conter a expressar as próprias emoções. Porém, pode haver inveja em relação às coisas do mundo físico, como casas, riqueza, coleções de arte, saúde, vigor sexual ou a beleza do corpo de outras pessoas.

O Tipo Quatro Social: Chestnut se refere a esse tipo como "Vergonha";[29] é o tipo que mais se sente inadequado e o que sofre mais abertamente e, por isso mesmo, ele acaba se apegando à própria dor. O sofrimento cria uma identidade, como se, martirizando-se, ele fizesse jus à iluminação: "Eu sinto as coisas muito profundamente. O mundo me parece indiferente e fragmentado. Tudo que há dentro de mim se conecta: espírito, cabeça e coração. Eu sinto o que os outros não conseguem. E, mesmo assim, não encontro o amor que desejo. Eu me pergunto o que está errado comigo".

Esse subtipo gosta mais de interação social do que os outros dois, mas pode achar-se socialmente inadequado,[30] como diz esta representante Social do Tipo Quatro:

> *Por mais que adore interações sociais, posso evitá-las por sentir uma certa timidez. Mas o sexo é uma tentação, e o desejo de fundir-me com outra pessoa é enorme. Então, como uma tartaruga ferida, estico a cabeça para fora na arena social. Gosto do prazer físico e das sutilezas. Por exemplo, observar uma gota de suor rolar por seu peito, a maneira como ele me olha enquanto vou me despindo, o som de sua respiração... Gosto de me sentir possuída por um homem – protegida, desejada. Sou muito passional, embora muitas vezes as relações não durem muito. E então me vejo sozinha de novo.*

Embora possa parecer meiga e delicada, entre quatro paredes ela dá vazão à sua raiva reprimida. Por ser Social, esse subtipo tem mais propensão a escolher um companheiro que também seja do Tipo Quatro (entre outros tipos, não é comum essa escolha de alguém do próprio tipo) ou que compartilhe dos mesmos valores sociais.

Seus representantes têm mais consciência da própria dor, mas podem ficar confusos quanto à sua origem. Do ponto de vista dos outros, sua vida muitas vezes não parece tão ruim assim (certamente, não é pior que a da maioria), porém eles acham que ela é dura: "Para mim, sempre foi bem mais difícil do que para meus irmãos".

É possível que os representantes desse subtipo desejem o *status* social (ou o talento, o dinheiro, a fama ou o poder) que seus parceiros aparentam ter. E que se comparem desfavoravelmente a amantes anteriores dos parceiros:[31] "Como é que você poderia me querer depois do seu ex?". Além disso, eles podem invejar a fama, o *status*, a popularidade e a capacidade demonstrada por outras pessoas de encantar as multidões, de obter conquistas sexuais ou de se entrosar com os ricos e famosos.

Quando se casam, podem alimentar a ideia de que os amigos e familiares do parceiro não gostam deles e, depois, acabar criando essa realidade graças a seu próprio comportamento. À medida que interagem com a sociedade, eles podem se sentir desajustados e procurar participar de gangues ou de outros grupos considerados marginais, descolados ou alternativos, como tribos de adeptos de gêneros como *punk rock*, *glitch* (gênero musical centrado em uma "estética de fracasso" e gravações de áudio cheias de falhas, cliques e cortes) ou qualquer coisa que implique diferença ou singularidade. Quando desintegrados, eles podem desistir de tudo e passar a depender totalmente do apoio de terceiros.[32]

O Tipo Quatro Sexual: o mais competitivo[33] dos subtipos do Tipo Quatro, ele tem o tempero extra da inveja, como se dissesse:

> *Desejo quem você é e o que você é. Então, em vez de simplesmente ir atrás do que desejo [como o subtipo Autopreservacionista do Tipo Quatro] ou de me sentir envergonhado pelo que não sou [como o subtipo Social do Tipo Quatro], prefiro competir com você e até destruí-lo [como no sucesso vingativo do Tipo Três].*

A competitividade é a progressão natural da inveja: "Se não posso ter o que quero, estão vou agir para que você também não possa, ainda que precise arruinar suas esperanças e seus sonhos". Isso deixa qualquer parceiro arrasado, principalmente se não for capaz de se defender.

Esse subtipo do Tipo Quatro também quer competir pela atenção das pessoas mais queridas e pode não reagir bem quando se sente preterido. Ele quer ser melhor que todo mundo e não se importa em ofender quem lhe atravessar o caminho. Ele tem inveja dos relacionamentos dos outros ou, se tiver um relacionamento, inveja aqueles que parecem não ter preocupações ou cujos parceiros ele acredita serem melhores que o dele em algum aspecto. Além disso, é capaz de pôr olho grande em quem tem mais sucesso no sexo ou é mais atraente que ele – e ressentir-se dessas pessoas por isso. Esse tipo pode sentir-se loucamente atraído por quem não demonstra interesse nele e rejeitar quem o deseja.[34]

Para Chestnut, em vez de sofrer, como é o caso do subtipo Social, o subtipo Sexual do Tipo Quatro faz os outros sofrerem.[35] Para conseguir que o parceiro o apoie (ou sustente), ele pode diminuí-lo ou humilhá-lo até que o parceiro acabe pensando que ninguém mais o quer. Ele prefere que o parceiro sinta a dor que ele mesmo não quer sentir. Portanto, parece lógico que esse tipo tenda mais ao sadismo que ao masoquismo.

Desavergonhados, em vez de envergonhados, os representantes desse subtipo do Tipo Quatro também são mais propensos a agir por impulso e a buscar sexo ilícito, tornando-se arrogantes e intransigentes quando questionados. Seus desejos precedem os do parceiro, e isso incluiria também suas regras do relacionamento sexual.

Inicialmente, eles podem dar a impressão de pertencer ao subtipo Social (na forma do artista brilhante, mas ferido), mas revertem ao seu Subtipo Instintivo principal uma vez estabelecido o relacionamento.[36] Como disse o parceiro de uma pessoa desse subtipo:

> *Tenho um relacionamento com um homem do subtipo Sexual do Tipo Quatro e fiquei surpresa ao saber que ele era desse tipo, pois não deixa entrever nada do romantismo que fui levada a crer que caracterizava o Tipo Quatro. Descobri que, para ele, qualquer demonstração de romantismo (velas, poesia) é cafona e artificial.*

O mais irascível de todos os tipos do Eneagrama,[37] quanto mais esse Subtipo Quatro manifesta sua aversão aos demais, mais seu ódio por si mesmo se evidencia. Nos relacionamentos, ele deseja mais intensidade do que os outros dois subtipos – e pouco se importa se você discutir com ele, contanto que você apareça a seu lado na festa.

Curiosamente, quando escreveram o que lhes vinha à mente em relação a "sexo e amor", os representantes do Subtipo Sexual do Tipo Quatro foram os que menos expressaram sua visão emocional, preferindo responder de forma abstrata como "ele" e "o que faz o mundo girar".[38]

Esse subtipo costuma dedicar-se mais à própria aparência do que os outros dois subtipos instintivos do Tipo Quatro e é o mais sensual. Riso e Hudson se referem a ele como "Paixão",[39] pois oscila facilmente entre o amor e o ódio, o que cria um potencial para relacionamentos tempestuosos.

As Asas

Tipo Quatro com Asa Três (*Amor Maternal [contratipo] e Erótico*): nesse subtipo, a inveja do Tipo Quatro encontra a ambição do Tipo Três. Considerando-se mais refinado que o outro tipo de asa, ele tem necessidade de ascender socialmente e pode apresentar-se como se fosse de um nível mais alto do que realmente é. Lembro-me de um homem desse subtipo que se mudou para a Inglaterra disposto a abandonar sua origem de classe média. Em poucos anos, ele conheceu a Rainha, esteve na Câmara dos Lordes em várias ocasiões, comprou uma casa luxuosa em Surrey, condado que concentra o maior número de milionários do Reino Unido, e conseguiu parecer ainda mais britânico do que os britânicos – mas sempre com inveja do "verdadeiro" cavalheiro britânico.

Sua Asa Três o torna mais ativo, ambicioso e capaz de realizações do que o Tipo Quatro que tem o outro tipo de asa,[40] mas seu desejo de refinamento muitas vezes o leva a considerar os que o cercam pouco inteligentes, chatos, insensíveis ou grosseiros.

Tipo Quatro com Asa Cinco (*Amor Maternal [contratipo] e Paternal***):** aqui, a inveja do Tipo Quatro encontra a avareza do Tipo Cinco. Enquanto esse tipo vai em busca do que deseja, sua Asa Cinco lhe diz que essa busca é inútil, pois não há amor suficiente para ele no mundo. Ele precisa aferrar-se ao pouco que tem, em vez de arriscar-se a perdê-lo. Essa atitude pode levá-lo a permanecer em um relacionamento sem amor.

Por ter a personalidade mais fria, esse tipo pode ter dificuldade em conectar-se com a fonte de sua dor. Além disso, tende a ser mais melancólico. Seus representantes são como os *hippies* dos anos 1960: contrários ao *establishment*, criativos de uma forma peculiar e amantes do amor. Entretanto, há uma expressão torturante em sua vida que muitas vezes se revela em suas criações artísticas.

Ao contrário do subtipo que tem a outra asa, ele não tem nenhuma vontade de misturar-se aos ricos e famosos porque, como os *hippies*, prefere um estilo de vida mais simples fora do alcance das restrições da sociedade. Isso vale para suas atitudes no sexo, que podem ser diferentes da norma, como "amor livre" ou relacionamentos abertos.

Como Desfrutar da Presença Sexual

O Que Dificulta a Satisfação Sexual do Tipo Quatro

Se, para poder relaxar e desfrutar do sexo, o Tipo Um procura o que precisa ser corrigido, o Tipo Quatro procura o que falta ou está "errado" no relacionamento:[41] você está perdidamente apaixonado, de mãos dadas numa romântica praia tropical admirando o pôr do sol sobre um mar azul-turquesa..., mas um leve odor de algas apodrecidas permeia o ar e passa a ser seu foco.

O Tipo Quatro pode se tornar hipersensível e reagir com raiva a coisas que não eram propositais, mantendo-se retraído e mal-humorado por dias a fio e deixando o parceiro confuso. E, como também gosta de viver no passado, pode lamentar a perda de um ex-amante enquanto ignora aquele que está em sua cama.

A sensação de ser amado num instante e rejeitado no outro provoca confusão no parceiro, que pode começar a achar que há algo errado com ele e retrair-se: "Será que ele não me ama? Não consigo agradar; nada que eu faço é suficiente".

Apreciar o copo meio cheio em vez de lamentar que ele esteja meio vazio pode ajudar o Tipo Quatro a ter melhores relacionamentos e melhor sexo: "Percebi tudo o que minha esposa era para mim. Ela tem tantas coisas que eu amo, mas durante anos só vi o que ela não era. Conscientizar-me e apreciar o que ela é mudou nossa vida".

Como o Tipo Quatro Pode se Tornar Sexualmente Presente

Encontre a peça que falta: vocês acabaram de fazer amor, e foi ótimo, mas alguma coisa impediu que esse momento fosse incrível. Você não consegue descobrir o quê. Talvez a maneira como o parceiro o tocou pudesse ter sido mais delicada? Talvez o orgasmo pudesse ter sido mais intenso e mais longo? Era algo que estava lá, mas que também não estava...

Imagine um quebra-cabeça que sempre tem peças que faltam. A imagem nunca se completa. A depender de seu grau de integração, o Tipo Quatro percebe que faltam menos peças – a cura está em perceber que todas as peças já estão lá e que ele só precisa enxergá-las.

Esqueça a vergonha: por muito tempo, o Tipo Quatro projetou os próprios sentimentos de vergonha no parceiro (ou passou da glorificação excessiva ao oposto). Isso criou um relacionamento do tipo puxa e empurra: "Eu te amo! Oh, espera, não te amo, não". Quando percebe seu próprio valor, o Tipo Quatro enxerga também o valor dos outros. Quando consegue manter a estabilidade e ver o que de fato existe, sem necessidade de melhorar nem detratar, seu copo afinal fica verdadeiramente cheio. E, ao reconhecer tudo o que existe junto ao que julga não existir, ele transcende a necessidade da dualidade.

Abandone a necessidade de ser especial: se admitir que às vezes é enfadonho ou comum, sem deixar de reconhecer seus dotes especiais, o Tipo Quatro não perderá mais energia resistindo a um ou tentando aprimorar o outro. Não há problema em nenhum deles.

Abandone a inveja para ter sua própria identidade: se conseguir ver que aquilo que inveja no parceiro é realmente um aspecto de si mesmo que ainda não reconheceu, o Tipo Quatro deixará de invejar o que julga que o outro tem ou é.

Prefira a realidade à fantasia: quando para de fantasiar sobre o que um relacionamento poderia ser e aproveita o relacionamento que tem, o Tipo Quatro envolve-se com a vida e com sua realidade atual. Além disso, deixa de ser tão suscetível (e de ruminar pretensos desprezos do parceiro) e procura as qualidades positivas que o parceiro traz à sua vida.

Perguntas para o Diário

> *OBSERVAÇÃO: Vale a pena responder a estas perguntas, seja qual for o seu tipo.*

- ❖ Você realmente ama e aceita todos os aspectos de si mesmo?
- ❖ Seu medo de ser um tédio na cama afeta sua maneira de fazer sexo?
- ❖ Como a tendência à introspecção afetaria você e o parceiro durante o sexo?
- ❖ Como as fantasias sexuais afetam sua capacidade de envolver-se com o mundo e a realidade?

11
Tipo Cinco: o Amante Solitário

O lema do Tipo Cinco: "A distância nos aproxima, certo?"; "Gosto de observar o sexo; ele me fascina".

O Tipo Cinco como amante: nesse papel, ele pode ser emocionalmente distante, pois receia que o envolvimento provoque desgaste. No entanto, quando faz amor, é capaz de levar todo o seu fervor para a cama.

A esquivez do Tipo Cinco: está em refugiar-se nos próprios pensamentos e concentrar-se mentalmente de uma forma muito intensa. Ele não gosta de conversas superficiais; precisa afastar-se das pessoas para se conectar com os próprios sentimentos.

Você pode identificar-se com alguns aspectos do Tipo Cinco, mesmo que não seja seu próprio tipo: se você for do Tipo Quatro ou Seis (asas) ou do Tipo Sete ou Oito (pontos de extensão e liberação).

Tipo de amor: Paternal. O Tipo Cinco é reservado e tem uma abordagem mais fria e racional do amor. Não quer sentir-se dependente demais de outra pessoa e, apesar de desejar intimidade, ele a teme.

Convicção nos relacionamentos: "Sinto-me seguro, e até superior, quando me desapego emocional e fisicamente – não sou um escravo de minhas emoções e meus desejos".

Frustração sexual: "Toda vez que durmo com uma pessoa, ela começa a exigir muito de mim e do meu tempo; por que não podemos fazer sexo e depois voltar ao trabalho?".

Como Entender a Sexualidade do Tipo Cinco

Breve Visão Geral

Embora o Tipo Cinco possa às vezes demonstrar ternura, os parceiros geralmente reclamam de sua atitude distante, seja física ou emocionalmente (ou ambas as coisas). Os relacionamentos podem fazê-lo sentir-se dependente ou pensar que os parceiros dependem dele. Por isso, é possível que ache que cuidar das próprias necessidades sexuais é menos complicado do que se envolver na interação humana. Por fora, ele tende a parecer indiferente, mas é sensível quando você chega mais perto. Esse tipo é formado por solitários que aparentemente não se importam em ficar sozinhos (na verdade, a maioria prefere a solidão).

Os representantes do Tipo Cinco querem acreditar que dominam a mecânica do sexo (e da vida) e, por isso, o sexo para eles não é emocional nem intuitivo; é cerebral. Se tivessem que escolher entre assistir a uma palestra sobre a "Compreensão da Mecânica Matemática do Sexo" ou fazer sexo, muitos avaliariam cuidadosamente as duas opções antes de escolher.

Como se sentem inferiores, eles usam o conhecimento como meio de aprimorar suas capacidades e abrir caminho para o poder. Nos relacionamentos, tentam atrair parceiros não com roupas vistosas, mas sim impressionando-os com informações, muitas vezes sobre temas obscuros. Certa vez, um homem do Tipo Cinco em busca de uma namorada postou uma complexa equação matemática no Facebook, sugerindo que a mulher que conseguisse dar a resposta certa sem dúvida seria uma boa candidata. (Ele continuou solteiro!)

É bem provável que, em vez de sussurrar palavras doces no ouvido do amante, as pessoas desse tipo comecem a discutir conceitos intelectuais após o sexo. Além disso, elas tendem a não falar sobre suas ligações anteriores nem seus segredos sexuais. Sua forma de puxar conversa pode ser meio estranha, mas normalmente é inteligente e gentil.

O Tipo Cinco se esconde do mundo sob um véu de desinteresse niilista (mas bem-informado): "Nada disso me diz respeito". Por sentir-se uma criatura à parte das demais, ele tem dificuldade em relacionar-se com o amor, que lhe parece exigir o contrário. Sexualmente, ele pode desejar um parceiro, mas negociar amor com o intelecto e o conhecimento cria um paradoxo: é como cupido com uma enciclopédia debaixo do braço. Na maioria das vezes, acaba sendo mais fácil para ele afastar-se e negar que precisa do amor.

Você encontra representantes do Tipo Cinco entre professores, acadêmicos, profissionais de TI ou escritores – enfim, em qualquer lugar onde seja preciso obter conhecimento em uma determinada área. Eles buscam ambientes de trabalho tranquilos e não gostam de cobranças dos patrões.

O Nascimento do Tipo Cinco

Ao lado dos Tipos Seis e Sete, o Cinco é um dos três tipos da Cabeça e do Medo. Sua Paixão é a avareza, que se traduz em uma sensação de que não há o suficiente – não há amor, tempo nem dinheiro suficientes... Enquanto o Tipo Um tende à frugalidade, o Tipo Cinco teme que seus limitados recursos se esgotem e, por isso, ele pode retê-los.

Esse tipo criou esse medo na infância, quando pode ter-se sentido privado de nutrição suficiente. Para falar dele, a autora Sandra Maitri recorre à analogia de um ser isolado numa ilha deserta que se agarra aos poucos recursos existentes[1] ou tenta mamar de um seio vazio.[2] A perda na infância dessa conexão com a nutriz (ou o provedor) primordial é vivida como uma perda mais profunda de conexão com o Ser.

Paradoxalmente, alguns representantes do Tipo Cinco relatam que se sentiram sufocados por esse provedor primordial, que não respeitava seus limites e transformava o amor em algo extenuante e até invasivo.[3] Nesse caso, o medo provinha da sensação de que precisavam manter a todo custo a pouca autonomia que tinham.

Quando crianças, eles não se sentiam verdadeiramente vistos nem compreendidos. A mãe (e/ou o pai) não teria promovido isso propositalmente; o mais provável é que lhe tenha faltado a capacidade de entrar em sintonia com as necessidades do filho. Assim, desde pequenos, os representantes do Tipo Cinco se desligaram da família para refugiar-se em seu próprio mundo, um espaço livre no qual tudo era mais seguro e menos ameaçador, e o pensamento prevalecia sobre o sentimento.

O Tipo Cinco sente-se isolado. Ele observa, em vez de envolver-se, e minimiza as próprias necessidades para não precisar depender de nada nem de ninguém. Nos relacionamentos, isso gera o medo de que o parceiro o faça repetir a experiência da infância, exaurindo seus recursos ou fazendo-lhe cobranças e exigências.

O Tipo Cinco Quando se Apaixona

Se for Integrado: quando integrados, os representantes desse tipo têm curiosidade e fascínio pelos parceiros, conseguindo inclusive vê-los de uma forma muito penetrante. Eles querem entender seus amantes. Nos relacionamentos, sentem-se confiantes e competentes, demonstram um alto grau de compaixão e são gratos pelos parceiros que têm.

Apesar de independentes, dispõem-se a compartilhar seu mundo e seus segredos. Em vez de afastar-se silenciosamente para entrar em contato solitário com as próprias emoções, eles confiam nos parceiros e, por isso, conseguem compartilhar seu mundo emocional. O egoísmo de seu eu menos integrado transforma-se em abnegação. São companheiros extrovertidos e alegres, dotados de um senso de humor irônico.

Na cama, têm espírito de exploração e não censuram os próprios desejos. Além disso, em vez de desistir ao menor sinal de rejeição, mostram-se mais persistentes na busca de um parceiro. "Compartilhar é cuidar" torna-se sua forma de interagir à medida que vão cultivando uma rica vida emocional (e intelectual).

Se for Mediano: o Tipo Cinco vai-se afastando cada vez mais do mundo e das pessoas. Cuidar de si (e dos outros) passa a ser irrelevante, e fica mais difícil lidar com os relacionamentos mais próximos. Embora possa sentir-se atraído por alguém, ele não tem confiança suficiente para procurar essa pessoa uma segunda vez e, para diminuir a frustração, pode tentar ridicularizá-la: "Ela é só uma loura burra"; "Ele não é exatamente dos mais inteligentes".

Por isso, a menos que sejam do subtipo Sexual, os representantes medianos do Tipo Cinco podem acabar ficando solteiros ou tendo relacionamentos breves do tipo montanha-russa. Lidar com as pessoas queridas torna-se desgastante demais: "Preciso de espaço", parecem gritar.

O trabalho ou o projeto mais recente torna-se uma forma de evitar os relacionamentos. Esses representantes do Tipo Cinco podem alegar excesso de ocupação para não se envolver em nenhum tipo de atividade social com o parceiro (caso ainda o tenham), mas muitas vezes eles perdem tempo em tarefas completamente supérfluas: criando um banco de dados detalhado dos pássaros que eles já avistaram, compilando listas de suas músicas favoritas ou pesquisando um gênero obscuro de cinema. Mesmo que fiquem cada vez mais reservados, têm ciúme de qualquer atenção que o parceiro possa receber.

O Tipo Cinco começa a extirpar os relacionamentos à medida que se sentem mais incapazes para eles, dizendo a si mesmos: "Eu nunca a amei de verdade"; "Os homens são problemáticos; namorei um cara há cinco anos e foi um desastre, então não quero assistir a esse filme de novo". Mas pode ficar frustrado consigo mesmo por ter impulsos sexuais, já que não quer ter a sensação de precisar ou depender de nada nem de ninguém.

Seus limites vão se tornando cada vez mais rígidos, a ponto de não querer compartilhar uma mala com o parceiro ou de considerar um ato de hostilidade o fato de este roubar-lhe uma colherada de sua sobremesa.

Se for Desintegrado: isolado, desamparado, deprimido, o Tipo Cinco resvala para um mundo onde a vida e sua potencial beleza de nada servem. Ele se torna cético e só quer que o deixem em paz.

Como Orígenes de Alexandria, um dos primeiros Pais da Igreja (nascido em 165 d.C.), que se castrou para livrar-se dos desejos sexuais, o Tipo Cinco que se desintegra se castra emocionalmente. Suas interações vão se tornando cada vez mais argumentativas e provocativas à medida que ele tenta solapar o prazer alheio: "Você sabe quantas doenças sexualmente transmissíveis existem por aí?"; "O sexo é só uma expressão de nossos instintos animais". Quando chega a esse ponto, ele se compraz em provocar indignação com suas convicções em relação ao sexo, como: "Permanecer num relacionamento monogâmico faz mal à saúde"; "O sexo é uma função puramente física; a intimidade é uma ilusão concebida por uma mente perturbada para compensar nossas inadequações".

O representante desintegrado desse tipo quer que as pessoas o rejeitem para confirmar sua visão niilista do mundo. Egoísta e egocêntrico, ele termina seus relacionamentos sem pensar na dor que pode causar. E pode acabar afastando as pessoas ainda mais por falta de higiene, que ele começa a considerar uma perda de tempo.

A desintegração o torna mais estranho nas ideias e mais excêntrico no comportamento, como o dr. Finch, o psiquiatra do filme *Correndo com Tesouras*, baseado no livro de memórias homônimo de Augusten Burroughs, que acredita que Deus está falando com ele por meio da forma de suas fezes. O estranho dr. Finch tenta criar os filhos em uma casa imunda, caindo aos pedaços e exposta às intempéries, na qual vale tudo, inclusive sexo em todas as formas.

Outro representante extremamente desintegrado do Tipo Cinco é Frederick Clegg, personagem do romance e filme de suspense homônimo *O Colecionador*, de John Fowles. Clegg começa coletando borboletas e acaba sequestrando e aprisionando uma jovem chamada Miranda. Ele a deseja, mas sua inépcia social o torna incapaz de estabelecer um relacionamento normal com ela. Então, ele opta por adicionar Miranda à sua coleção de objetos belos e petrificados.

A vida nesse nível perde o sentido, e o Tipo Cinco, quando se desintegra, pode tornar-se niilista, esquizoide, psicótico ou esquizofrênico.

Como a integração é uma escolha, o Tipo Cinco pode criar relacionamentos afetuosos e amorosos quando aprende a explorar suas emoções e a expressar compaixão e quando se torna menos sério e mais brincalhão e encontra um parceiro que aceite e aprecie sua mente brilhante e suas idiossincrasias.

Como Seriam os Perfis de Namoro de Pessoas do Tipo Cinco

Ferdinand, 43

Estou sempre interessado em aprender coisas novas, seja história, política ou violão. (Comecei a aprender piano sozinho no ano passado e estou adorando o desafio.) Vivi sozinho a maior parte da vida, mas agora quero vivê-la com alguém. Não preciso de muito, mas ter meu próprio espaço de vez em quando será bom. Adoro conversas interessantes, então, se quiser discutir Tolstoi e Flaubert, você encontrou a pessoa certa.

Em troca, posso fazer uma pizza excelente e conversar sobre a maioria das coisas. Acho que sou uma criatura de contradições: uma coruja que madruga (dormir para mim é uma luta), um bibliófilo atlético e um cara ao mesmo tempo engraçado e sério. Sacuda minhas estruturas e vamos ver se nossas mentes se encontram!

> *Stephanie, 32*
> *Ok, vou ser sincera: socializar não é o meu forte. Não me interprete mal, eu gosto de sair de vez em quando para beber e me divertir, mas o que mais me agrada é descobrir coisas (atualmente, estou interessada no hip-hop feito por negros e brancos da América Latina). Adoro ir à praia, fotografar pássaros, assistir filmes e também ler e escrever. Gosto da natureza e de aprender sobre todas as coisas que eu achava que sabia, mas agora percebo que não tinha a menor ideia. O mundo é muito louco – então vamos enlouquecer juntos.*

A Paixão da Avareza e a Fixação da Mesquinhez

Para o Tipo Cinco, o mundo é um lugar cujos recursos são escassos. Por isso, ele acha que, restringindo as próprias necessidades, consegue limitar sua dependência do mundo e das pessoas. Sendo assim, o melhor é ficar só e limitar também as necessidades sexuais: "Se conseguir sobreviver com menos, eu também precisarei comprar menos".

A acepção comumente atribuída à palavra "avareza" (ou seja, ganância, apego excessivo à riqueza e ao dinheiro) não reflete a verdadeira essência das feridas de alguém desse tipo. É pensando nos adjetivos "mesquinho" e "avarento" que obtemos uma melhor compreensão da razão pela qual a palavra "avareza"[4] tornou-se sinônimo do Tipo Cinco. Não se trata de algo como a luxúria do Tipo Oito (que vai atrás), mas sim de avidez, cobiça e, principalmente, de apego (a bens não materiais). No caso do Tipo Cinco, é um medo de que até mesmo seus sentimentos e pensamentos possam ser "exauridos" pelos parceiros.[5]

Uma Espiada no Quarto de um Representante do Tipo Cinco

O quarto de alguém do Tipo Cinco geralmente é bagunçado por causa dos livros, papéis e outras marcas de seus interesses. Como seu *habitat* é só um lugar para dormir, transar e trabalhar, é improvável que gaste muito dinheiro para torná-lo mais bonito. O mobiliário costuma ser minimalista e escasso. É possível que o quarto seja escuro (assim se vê melhor a tela do computador). Pode esperar venezianas, persianas ou cortinas grossas que barrem os olhares de vizinhos curiosos.

Como os representantes Autopreservacionistas do Tipo Cinco geralmente são acumuladores, o quarto pode estar abarrotado de coleções variadas. Pilhas de roupa suja, pratos dos lanches que fizeram e embalagens de comida vazias também não estão descartados. A cama pode não ter sido arrumada (a não ser que outra pessoa tenha feito isso). Os que tiverem uma Asa Quatro forte podem decorar o quarto em estilo minimalista, porém com bom gosto.

Fantasias e Literatura Erótica

Esse tipo se sente muito bem em seus "santuários mentais". Devido ao temperamento introvertido, ele costuma sentir-se constrangido quando está com outras pessoas. Seu baixo senso de individualidade o torna autocrítico. Por isso, muitos de seus representantes preferem devanear ou fantasiar com sexo.

As pessoas desse tipo perdem o controle quando cedem aos desejos alheios. Então, no mundo da fantasia, elas podem criar situações nas quais o controle está em suas mãos. Isso, junto com seu interesse por coisas sombrias e muitas vezes socialmente inaceitáveis, pode levá-las a fantasiar sobre o estranho e o maravilhoso (aos seus olhos, pelo menos).

O Tipo Cinco também pode fantasiar com brinquedos sexuais remotos que lhe permitam levar o parceiro ao orgasmo do outro lado da sala (ou até mesmo em outro continente), como vibradores operados por meio do celular. Como revelou um representante desse tipo, "Fantasio com uma mulher nua amarrada a uma cadeira de dentista, e sou eu quem comanda os controles e vários outros dispositivos.

Assim, posso observar todo o prazer que ela está sentindo com o que eu controlo na máquina e como, mas eu não me envolvo física nem emocionalmente". Outro representante descreveu como aborda as fantasias: "Minhas fantasias têm categorias e subcategorias. Em alguns casos, elas são ainda mais detalhadamente categorizadas".

Pelo fato de ter passado tanto tempo concebendo o sexo, quando o Tipo Cinco começa a ter relações sexuais com um parceiro, a energia e o impulso deflagrados podem ser tremendos, já que seu temperamento pode intensificar tanto o desejo a ponto de atuar sobre ele como a compressão sobre uma mola.[6]

Esse tipo também pode explorar situações fantasiosas intensas e íntimas nas quais compartilha seus segredos com o parceiro, algo que na vida real ele pode não fazer. Uma pesquisa realizada pelo psicólogo israelense Gurit E. Birnbaum e por colaboradores teve como objeto as fantasias de 48 casais ao longo de três semanas. Ela mostrou que a maioria das fantasias dos tipos com "apego à evitação" (como é o caso da maioria dos representantes do Tipo Cinco) envolvia, além de um desejo de fugir da realidade, atos de agressividade e alienação (distanciamento emocional), tanto quando tinha como agressor o próprio sujeito como quando o agressor era seu parceiro. E os problemas de relacionamento geravam um aumento dessas fantasias. O relatório sugeriu também que o recurso a fantasias era um meio de evitar a proximidade emocional.[7]

A maioria dos consumidores de pornografia tem como objetivo o alívio sexual, em uma estratégia que busca o prazer para melhorar o humor ou afastar emoções incômodas causadas por ansiedade, depressão, solidão, medo e tédio, ou simplesmente para relaxar. Mas há quem use a pornografia como uma estratégia (inadequada) de enfrentamento.[8] Ver pornografia na internet é comum a todos os tipos do Eneagrama,[9] de modo que o Tipo Cinco está longe de ser o único que tem esse interesse.[10]

De acordo com a Covenant Eyes, empresa de *software* que oferece serviços *on-line* que ajudam as pessoas a superar a dependência da pornografia, os viciados em pornografia (como todos os viciados) muitas vezes acham que têm pouco controle sobre a própria vida. No caso dos representantes do Tipo Cinco, a necessidade de amor há muito reprimida os faz sentir-se impotentes e indignos de ser amados, mas ver outros fazendo sexo implica uma atraente sensação de poder. Dessa vez, eles têm o comando, pois podem mudar de *site* ou mergulhar à vontade na *web* profunda e obscura (*deep web*), onde os tabus da sociedade podem ser explorados. Mulheres ou homens que normalmente os ignorariam estão lá para entretenimento próprio e para satisfazer suas necessidades. O sexo na internet é secreto, e esse tipo gosta de ser misterioso e reservado.

A pornografia pode aliviar um pouco da tensão sexual, mas por trás dessa tensão está o desejo intenso, porém negado, de conexão. Apesar de seus impulsos, o Tipo Cinco pode perder a virgindade mais tarde do que a maioria dos outros tipos.

O Tipo Cinco nos Diferentes Sexos

Mulheres: como se distribuem os sexos no Tipo Cinco? Acredita-se que esse tipo tenha mais homens que mulheres. Para apresentar-se ao mundo, as mulheres do Tipo Cinco provavelmente vão escolher um corte de cabelo discreto e prático (não perder tempo nem dinheiro no cabeleireiro é uma vantagem a mais) e usar roupas de cores neutras e indefinidas. A menos que tenham uma Asa Quatro forte, maquiagem e moda têm pouco interesse para elas, que podem não entender o interesse de outras mulheres por esse tipo de coisa e até vê-las com desprezo por causa disso: "Acho que quem não tem cérebro tem que cultivar a beleza".

É possível que as mulheres do Tipo Cinco sejam mais emocionais do que os homens desse tipo, além de mais capazes de compartilhar seus pensamentos e sentimentos. No entanto, elas precisam de um parceiro com quem possam esgrimir mentalmente, talvez até mais do que suas contrapartes masculinas, que podem considerar parceiros menos inteligentes que eles um desafio menor que representa, além disso, uma maior probabilidade de elevar seu próprio *status*.

Para as mulheres do Tipo Cinco, a avareza nos relacionamentos pode ser vivenciada de várias formas: "Ele vai tomar todo o meu tempo/correr atrás do meu dinheiro/querer que eu participe dos eventos sociais do trabalho dele/ exigir que eu cozinhe para ele" etc. Quando as coisas chegam ao limite, elas começam a pensar que o melhor caminho a seguir é restringir a própria necessidade de ter um relacionamento. A solteirice se torna seu estilo de vida preferencial e dizer que não precisam de homem (ou de mulher) torna-se sua maneira de lidar com o desejo inato de companhia.[11]

Homens: os homens do Tipo Cinco não são de investir muito tempo na aparência: normalmente, eles circulam de cabelo despenteado e, para combinar com suas calças favoritas (bem gastas), usam camisas amarrotadas. Para pôr a cara fora de suas "cavernas", precisam de muita motivação.

Os relacionamentos têm suas demandas: "Vou ter que a levar para jantar, depois há o custo do táxi, o vinho... E posso acabar nem transando. Melhor ficar logo em casa".

É possível que eles gostem de pesquisar perversões, fetiches ou o funcionamento da vagina para, depois, utilizar as conclusões dessas pesquisas na cama. O sexo torna-se, assim, um fascinante objeto de pesquisa ou um problema a ser resolvido, como a fórmula que os matemáticos do MSN desenvolveram para calcular quanto tempo vai durar o amor (que, aliás, é $D = 8 + .5An - .2P + .9Hh + .3Dm + Hr - .3Ap - .5[Sh - Sm]2 + C + 1.5F$ para casais heterossexuais e $D = 8 + .5An - .2P + 2Hr - .3Ap - .5[S1 - S2]2 - C + 1.5F$[12] para casais homossexuais).

Manter tudo no plano da cabeça é outra maneira de evitar a intimidade. Como disse um homem desse tipo: "O sexo me propicia um grande alívio, e é assim que eu o vejo, nada mais. É um problema a ser resolvido, e eu gosto de pensar em novas soluções e criar técnicas para resolvê-lo melhor".

Para os homens do Tipo Cinco, entrar num relacionamento pressupõe um custo considerável para eles próprios. A vida é uma batalha entre seguir seus próprios pensamentos e projetos, de um lado, e ter que alimentar as necessidades do relacionamento, do outro. Tarefa difícil.

Tipo de Amor: Paternal

O amor Paternal é vivido como uma aprovação fria e mais reservada, não como uma experiência emocional intensa. É como uma luz que serve de orientação.

Esse tipo (particularmente se o subtipo for Social) gosta de ser especialista ou autoridade em certos campos. Nos relacionamentos, quer ser alguém que tenha competência suficiente para inspirar amor ao parceiro, a quem em geral atribui menos discernimento e experiência que ele: "Serei sua estrela do norte; oriente-se por mim".

Amor Desapegado

Em 1987, os psicólogos Cindy Hazan e Phil Shaver fizeram um "Teste do Amor" no jornal local de Denver, o *Rocky Mountain News*. Eles classificaram os entrevistados de acordo com os três tipos de apego infantil – Seguro, Ansioso-resistente e Ansioso-evasivo – identificados por Mary Ainsworth, uma psicóloga desenvolvimentista conhecida por seu trabalho na área da teoria do apego. Hazan e Shaver procuravam combinar essas formas iniciais de apego na infância aos relacionamentos adultos. A primeira parte do questionário consistia na verificação de uma lista de adjetivos relacionados às experiências da infância com os pais; a segunda consistia em três descrições de como se poderia vivenciar o amor. A descrição do tipo Ansioso-evasivo encaixa-se quase perfeitamente na experiência de relacionamento de alguém do Tipo Cinco, pois seus representantes:

- ❖ Não se permitem depender de ninguém.
- ❖ Sentem-se pouco à vontade e até nervosos com a proximidade.
- ❖ Não aceitam que os parceiros insistam em que eles passem por cima de seus próprios limites quando a questão é intimidade.[13]

Não que esse tipo não tenha necessidade de apego, mas, sim, que aprendeu a suprimi-la. Isso o faz se sentir superior aos outros e mais seguro.

Em *Attached*, seu livro sobre a terapia de apego, o dr. Amir Levine e Rachel Heller falam sobre a segurança em um relacionamento. A certeza de ter um parceiro em quem podemos confiar nos dá segurança para correr riscos, ser criativos e correr atrás de nossos sonhos. As pessoas cujas metas são apoiadas por seus parceiros têm maior probabilidade de alcançá-las. Descobriu-se que, paradoxalmente, o apego permite maior independência.[14]

Muitas vezes, os representantes do Tipo Cinco não atingem seu potencial, possivelmente porque seu foco está em um projeto, e não em uma carreira, ou porque são mesquinhos demais para dedicar tempo extra ao trabalho. Será que a falta de um relacionamento confiável contribui para aumentar as chances de fracasso? Todas as pessoas do Tipo Cinco que eu conheço e que tiveram sucesso na profissão tinham um relacionamento estável. É possível que, quando se integram e se aproximam de alguém, as pessoas desse tipo ganhem não apenas um relacionamento, mas também uma chance maior de ter sucesso.[15]

Pan ou Bissexualidade

Em uma pesquisa com mais de 1.552 entrevistados que sabiam quais eram seus tipos tanto no Eneagrama quanto na classificação tipológica de Myers-Briggs, a maioria dos participantes do Tipo Cinco apareceu como INTP (Introversão, Intuição, Racionalidade, Percepção), ISTP (Introversão, Sensorialidade, Racionalidade, Percepção) e INTJ (Introversão, Intuição, Racionalidade, Julgamento). A autora Heidi Priebe, responsável pela pesquisa, pediu a cada um dos entrevistados que indicasse sua sexualidade como heterossexual, bissexual, pansexual, homossexual ou "outra". O grupo de pessoas do Tipo Cinco classificou-se em terceiro lugar em pansexualidade ou bissexualidade, depois do Tipo Quatro e do Tipo Nove, o que sugere que o grupo dos Arredios é mais aberto à exploração sexual entre gêneros.[16] Os comentários feitos por pessoas do Tipo Cinco e também sobre elas corroboram tais resultados:

> *Gosto de pesquisar o grau de homofobia e o quociente de inteligência emocional (QE) de cada pessoa que namoro. Quero analisá-las para ver se estão presas a papéis heteronormativos.*
>
> *Meu amigo do Tipo Cinco foi surpreendentemente aberto em relação à sua exploração do sexo homossexual. Embora seja hétero, ele queria explorá-lo. Ele ainda prefere mulheres, mas diz que vai sair com um cara de novo, se sentir vontade.*

Ao encarar a sexualidade como pesquisa, talvez o Tipo Cinco seja capaz de ir além dos papéis normativos de gênero.

Amor de longe

Já que costumam valorizar mais o parceiro quando ele está ausente, os representantes do Tipo Cinco podem muito bem ter relacionamentos a distância ou parceiros emocionalmente ausentes, complacentes ou pouco exigentes por opção própria. Quando percebem que o parceiro está ficando muito dependente deles, ou que estão se apegando demais ao parceiro, eles podem decidir distanciar-se para descobrir o quanto a pessoa que deixou para trás realmente significa para eles. É como se a separação tornasse o amor mais claro, mais definido. Trava-se uma batalha mental entre o apego e o desapego. As pessoas desse tipo podem anunciar de uma hora para outra que estão de partida: vão percorrer o caminho de Santiago, fazer uma pesquisa numa área remota do Alasca, dar a volta ao mundo velejando em solitário ou aceitar um cargo que envolve viagens constantes – qualquer coisa que lhes permita recuperar a sensação de independência.[17]

Não é que todas as pessoas do Tipo Cinco tenham amantes do outro lado da cidade ou em outro continente, mas elas reconhecem a atração de um relacionamento que existe, mas não existe: ele permite um alívio sexual breve e intenso sem maiores exigências, o que convém muito à maioria dos representantes desse tipo.

Contaram-me a história de um desses representantes que tinha um relacionamento a distância. O objeto (essa palavra aqui é intencional) de seus afetos chegou para uma visita e, uma vez na cama, ele se inclinou carinhosamente para beijar uma foto da amante antes de dormir, só que ela estava deitada ao lado dele! Era mais fácil lidar com um objeto inanimado do que com uma mulher de carne e osso.

Não Espere Flores!

Em vez de ter a rebeldia do Tipo Seis ou de enfrentar o mundo como o Tipo Oito, o Tipo Cinco reage com cinismo diante do que a sociedade mais preza. Ele esquece aniversários e datas comemorativas (e, mesmo que se lembre, pode fingir ter se esquecido), vê a religião como "o ópio das massas" e ridiculariza eventos como o Dia dos Namorados taxando-os de "comerciais demais".

Muitos de seus representantes não querem ficar longe das pessoas, mas simplesmente não sabem o que fazer para se aproximar. Eles geralmente dão a impressão de não ter nenhuma compreensão das normas de interação básica, podendo sentir-se pouco à vontade e inseguros quanto à etiqueta social. Às vezes, seu comportamento parece excêntrico e muito pouco prático ou aceitável, de modo que os parceiros podem ver-se obrigados a resolver problemas decorrentes disso.

Voyeurismo

O que acontece quando você tem um forte desejo sexual, mas acha a interação humana estranha ou até ameaçadora? Quando você prefere observar o sexo a participar dele? Como você "canta" um parceiro em potencial quando se sente acanhado? Quando o lado mais sombrio da vida o intriga e excita? Quando você não se sente confiante para criar um relacionamento e receia as exigências que ele acarretaria? Quando você prefere ser só uma testemunha, um observador imparcial da vida?[18] Junte essa miscelânea de comportamentos e surge a possibilidade de um representante menos integrado do Tipo Cinco desfrutar de um pouco de voyeurismo. Não é à toa que algumas tradições do Eneagrama chamam o Tipo Cinco de "O Observador".[19]

Nem sempre é o ato sexual em si o que dá prazer aos *voyeurs*; às vezes o que os excita é simplesmente um vislumbre de carne nua ou a visão das vítimas desconhecidas se despindo. Gravar essas emoções também é um comportamento comum desse tipo. Lembro-me de um velho que não perdia um campeonato de *windsurfe*. Ele vagueava pela praia com um lenço amarrado na cara (supostamente para proteger-se do vento e da areia) e uma velha câmera de vídeo na mão, filmando qualquer corpo de biquíni que encontrasse. Obviamente, esse tipo de comportamento é abusivo para a pessoa que está sendo filmada (e um ato criminoso aos olhos da lei para quem tem mais de 18 anos de idade). A necessidade de observar pessoas em posições comprometedoras, juntamente com o conhecimento e o medo das consequências, deve ser uma tortura para os *voyeurs* desse tipo.

O voyeurismo também pode assumir a forma de assistir outras pessoas fazendo sexo em *sex shops* ou observar um parceiro na cama com um estranho. Excitar-se ouvindo telefonemas eróticos particulares ou observando alguém defecar ou urinar são outras formas de voyeurismo: "Eu era uma criança de uns 12 anos, estava no alto de um celeiro na fazenda da família, quando vi um buraco na tábua em que pisava. Colei o olho e vi um dos trabalhadores urinando. Fiquei fascinado. Isso deflagrou alguma coisa em mim e, desde então, sinto atração pelo comportamento voyeurístico". Essa experiência confirma que o distúrbio pode decorrer de um avistamento acidental e levar a uma forma habitual de alívio que se torna patológica.[20]

Pode-se argumentar que toda a pornografia que está na internet requer alguma forma de voyeurismo, caso em que 19% dos norte-americanos poderiam ser classificados como *voyeurs*.[21] Essa é a porcentagem de visitantes frequentes de *sites* de conteúdo adulto, enquanto 79% dos homens norte-americanos de 18 a 30 anos assistem pornografia na internet pelo menos uma vez por mês.[22] A maioria dos *voyeurs* é composta por homens, embora o número de mulheres esteja em alta. Segundo a definição, o *voyeur* prefere espiar alguém a fazer sexo com um parceiro.[23] No Japão, eles são conhecidos por tirar fotos de celular por baixo das saias das mulheres nos metrôs e em outros locais cheios de gente. O problema chegou a tal ponto que os celulares lá foram programados para fazer barulho quando se tira uma foto, mesmo que estejam no modo silencioso.[24]

Sexólogos Famosos

Você se lembra do sexólogo norte-americano Alfred Kinsey? Em 1947, ele fundou na Indiana University o Institute for Sex Research (atualmente chamado de Kinsey Institute for Research in Sex, Gender, and Reproduction). Kinsey ficou mais conhecido por ter escrito *Sexual Behavior in the Human Male* (1948) e *Sexual Behavior in the Human Female* (1953).

Como se pode prever, sua pesquisa sobre a sexualidade humana foi alvo de muita controvérsia na época, inclusive porque ia muito além da teoria: previa a observação da atividade sexual e a participação (às vezes com seus colaboradores) nessa atividade, ampliando os limites de seus estudos e explorando tabus sexuais.[25] Ele demonstrava ter muitos atributos de alguém do Tipo Cinco.

O trabalho de Kinsey foi aprofundado por William Masters e Virginia Johnson no livro *Human Sexual Response*. Entre suas descobertas, estava o ciclo da resposta sexual humana, um modelo de quatro estágios composto por excitação, platô, orgasmo e resolução.

O casal também investigou o orgasmo feminino (particularmente, a capacidade de ter vários orgasmos seguidos) num momento em que muitos ainda nem acreditavam que as mulheres tinham orgasmos! Eles começaram a tratar problemas sexuais como impotência e relataram sucessos nessa e em outras áreas da disfunção sexual. Além disso, lançaram luz sobre a sexualidade de casais mais velhos, inclusive com mulheres na pós-menopausa.

Com base nos dados disponíveis, é muito provável que William Masters também tenha sido do Tipo Cinco, interessado em pesquisar e observar o sexo e, ocasionalmente, também participar dele. Quando se descreveu em uma entrevista ao *New York Times*, Masters admitiu não ser uma pessoa sociável. Virginia Johnson, sua ex-esposa e colega, concordou, referindo-se ao seu vício no trabalho e concordando que o ex-marido não se interessava por gente.[26] É interessante que dois dos primeiros investigadores importantes da sexualidade ocidental provavelmente tenham sido representantes do Tipo Cinco.

O Estudo do Sexo

A abordagem distante, intelectual ou racional do sexo pode assumir muitas formas. Como nos casos de Kinsey e Masters, pode até tornar-se uma ciência. Conheci um homem que participou de um *workshop* para informar-se sobre a réplica em plástico de uma vagina usada para demonstração. Não digo que isso não seja digno de estudo, mas esse foco desincorporado e descontextualizado indica uma resvalada de alguém do Tipo Cinco na desintegração.

A linha de liberação do Tipo Cinco[27] conduz ao Tipo Oito, conexão que implica o potencial que tem o Tipo Cinco de ver os parceiros como objetos desprovidos de necessidades e sentimentos próprios, como acontece com os representantes menos saudáveis do Tipo Oito.

Divulgação do Passado Sexual

A necessidade de sigilo do Tipo Cinco pode se manifestar de várias maneiras, por exemplo: visualização sexual dissimulada, recurso a prostitutas para atos que poderiam provocar-lhe desconforto se precisasse pedi-los aos parceiros ou loucas aventuras secretas. Uma situação extrema de que tive notícia envolveu uma esposa enlutada que se deparou com outra família à beira do túmulo no funeral de seu marido. Descobriu-se que ele tivera duas esposas, cada uma em um continente. Como viajava muito a trabalho (o que não é incomum nesse tipo), ele havia criado duas válvulas de escape para a breve intensidade sexual que desejava e, assim, também passava um bom tempo sozinho durante as viagens. Nenhuma das mulheres nem seus filhos jamais tinham sabido uns dos outros.

Quando a intensidade sexual se associa ao segredo na mistura emocional, cria-se um poderoso antídoto para o intelectualismo do Tipo Cinco. Revelar-se sexualmente não é tão invasivo quanto revelar-se emocionalmente, e a intimidade nasce por meio do compartilhamento de um segredo. Uma advertência sobre o sigilo e a necessidade de privacidade desse tipo: abrir uma carta a ele endereçada ou ler uma mensagem em seu celular (mesmo que seja do encanador) são coisas que o deixam louco de raiva e mobilizam toda aquela sensação de invasão ao seu espaço que ele tinha na infância. É melhor evitar.

Embora goste de honestidade, quando se trata de revelar detalhes de seus relacionamentos anteriores ou seus hábitos sexuais, o Tipo Cinco se fecha muito e acaba fazendo o parceiro sentir-se excluído e frustrado. Como disse um representante desse tipo: "Simplesmente há certas partes da minha vida que eu não me sentiria à vontade para revelar. Alguns podem achar que isso é sonegação emocional, mas a meu ver trata-se de proteção da minha privacidade".

Problemas nos Relacionamentos

Como é comum que na infância tenham vivido com a figura materna ou a falta de um vínculo profundo ou uma experiência invasiva e opressora, os representantes do Tipo Cinco invariavelmente acabam repetindo de modo subconsciente na idade adulta o que viveram quando crianças. E se forem filhos únicos, a sensação de desconexão será ainda maior. Quando adultos, eles podem atrair para parceiros "mães" (ou homens que assumam esse papel) ou decidir ficar sós.

Sua dissociação do corpo não significa apenas que esse tipo considere os relacionamentos ameaçadores. Na verdade, ele pode achar difícil conectar-se com suas próprias necessidades físicas e emocionais e também com as do parceiro, pois elas lhe parecem opressivas. Contratar os serviços de uma prostituta que não exige nada além do pagamento pode parecer-lhe mais seguro do que um relacionamento duradouro.

Os parceiros de pessoas desse tipo precisam entender que essa atitude que soa como um "Não preciso de você; posso me virar muito bem sozinho" é simplesmente medo de que os parceiros dependam demais delas, não uma rejeição. Os parceiros que ouvem um amante do Tipo Cinco dizer que "o sexo é apenas um ato físico, como ir ao banheiro" certamente não vão querer sair arrancando as próprias roupas, loucos de paixão. Portanto, eles precisarão encontrar maneiras de decodificar os sinais desse amante. O Tipo Cinco tenta criar laços envolvendo-se em atividades ao lado do parceiro: um pode gostar de observar pássaros enquanto o outro gosta de fotografar pássaros, ou ambos podem gostar de escrever (mas em diferentes partes da casa, se possível).[28]

Ansiedade

Caso não se sinta à vontade com o parceiro ou com o ambiente durante o sexo, o Tipo Cinco ficará ansioso. Por isso, geralmente as massagens que ele dá no parceiro podem ser tudo, menos relaxantes. Do mesmo modo, as preliminares podem deixar entrever um certo nervosismo. No parceiro pode ficar a impressão de que ele está precisando respirar fundo, relaxar e desacelerar.

Por causa dessa ansiedade, esse tipo costuma sofrer de insônia. O parceiro pode acordar às 4 da manhã e encontrá-lo diante do computador assistindo pornografia, jogando *World of Warcraft* ou lendo. Ele acumula tensão e aumenta a energia nervosa, o que às vezes lhe torna o sono irregular ou impossível.

O sexo pode ajudar a relaxá-los.

Sexo é Submisso

Quem tomar a iniciativa de assumir a liderança sexual (desde que não de modo inesperado), pode facilitar o caminho do Tipo Cinco para o êxtase orgástico. Só que essa linha será tênue: o excesso de toque, a sensação de invasão trazida por uma visita inesperada ou a ameaça de ver-se encurralado num bar provavelmente o fará bater em retirada, dizendo a si mesmo que na verdade nunca quis sexo, mesmo que o desejo esteja presente. Uma vez na cama, ele provavelmente reagirá bem se o parceiro desempenhar um papel ativo ou mostrar-lhe o que mais lhe agrada.

Como o sexo é um mecanismo relaxante para o Tipo Cinco, ele pode gostar de sexo intenso, mas lento, que não o obrigue a pensar e lhe permita adotar uma abordagem sensual, mais meditativa. É também assim que ele pode deixar que seus sentimentos reprimidos venham à tona diante de um parceiro em quem confie. Em geral tão desconectado da humanidade na maior parte do tempo, ele se libera quando se sente superconectado.

Abertura para as Experiências

A luxúria do Tipo Oito (sua linha de liberação) incentiva o Tipo Cinco a envolver-se com o mundo, mas a avareza o impede de fazer isso. Aqui, o potencial de assexualidade do Tipo Cinco encontra a forte sexualidade do Oito. Acrescente o planejamento e a espontaneidade do Tipo Sete (acessíveis ao Cinco por meio de sua linha de extensão), e isso pode acabar em encontros intensos de uma noite só ou encontros breves, ilícitos e arriscados, configurando duas opções perfeitas para este tipo que, sem compromissos, pode, então, esquivar-se à vontade.

Como o Tipo Cinco gosta de se colocar fora das normas sociais e, em geral, tem fascínio pelos aspectos sombrios e esotéricos da vida,[29] no sexo ele não tem medo de explorar. Se o desejo profundo do parceiro for uma experiência não convencional, então, entre todos os tipos do Eneagrama, esse é o que tem maior probabilidade de mergulhar nela de cabeça. Porém, ele não deve se esquecer de que seus parceiros podem não ter a mesma abertura ou o mesmo entusiasmo para explorar práticas sexuais incomuns.

As Pulsões dos Instintos

O Tipo Cinco Autopreservacionista: esse é o Tipo Cinco mais típico.[30] Sendo o mais retraído dos três subtipos, o Autopreservacionista pode acumular coisas e mais coisas atrás de paredes seguras e muito privativas. (Conheci dois Autopreservacionistas desse tipo que não tinham campainhas na porta de casa!). Em sua essência, o ato de estocar alguma coisa revela a necessidade de prescindir dos demais: "Eu sou meu próprio castelo, onde não posso ser tocado". Os representantes desse subtipo podem acabar tornando-se eremitas: para quem associa o mundo exterior a tudo que exige e exaure; suas paredes são suas muralhas.

Os Autopreservacionistas do Tipo Cinco são também os menos capazes de transmitir bem os próprios sentimentos.[31] Este comentário de um deles a respeito do sexo e do amor é representativo: "Amor e sexo são conceitos íntimos sobre os quais acho difícil falar. Ainda estou tentando descobrir minha liberdade de expressão em torno deles". Outro usa de astúcia e esperteza para evitar o sentimento: "Ambos andam juntos = eu amo sexo". E talvez a reação mais triste diante do amor e do sexo: "São irrelevantes".[32]

O Tipo Cinco Social: o Tipo Cinco tende a expressar sua avareza por meio de um desejo imenso de saber mais, dar algum sentido a tudo e reter conhecimento. Na luta por se tornar um especialista na área escolhida, ele pode às vezes acabar com a cabeça tão enfiada no Céu que perde toda a utilidade aqui na Terra, o que implica a possibilidade de perder a conexão com as normas da vida diária: o sonhador idealista que se esquece de pagar as contas. Certa vez, perguntei a um representante Social do Tipo Cinco por que ele tinha passado tantos anos aprendendo a fazer a projeção da consciência e, assim, evitando a responsabilidade de um relacionamento. Resposta: "O dia a dia é chato. As pessoas são como ovelhas. Elas não aprenderam a pensar por si mesmas. Eu procuro algo além do comum".

Esse subtipo do Tipo Cinco quer ser reconhecido em sua área e admira o conhecimento dos que sabem mais que ele: "Fiz uma lista das pessoas mais inteligentes que conheço no mundo", confessou. Interagindo com aqueles que compartilham seus interesses (em várias sociedades ou grupos), os representantes desse subtipo Social dão a ilusão de conexão com os demais, embora essa seja uma conexão intelectual nada íntima ou emocional.

Em resposta aos pensamentos suscitados em torno dos conceitos de sexo e amor, eles responderam: "São coisas que eu poderia fazer mais"; "São bem divertidos, mas principalmente o sexo"; "Nós nascemos de carne e osso, então por que não desfrutarmos do amor e do sexo? É assim que somos; vamos explorá-los".

O Tipo Cinco Sexual (*contrafóbico*): esse subtipo parece mais o Tipo Quatro no sentido de demonstrar avareza em sua necessidade de aferrar-se ao ideal de um relacionamento ou de uma pessoa perfeita, um amante ao qual ele permitirá compartilhar de seu mundo interior, em vez de rejeitá-lo, como fariam os outros dois subtipos. Com sua conexão com o Tipo Oito, esse subtipo Sexual quer alguém que pule fogueiras com ele; alguém que, como Alice, "caia de mãos dadas com ele na toca do coelho branco".[33]

Estes dois representantes do subtipo Sexual do Tipo Cinco descreveram assim o sexo e o amor:

> [Eles] *são incríveis. Encontrar alguém especial com quem você compartilhe uma conexão especial nos âmbitos emocional e físico é a melhor sensação que qualquer um pode ter.*
>
> *A sociedade deveria desenvolver mais o sexo e o amor. O amor, pela importância que tem em nosso bem-estar emocional, e o sexo, por ser uma coisa bonita e natural que as pessoas compartilham.*[34]

Caso encontrem um relacionamento significativo, os representantes desse subtipo podem ser românticos e emocionalmente mais abertos do que os outros dois. Mas eles têm grandes expectativas, as quais muita gente pode achar difíceis de atingir. É por isso que um deles respondeu que sexo e amor são "superestimados" e outro, que são "fantásticos, mas doem".[35] Diferentemente dos outros dois subtipos instintivos, o subtipo Sexual do Tipo Cinco é contrafóbico por não querer segredos nos relacionamentos. O clássico filme *Sexo, Mentiras e Videoteipe*, de 1989, é sobre Graham, um malandro interpretado por James Spader, que é impotente e cria uma videoteca de entrevistas com mulheres que falam sobre suas vidas, sua sexualidade e suas fantasias sexuais. Esse compartilhamento de segredos mútuos é típico de um representante Sexual desse tipo em seus relacionamentos.

É grande a chance de que o bilionário Paul Getty tenha sido um deles. Ele tinha um apetite sexual insaciável (bem mais de 100 amantes) e, conforme relatos, tomava H3, a assim chamada "droga do sexo", para manter a potência até depois dos 80 anos. Como um típico representante do Tipo Cinco, ele registrou meticulosamente suas conquistas sexuais em um livro. Casou-se cinco vezes antes de perceber que o sexo casual oferecia melhor custo/benefício do que divórcios caros. Mas o eterno medo de que seus recursos fossem saqueados o fez exigir que as mulheres assinassem um documento isentando-o de qualquer responsabilidade caso ficassem grávidas. Apesar de não se deixar convencer a divulgar nada sobre sua vida privada, certa vez

Getty confessou à mídia que mantinha as mulheres a uma distância controlada para evitar se machucar.[36]

Com a intensidade emocional do Tipo Quatro e o foco mental do Tipo Cinco, esse subtipo é o mais focado em fantasias sexuais nas quais pode explorar as trevas e as profundezas. O sexo físico é sua forma de aliviar o ruído dentro da própria cabeça. Ele habita esses mundos sombrios com mais frequência à medida que se desintegra e deriva para o lado mais sórdido do sexo.

As Asas

Tipo Cinco com Asa Quatro (*Amor Paternal e Maternal [contratipo]*): nesse subtipo, o conhecimento do Tipo Cinco encontra a criatividade do Tipo Quatro. O "Iconoclasta" na tradição do Eneagrama de Riso e Hudson,[37] esse subtipo do Cinco ridiculariza detalhes românticos: "Sou contra a ideia de participar de propaganda comercial para extrair dinheiro de um público que se deixa conduzir cegamente". Ele beira as raias do absurdo quando se trata do dia a dia porque pode, por exemplo, pagar uma conta com $ 4.500 em vez de $ 450 e não notar o engano. A emoção do Tipo Quatro alia-se à emoção distante do Tipo Cinco, gerando confusão. Porém a imaginação e a conceituação podem dar lugar a novas maneiras de criar e pensar.

Além disso, a criatividade e a introspecção do Quatro, juntamente com a necessidade do Cinco de retirar-se para o espaço cerebral, tornam esse Subtipo um dos mais reclusos e independentes tipos do Eneagrama (ao lado do Tipo Quatro com Asa Cinco). Assim, criar relacionamentos torna-se problemático, e esse subtipo talvez prefira ser um eremita da modernidade.

Tipo Cinco com Asa Seis (*Amor Duplamente Paternal*): aqui, o conhecimento do Tipo Cinco encontra a lealdade do Tipo Seis. Nesse subtipo em que Razão e Medo se duplicam, a reticência do Seis em relação à questão da confiança também combina com as necessidades intelectuais de reclusão do Cinco: os relacionamentos não são confiáveis, mas o conhecimento, sim. Seus representantes são pessoas que dizem frases pretensiosas, mas sem sentido, que têm dificuldade de conectar-se com seus corações e corpos, colocando os relacionamentos em segundo lugar (na melhor das hipóteses) na sua lista de prioridades. Eles podem ser aquela pessoa do escritório que tenta se entrosar, mas ri alto demais ou, sem perceber, faz comentários inadequados e diz coisas que até magoam. É possível que gostem de observar os outros, mas não de interagir com eles.[38]

Sexualmente, eles também podem ser canhestros e frustrar os parceiros com a necessidade de transformar tudo em observação intelectual. É como se estivessem fisicamente presentes, mas emocionalmente longe, como diz esta representante:

> *Mesmo se eu estiver fazendo sexo, meus pensamentos podem estar a quilômetros de distância em alguma outra fantasia sexual. Meus parceiros geralmente percebem isso e não gostam. Tenho muita dificuldade em sair da minha cabeça e estar no momento durante o sexo, pois meus pensamentos estão sempre correndo para cá ou para lá com esta ou aquela ideia. Mesmo quando me sinto muito atraída por alguém, não tenho certeza quanto à abordagem adotar, então, geralmente, acabo tentando bancar a sabichona.*

Quando desafiados, eles podem ficar reativos e desdenhosos, ridicularizando insensivelmente todos os que discordam de suas ideias às vezes esquisitas.

Como Desfrutar da Presença Sexual

O Que Dificulta a Satisfação Sexual do Tipo Cinco

Quando receia que o parceiro lhe peça mais do que ele pode ou quer dar de si mesmo, o Tipo Cinco deixa de estar verdadeiramente presente, analisando seu caminho no sexo em vez de engajar-se com o coração: "Hmm, ela parece gostar quando eu faço isso. Eu me pergunto por quê".

Isso pode ter como resultado a diminuição da capacidade de aproveitar efetivamente os prazeres da vida, entre os quais está o sexo, como sugerem estes dois representantes desse tipo:[39]

> *É provável que meu tipo me atrapalhe tanto no sexo quanto em meu desejo sexual. Demoro muito para me sentir seguro, mesmo com um parceiro de longa data. Na cama, estou sempre tão ocupado analisando e tentando processar o que está acontecendo, que não posso simplesmente deixar as coisas acontecerem nem estar presente.*

> *A resolução de problemas às vezes me dá tanta emoção quanto fazer sexo. Talvez até mais. O sexo mesmo é um problema que eu quero resolver. Passo um monte de tempo pensando em soluções para os problemas que tenho no sexo ou em novas técnicas. Eu me pergunto se elas funcionariam.*

Esse tipo precisa de tempo a sós para processar os próprios sentimentos. Entretanto, se ele compartilhar com o parceiro o que sente no momento e conectar-se com o próprio corpo, promoverá a abertura de todos os três centros (cabeça, coração e corpo), o que lhe permitirá uma experiência sexual mais profunda.

Como o Tipo Cinco Pode se Tornar Sexualmente Presente

Envolva-se com o mundo e com as pessoas: atingir a intimidade que todos desejamos implica correr o risco de entrar no mundo e participar dele. O Tipo Cinco tende à presença genuína e ao desapego quando cria coragem para entrar em um relacionamento e quando consegue entrar em sintonia com seus sentimentos e expressá-los no momento em que os sente.

Enxergue a abundância: esse tipo deve usar seu grande poder de imaginação para visualizar o mundo como um lugar abundante, onde há recursos suficientes para ele e para todos. Basta pensar na abundância do sêmen em cada ejaculação: de 600 a 3 bilhões de espermatozoides por mililitro! As limitações só estão na cabeça dele.

Saiba que conhecimento não é poder: a mente é apenas um aspecto do ser; ela não é tudo. Refugiar-se em um espaço intelectual como proteção é deixar de explorar o próprio potencial. O Tipo Cinco precisa estar atento quando isso acontecer para determinar as razões ou procurar os sentimentos subjacentes que está evitando. Ele precisa admitir que, embora tenha feito muita pesquisa e saiba muito sobre sexo, não sabe tudo.

Conecte-se com seu corpo e com suas emoções: esse tipo precisa observar as necessidades de seu corpo e seus sentimentos, pois isso o abrirá para conscientizar-se das necessidades sexuais do parceiro. Ele precisa atentar para suas emoções e sensações físicas: "Estou com fome? Este toque me agrada?". O sexo não é um problema a ser compreendido; é toque, sensação e emoção compartilhados. É assim que surge a verdadeira presença.

Perguntas para o Diário

OBSERVAÇÃO: Vale a pena responder a estas perguntas, seja qual for o seu tipo.

- ❖ Seu desejo de concentrar-se em pesquisar e explorar racionalmente as coisas afeta sua habilidade de mostrar-se emocional e fisicamente a seu parceiro?
- ❖ Você vê a sexualidade como um recurso que pode ser facilmente esgotado?
- ❖ A imaginação, a observação (em qualquer forma) e a conceituação sexual substituem sua capacidade de envolvimento real com outra pessoa?

Tipo Nove: o Queridinho Sensual

12

O lema do Tipo Nove: "Foi ótimo para você, não foi?".

O Tipo Nove como amante: é geralmente relaxado e receptivo. Ele fica feliz em agradar (se isso deixar você feliz). Apesar de ser um amante sensual e descomplicado, pode esquecer a própria excitação caso comece a fazer tempestade em um copo-d'água. Esse tipo pode exalar uma maravilhosa capacidade de cura que faz um dia difícil parecer muito melhor, e sua imaginação fértil pode apimentar o sexo.

A esquivez do Tipo Nove: materializa-se quando ele sonha acordado ou perde o senso da própria individualidade. A fusão com o parceiro é outra forma de esquivar-se a ponto de já não poder nem saber quais são suas próprias necessidades e seus desejos sexuais. Alguns representantes desse tipo podem usar o sexo como fuga: perdendo-se na parte física do sexo, eles evitam mostrar-se emocional ou mentalmente.

Você pode identificar-se com alguns aspectos do Tipo Nove, mesmo que não seja seu próprio tipo: se você for do Tipo Um ou Oito (asas) ou do Tipo Três ou Seis (pontos de liberação e extensão).

Tipo de amor: Maternal. O Tipo Nove cuida muito dos outros. Porém, quando não integrado, ele não cuida de si mesmo.

Convicção nos relacionamentos: "O que lhe agradar está bom para mim"; "Não vejo nenhum problema".

Frustração sexual: "Eu quero deixar as coisas como estão. Por que você fica me pressionando a mudar nossa forma de fazer sexo?"; "Pare de me perguntar de que posição eu gosto durante o sexo; não sei qual é a resposta".

Como Entender a Sexualidade do Tipo Nove

Breve Visão Geral

A palavra "preguiça" tem como sinônimos "indolência" ou "lentidão". Mas o Tipo Nove não é necessariamente preguiçoso. Conheço alguns representantes que correm maratonas e não saem da academia. Só que a preguiça pode se manifestar como preguiça de espírito, relutância em mostrar-se a si mesmo e resistência lenta à mudança. A indiferença e a indolência mascaram-se de tolerância e de uma alegria bem-humorada. Para os outros, o Tipo Nove aparenta ter encontrado o segredo da satisfação: "Não acredito que você já se estressou algum dia", dirá seu parceiro.

Esse tipo tropeça feliz pela vida afora, aparentemente incólume ao mundo à sua volta. Adotando facilmente as opiniões e convicções de seus parceiros ou grupos sociais, ele sempre está em cima do muro. A boa notícia é que isso pode torná-lo um excelente amante, pois ele gosta de fazer o que o parceiro lhe sugere. A má notícia é que, às vezes, transar com alguém desse tipo é como transar com um objeto inanimado: ele pode estar lá fisicamente, mas sua cabeça está em outro lugar.

O Tipo Nove é essencialmente gentil e não quer magoar nem fazer ninguém sofrer. Ele quer agradar a todo mundo. Para isso, torna-se um ouvinte afável e solidário. Para alguém desse tipo, é melhor ficar indeciso que tomar uma decisão que desagrade os outros. Por isso, ele prefere deixar essa parte para quem não tiver medo de confronto. (Se alguma coisa der errado, a culpa não será dele.) Além disso, ele costuma assumir a responsabilidade pelas próprias ações e, se for para acalmar os ânimos, não se incomoda em pedir desculpas (mesmo que não esteja errado). Como parceiro, não rema contra a maré e é leal. Embora possa ter ocasionais explosões de raiva, com ele a paz se restaura rapidamente, embora de forma passivo-agressiva.

O Tipo Nove, o mediador e pacificador do Eneagrama, muitas vezes se vê executando essa função com familiares ou amigos em guerra. É possível que tenha dificuldade em identificar-se como membro desse tipo porque, como se funde a outra pessoa, pode achar que o tipo dessa pessoa é o seu próprio, ou pode reconhecer-se em partes de muitos outros tipos.

O Tipo Nove fica no topo do símbolo do Eneagrama, entre o reino Divino acima e o reino terreno, com seus conflitos, sua dor e sua agressividade, abaixo. Aqui, ele adormece para a verdadeira natureza de sua alma divina: ele se esquece de si mesmo. Pequenos confortos ajudam a suportar; manter a paz torna-se uma forma de acalmar um mundo conturbado. Para manter esse conforto e essa ilusão de paz, esse tipo precisa negar ou evitar tudo o que o ameaça, como sua própria raiva, mudanças difíceis, emoções penosas, tomada de decisões, conflitos e opiniões rígidas. Mas, sem isso, ele se torna simplesmente uma casca: a luz pode estar acesa, mas em casa não há ninguém. O Tipo Nove se perde nas trivialidades do mundo e, na tentativa de evitar as questões mais importantes, acaba substituindo o sagrado pelo sudoku e as palavras de confronto por palavras cruzadas.

O Nascimento do Tipo Nove

Se você perguntar a um representante desse tipo, ele provavelmente lhe responderá que teve uma infância feliz. Esse tipo precisa que tudo seja "bom" e que tudo esteja "bem"; só depois de muita autoanálise é que ele consegue admitir que talvez nem tudo tenha sido flores.

Os representantes do Tipo Nove geralmente se sentiam esquecidos quando crianças, como se perdidos no sistema familiar. A síndrome do filho do meio é comum, mas nem sempre é o caso. A mãe estava preocupada com o trabalho, investindo em seus próprios interesses ou cuidando de uma família grande. Assim, eles aprenderam a não criar confusão e a negar suas necessidades para não irritar os outros. Reclamar não adiantava nada ou caía em ouvidos moucos. Ser exigente significava alienar a mãe, então eles começaram a sublimar os próprios desejos para ser "amados".

Por isso, o Tipo Nove pode não beber água quando tem sede, não comer quando tem fome, não detectar quando está irritado, não se permitir o luxo de uma massagem ou não se conectar com um impulso sexual. Qualquer outra coisa é mais importante: "Só preciso [inserir qualquer tarefa banal]". Naranjo observa que muitos Nove relatam ter mães do Tipo Quatro; pais dos Tipos Nove e Um também são comuns.[1] Como observa este representante:

> *Minha mãe era do Tipo Um. Era ela quem tomava as decisões, de modo que eu nunca soube o que realmente queria. Se alguma vez manifestei uma necessidade ou uma vontade, como uma roupa que preferia usar, ela tinha razões muito bem articuladas para explicar por que minha escolha estava errada. No fim, para manter a paz, ficou mais fácil não ter opinião. Foi menos penoso assim porque, se você não tem uma opinião, não se sente mal se ela for ignorada ou desmontada.*

O Tipo Nove está à porta da vida, deixando os outros passarem e torcendo ansiosamente para que alguém o veja ali e diga: "Você primeiro".

O Tipo Nove Quando se Apaixona

Se for Integrado: ele desce do muro e é capaz de tomar decisões baseadas em seus próprios sentimentos, pensamentos e desejos, bem como no bem maior. Ele fundiu-se consigo mesmo e é independente. Sua satisfação é autêntica e, personificando a paz e a harmonia, ele transmite aos outros uma sensação de tranquilidade e relaxamento. A raiva (seja a sua ou a dos outros) não o assusta mais. Ele pode mostrar-se nos relacionamentos e estar totalmente presente, receptivo e atento. Não se considera inferior nem superior, mas, sim, igual.[2] Sexualmente, ele não perde o contato com sua essência interior, independentemente de ceder ou assumir um papel mais dominante. Sua forma de abordar o sexo é relaxada e receptiva, e sua forma de manifestar suas necessidades e seus desejos é emocionalmente consciente e verdadeira. O sexo é espontâneo e natural; faz parte das coisas.

Deixa de idealizar a necessidade do parceiro em detrimento de seu próprio valor, permitindo-lhe ser um místico poderoso e sereno. Ele aporta aos relacionamentos uma presença calma, centrada e descontraída, o que é reconfortante para os tipos mais rígidos do Eneagrama. Os pouco exigentes representantes do Tipo Nove estão realmente presentes para seus parceiros, representando para eles um refúgio do mundo, e sabem comunicar-se por meio do toque e da intuição tão bem ou até melhor do que com palavras.

Se for Mediano: ele começa a idealizar os outros e a ver a si mesmo e a suas necessidades, suas opiniões e seus desejos como menos importantes: "Para mim, tanto faz o que fazemos na cama; escolha você o que gostar". Mesmo que sexo seja a última coisa que deseja, ele prefere tirar a roupa a procurar uma discussão: "Não, não estou me sentindo tão bem, mas se você quiser transar esta noite, não tem problema, querida".

Ele não quer mostrar sua luz ao mundo, pois isso poderia incomodar os outros. Portanto, o Tipo Nove começa a viver vicariamente por meio do parceiro, vendo as conquistas dele como se fossem suas (e minimizando seus próprios sucessos): "Não sou ninguém especial". Assim, pode acabar tornando-se um capacho no qual o parceiro (muitas vezes sem perceber) limpa (projeta) a própria sujeira.

Os representantes Medianos desse tipo costumam seguir o modelo considerado mais normal ou apropriado por sua religião, família ou comunidade. Apesar da sensualidade inerente ao Tipo Nove, para esses representantes o sexo é quase sempre conservador,[3] com pouca exploração. Eles se tornam submissos, e o sexo passa a ser algo que lhes acontece (pelo menos nos estágios preliminares do desejo). Eles começam a desconectar-se de seu mundo, flutuando numa nuvem de algodão-doce. Então, embora pareçam estar ouvindo o parceiro falar de um problema na vida sexual dos dois, eles se perdem em uma longa explicação ou direcionam a conversa para um tópico menos emocional, alheios à frustração do outro. A própria paz que eles buscam começa a provocar raiva.

Os animais de estimação são promovidos a substitutos da interação humana autêntica: "Pelo menos o Rex entende, não é, garoto?". O álcool pode ser usado para abafar a raiva: depois de alguns drinques, o mundo se torna um lugar mais feliz.

Na cabeça do Tipo Nove, a versão idealizada do parceiro se afasta ainda mais da pessoa real. O parceiro não se sente ouvido, pois seu amante está concentrado em algo irrelevante. Para ele, a vida começa a ser como uma caminhada num pântano: é difícil sair de onde está, seja de um relacionamento, de uma situação ou de um emprego infeliz. Nada se resolve porque o Tipo Nove se recusa a ver o problema e a lidar com ele. É como se tivesse colocado vendas: "As coisas vão melhorar com certeza", diz ele enquanto vai afundando cada vez mais na lama.

Se for Desintegrado: a tentativa de evitar problemas de relacionamento é substituída por uma muralha impenetrável de resistência à medida que o Tipo Nove se torna mais passivo-agressivo. Por mais que reprima o ressentimento, ele acaba explodindo antes do desligamento emocional seguinte. A ilusão de um relacionamento feliz está a anos-luz de distância, mas ele se recusa a ver a realidade: prefere sofrer abusos a ser abandonado.

A agressividade reprimida transforma-se em depressão. A independência de seu ego integrado deteriora-se e evolui para uma dependência crônica. Ele fica obstinado e recusa ajuda, alheio a tudo e a todos, em negação total. Lembro-me de ter conversado com uma mulher desse tipo que, apesar de divorciada já havia muitos anos, negava totalmente que o ex-marido se casara de novo. Para ela, a ausência era temporária, e ele logo voltaria para o leito conjugal.

Quando desintegrado, o Tipo Nove negligencia o próprio corpo e descuida das roupas e da aparência. O ressentimento permeia o sexo (algo que, aliás, nessas circunstâncias dificilmente acontece).

A energia pacífica, naturalmente alegre e afável das pessoas desse tipo atrai a todos. Elas aceitam e perdoam com a mesma facilidade com que riem. Além disso, podem ter muito sucesso em diversas áreas. Em suma, são pessoas maravilhosas e ótimas companhias.

Como Seriam os Perfis de Namoro de Pessoas do Tipo Nove

Sue Raio de Sol, 34

Pode-se dizer que sou uma amadora em tudo. Eu surfo, cozinho, faço caminhadas, leio (muito), pinto por prazer, às vezes escrevo em blogs, adoro palavras cruzadas e animais e odeio arquivar coisas. Então, eu posso fazer muito, mas ainda não ganhei um prêmio por nada do que faço! Participo de vários clubes: um clube do livro, um círculo de escritores e um grupo de defesa do meio ambiente. E me dou bem com quase todo mundo, o que não ajuda muito quando você trabalha em casa! (Trabalho como editora autônoma.) Já me disseram que sou tranquila (é verdade, pois odeio discussões). Portanto, se você adora uma boa briga, pode partir para outra!

Amo minha vida e as pessoas que estão nela. Embora não desgoste de cães, eu adoro gatos. Eles são tão independentes e peludos!

Para mim, passar a noite no sofá com um bom filme é um ótimo programa, mas eu também gosto de sair para jantar. Sushi, massa, churrasco, comida indiana ou mexicana, tanto faz: o que eu quero é a companhia. E isso vale também para os homens, pois na verdade não tenho um "tipo". Se você tiver algo interessante a dizer, eu quero ouvir. Vamos nos encontrar no meu bar favorito. Pensando bem, qual é o seu bar favorito?

Jake, 34
Tenho 34 anos e trabalho como scrum master na área de TI. Trabalho no turno da noite e posso dizer com toda a sinceridade que amo meu trabalho, pois ele me dá a oportunidade de conectar-me com as pessoas (que outro emprego me deixaria fazer compras às 11 horas de uma segunda-feira e ainda ir ao parque depois?). Tenho um cachorro chamado Fred (um basset) que é o atual amor da minha vida, mas ainda há espaço para mais um.

Família é uma coisa muito importante para mim, e me divirto com a minha pelo menos uma vez por semana (adoro jogos de tabuleiro). Sempre sonhei um dia ter uma família grande – quanto mais filhos, melhor. Eu gosto muito da experiência (e não das armadilhas) da vida, então, tento aproveitar ao máximo cada dia. Nos fins de semana, eu geralmente faço caminhadas, assisto alguma série ou leio um livro para relaxar.

O que valorizo acima de tudo num parceiro é a honestidade e a gentileza. Então, se você é uma pessoa autêntica que não se preocupa com pequenas coisas, envie-me uma mensagem!

Raiva

O Nove é um dos três tipos Instintivos, o que implica problemas com a raiva. Como ele raramente a exprime (isso perturbaria a paz), sua raiva vai sendo tão reprimida que muitos dos representantes desse tipo nem têm ideia do quanto estão irados. Por meio de sua obstinação, sua ausência emocional ou seu comportamento passivo-agressivo, essa raiva se infiltra pelas fissuras de sua psique. Já outros representantes estão sujeitos a explodir de raiva de repente para recuar rapidamente depois.

A raiva do Tipo Nove se manifesta de forma inconsciente quando ele se "esquece" de compromissos, chega atrasado, quebra coisas "acidentalmente", "perde" informações importantes ou se vê sem condições de fazer sexo. Para o parceiro, brigar com um ser apático é muito frustrante e, por isso, ele pode acabar explodindo de raiva enquanto o amante simplesmente lhe diz: "Não entendo por que você ficou tão fora de si".[4]

A Paixão da Preguiça e a Fixação da Indolência

Do ponto de vista do sexo, o Tipo Nove não se incomoda se tiver de passar a vida toda na primeira posição do *Kama Sutra*: "Para que mexer em time que está ganhando?". Ele gosta do que é familiar e do que sua comunidade considera "a norma" – Naranjo se refere a isso como "robotização".[5] Portanto, é possível que ele seja conservador no sexo.

A preguiça se manifesta como inércia ou incapacidade de entrar em sintonia com os próprios pensamentos, opiniões e sentimentos, algo que em muitos casos esse tipo nega em vez de expressar. Ele considera as necessidades do parceiro e da família mais importantes que as suas: "Lar é onde o *seu* coração está, querido".

Durante o ato sexual, alguns dos representantes do Tipo Nove podem divagar pensando em bobagens como: "Será que coloquei o cachorro para fora?"; "Será que a máquina de lavar ainda está ligada?". Eles dão a impressão de estar mais interessados no que acontece ao redor do que na ação na cama propriamente dita. Além disso, podem demorar para agir (mesmo quando excitados) ou para deixar de lado certas rotinas fixas: "Nós transamos segunda, quarta e sexta-feira, depois que as crianças foram para a cama, papai e mamãe, durante aproximadamente 10 minutos"; "Nós só fazemos sexo quando vamos dormir. Ainda não está na hora de dormir, então, na verdade, não deveríamos estar transando agora... Ou será que deveríamos?".

Uma Espiada no Quarto de um Representante do Tipo Nove

Para esse tipo, o quarto de dormir tem mais a ver com conforto que com estilo. Embora às vezes possa sair de sua proverbial letargia e tentar fazer uma reforma, na maioria das vezes ele pensa a respeito, depois avalia a bagunça que seria e resolve deixar tudo como está, pois o transtorno não valeria a pena.

O Tipo Nove geralmente adora animais de estimação (os bichos dão amor incondicional e não criam vibrações desagradáveis). Pode esperar um cachorro ou alguns gatos espalhados na cama como se fossem os donos do pedaço (é provável que sejam mesmo).

O problema também pode ser a desordem e o acúmulo: pilhas de livros, revistas e projetos inacabados. É possível que goste de TV no quarto e, muitas vezes, a deixe ligada para não ter que escutar seu verdadeiro eu. Embora dê a impressão de passar muito tempo em arrumações, na maioria das vezes nada muda muito (a menos que tenha uma Asa Um muito forte): o quarto que é arrumado de manhã já está bagunçado de tarde. A decoração pode ter envelhecido com o tempo, mas isso não preocupa muito esse tipo. Geralmente, o quarto que ele prefere é um espaço aconchegante e confortável.

Fantasias e Literatura Erótica

Os sensuais representantes do Tipo Nove passam tanto tempo submetendo-se aos desejos dos outros que fantasiar que os outros se submetem aos seus próprios desejos pode despertar fortes emoções. Como diz um deles: "Sou um amante atencioso. Para mim, é fácil transitar entre assumir a liderança ou deixar meu parceiro liderar, se é disso que ele gosta. Sou bem flexível e receptivo para topar uma coisa assim".

Por ser o mais tolerante dos tipos, o tranquilo Nove pode aceitar os caprichos e excentricidades dos parceiros sem os julgar: "É bem verdade que ele assiste muita pornografia *on-line*, mas se isso o relaxa e o faz feliz, por mim, tudo bem".

Acostumado a ficar em segundo plano na vida real, na fantasia o Tipo Nove pode permitir-se ser a estrela do *show*. Mas ele também pode achar atraente a fantasia de ser dominado (embora ela seja comum a muitos tipos) porque o absolve da escolha, da responsabilidade e de qualquer sentimento de culpa. Assim, ele "submete-se" ao sexo:[6] "Ele fez isso comigo!".

Como o Tipo Cinco, ele também pode gostar mais de observar que de participar do sexo. Se o parceiro for demasiado exigente (sexualmente ou de outra forma), o Tipo Nove pode ter medo de fundir-se a ele, algo que constitui uma desconexão levada a outro extremo.

A literatura erótica é algo que pode ser apreciado sem interrupções: embora sozinho, você pode ter sexo sem sair de seu lugar de fantasia enquanto toma uma cerveja ou uma taça de vinho.

O Tipo Nove nos Diferentes Sexos

Mulheres: a mulher desse tipo vê um relacionamento sexual saudável como rotina. O conservadorismo tem menos probabilidade de causar problemas, pois não impede a participação voluntária e entusiástica. Porém, se o parceiro tiver alguma mania mais excêntrica, a situação pode se complicar porque qualquer coisa muito fora do comum deixará a amante do Tipo Nove pouco à vontade. Essa inflexibilidade pode levar as pessoas a considerar esse tipo desinteressante como amante: apesar de constante, não tem fogo. As mulheres do Tipo Nove geralmente estão mais para rechonchudas que para sílfides. A própria aparência não é uma grande preocupação para elas, de modo que podem acabar não extraindo o melhor daquilo que têm em termos de aparência física. Se os parceiros gostarem de explorar, elas os acompanharão. O sexo é uma oportunidade de criar paz no lar e reconciliar as diferenças. Às vezes, pode parecer uma tarefa árdua, mas se deixar os parceiros felizes, elas também ficarão felizes. Como disse esta mulher do Tipo Nove:

> *Eu raramente inicio algo diferente no relacionamento; deixo isso para Bob. Não que eu não goste da ideia de algo diferente e geralmente estou disposta a isso, se ele quiser. Mas se eu iniciasse alguma coisa que acabasse dando errado, poderia ser estranho ou talvez até criar conflito. Não que isso tenha acontecido comigo; mas, ainda assim, eu não ia querer arriscar.*

Em uma pesquisa feita com 457 casais, as mulheres do Tipo Nove em geral tinham como pares homens do Tipo Seis, seguidos pelos Tipos Cinco e Oito.[7] O relacionamento entre uma mulher Tipo Nove e um homem Tipo 6 cria confiabilidade, lealdade, estabilidade, segurança e previsibilidade com um certo grau de liberdade.[8] Esse potencial para a flexibilidade é sugerido por estas duas representantes do Tipo Nove:

> *Sou muito conservadora. Meu ato sexual mais exploratório foi quando me apaixonei perdidamente por outra mulher. Só que eu era "travada" demais para chegar lá. Previsivelmente, voltei aos relacionamentos heterossexuais, mas me pergunto se não seria bissexual se o ambiente fosse diferente. Acho que, se encontrasse alguém que tomasse a frente, eu acabaria topando.*

> *O casamento aberto e o poliamor parecem interessantes, mas será que algum dia eu me envolveria nesse tipo de coisa? De jeito nenhum! O potencial de conflito é grande demais. Mas, se for honesta comigo mesmo, às vezes eu acho que poderia ser pansexual.*

Homens: os homens do Tipo Nove costumam se casar com mulheres do Tipo Quatro (no maravilhoso paradoxo que permeia o Eneagrama, o tipo que mais abre mão dos próprios direitos com o tipo que mais se arroga direitos). Na verdade, essa combinação (homem do Tipo Nove com mulher do Tipo Quatro) é a segunda mais comum, só ficando atrás do par formado por homem do Tipo Oito com mulher do Tipo Dois.[9]

Outra parceria comum para um homem desse tipo é a mulher forte do Tipo Oito. Sendo ele próprio menos assertivo, é possível que se sinta atraído por uma parceira mais incisiva. A mulher pode usar esse papel para comandar o parceiro e acabar criando um marido emasculado e incapaz de atingir o ponto de liberação (Tipo Três), em que o Tipo Nove desenvolve autoconfiança e se torna mais franco e menos indeciso, e o ponto de extensão (Tipo Seis), em que o Tipo Nove encontra sua coragem e sua capacidade de afirmar-se.[10] A menos que o homem desse tipo esteja bem integrado, sua parceira do Tipo Oito pode ficar frustrada quando ele preferir não a enfrentar e recolher-se ao silêncio.

Em geral carentes de autoestima e não tão abertamente ambiciosos quanto outros tipos, alguns representantes deste podem achar que têm pouco a oferecer a uma parceira em potencial. A parceira pode querer tirá-los de sua zona de conforto (jogar *World of Warcraft* com uma pizza e uma cerveja na sexta-feira depois do trabalho), mas eles podem teimar e recusar-se. Alguns podem achar estressante iniciar um relacionamento, preferindo ficar em casa e evitar o risco de rejeição. Nos relacionamentos, os homens desse tipo querem ser o "bom moço", o homem que vive para a família e não perturba as coisas:

A ideia de fazer alguma coisa diferente (na cama ou fora dela) atrai, mas raramente sou eu quem a propõe. Mesmo assim, fico feliz em fazer a vontade de minha mulher, se ela tiver alguma sugestão. Eu me empenho em fazê-la chegar ao orgasmo antes de mim. Se ela não ficar satisfeita, eu também não fico.

Gosto de passar horas nas preliminares, mesmo que seja só para ficarmos agarradinhos ou para acariciar seu cabelo.

Tipo de Amor: Maternal

O Tipo Nove cuida das pessoas, e daí provém sua associação ao amor materno incondicional. Ele passa a maior parte da vida minimizando as próprias necessidades para concentrar-se nas necessidades alheias e é tipicamente passivo e submisso (embora quanto mais forte for sua Asa Oito, mais resistência ele pode ter e mais protetor dos filhos será).

Para a maioria dos representantes desse tipo, a experiência do sexo será mais ou menos assim: "Quando será a minha vez?"; "Quando o sexo terá a ver comigo?"; "Quando meu parceiro vai descobrir o que funciona incrivelmente bem para mim?"

Baixa Libido e Guerra do Sexo

Incapaz de perturbar a paz pondo a raiva para fora, o Tipo Nove pode afastar-se do sexo de forma passivo-agressiva caso se sinta rejeitado ou explorado em sua gentileza pelo parceiro. Quando isso acontece, a cama se torna um campo de batalha silencioso, onde nada é dito e tudo parece estar bem – só que não está. No nível inconsciente, isso pode manifestar-se como "esquecimento": "Não podemos transar. Esqueci de tomar minha pílula". Esse tipo é capaz de encontrar muitos motivos para evitar o sexo: "A gravata incomoda demais". No caso dos homens, isso pode assumir a forma de ejaculação precoce:

como ninguém tem culpa, não há maldade evidente.[11] Em algumas circunstâncias, até doenças como candidíase oral ou herpes podem ser uma manifestação de protesto contra uma vida amorosa estéril.

Para o letárgico Tipo Nove, a cama pode ser mais para o sono que para o sexo. Ele pode até querer transar, mas o sono o embala docemente quando ele se deita. Esse tipo se vê como uma boa pessoa, certamente não como alguém que desejaria prejudicar os outros de maneira consciente, embora a pessoa "má" se manifeste veladamente em sua sombra. Em seu vazio, seu silêncio, sua falta de opinião ou de emoção, ou em sua ignorância de algum assunto, ele não fez nada de errado: "Como você pode me acusar?". No entanto, uma guerra silenciosa e triste pode continuar acontecendo sob a superfície.

Os casais podem procurar ajuda para resolver essa perda de libido, confusos quanto à razão pela qual ainda estão satisfeitos por terem um ao outro, embora não sintam mais atração. Mas o que os representantes do Tipo Nove muitas vezes não percebem é que o que os desliga é sua própria agressividade que se volta para dentro.[12]

Em contrapartida, alguns deles podem usar o sexo como forma de desligamento. Ter muito sexo e/ou devaneios sexuais pode ser uma maneira de conseguir se perder. No sexo, a essência do Tipo Nove está de alguma forma faltando enquanto ele se afasta para recolher-se a seu espaço sexual próprio.

A Incapacidade de se Conectar com as Próprias Necessidades Sexuais

Não é à toa que o Nove seja o último dos tipos do Eneagrama, pois grande parte de sua vida consiste em esperar que os outros passem primeiro. É como se ele tivesse sido esquecido e fizesse parte da mobília. Ele acha que ser fantástico o tornará vulnerável – é como se sua luz logo pudesse apagar-se caso brilhasse demais. Voar abaixo do radar é mais seguro e, mesmo que seja muito bem-sucedido, ele tende a minimizar as próprias realizações, como diz este Nove:

> *Precisei de três anos de terapia para finalmente reconhecer o fato de que era um artista de sucesso. Parecia uma coisa muito grandiosa e desejável. Quando comecei a dizer às pessoas que era pintor, acho que a maioria pensou que eu pintava paredes.*

O Tipo Nove pode ter dificuldade em compartilhar suas fantasias ou seus desejos sexuais com o parceiro, mostrando-se obtuso ou prolixo, fazendo rodeios ou evitando o contato visual. Os representantes mais honestos desse tipo podem simplesmente dizer: "Não sei o que me agrada nem o que me excita". Não saber ou não ser capaz de transmitir o que quer torna a experiência sexual menos intensa. O parceiro pode começar a achar que o sexo é uma questão unilateral ou que aquilo que ele faz não agrada ao amante. Sentindo-se incapaz de atiçar o fogo da paixão, o parceiro pode julgar-se incompetente na cama. Os representantes mais integrados, em especial se forem do Tipo Nove com Asa Oito, podem ser naturalmente muito sensuais, embora muitas vezes não percebam o efeito erótico que isso tem sobre as pessoas.

É importante que o amante de alguém desse tipo perceba que não está sendo rejeitado: trata-se apenas de dirigir aos poucos a percepção do Nove para o sexo e criar o desejo de sexo por meio do romance. Então a louça suja e o trabalho inacabado perdem a importância, e o prazer pode, finalmente, se tornar o foco.

As Necessidades de Todo Mundo São Mais Importantes

Embora o Tipo Nove seja um mestre quando se trata de deixar os outros tipos à vontade com sua aceitação, tranquilidade e complacência, essa atitude tem um preço, que é seu risco de perder a sensibilidade à realidade. Riso e Hudson se referem a esse tipo como sendo "uma pessoa como todo mundo",[13] como se ele só existisse para os outros: "Seu desejo é uma ordem". Apesar da impressão de Buda abnegado que esse papel transmite, a indisponibilidade emocional da pessoa real pode ser frustrante para o parceiro.

Além disso, esse papel pode fazer o Tipo Nove achar que simplesmente não tem personalidade, em especial se for dos subtipos Social e Sexual mais moderados. Se tem desejos, ele não os percebe ou parece ser incapaz de verbalizá-los. Se você abordar esse problema e tentar fazê-lo discutir a falta de fogo na cama, ele se retrairá sem dizer uma única palavra. Já que esse tipo detesta tudo que seja negativo ou penoso, nenhuma ameaça ou provocação o fará reagir.

Pelo fato de geralmente estar dissociado do próprio corpo, talvez o Tipo Nove não consiga conectar-se com a própria excitação. Mesmo quando excitado, sua inclinação natural a priorizar tarefas e trivialidades em detrimento de suas necessidades sexuais pode fazê-lo continuar resolvendo alegremente as palavras cruzadas. Se não estiver ciente dessa característica, o parceiro pode acabar pensando que seu amante do Tipo Nove não gosta de sexo. Talvez ele tenha que dizer com todas as letras que precisa de uma reação por parte desse amante.

Vivendo por Meio de Outrem

Embora isso se aplique mais aos representantes do subtipo Sexual do Tipo Nove, a propensão à fusão apresentada por esse tipo pode induzi-lo a imitar os gestos e as posturas dos amantes.[14] Ele tende a idealizar o parceiro, um membro da família, amigo ou grupo social e, então, passa a viver por meio dessas imagens, em vez de criar uma versão idealizada de si mesmo.[15] Na maioria das vezes, ele considera essas pessoas ou esses grupos como dotados de opiniões fortes (isso o energiza e o ajuda a sentir-se mais vivo e desperto para o mundo).

Em um relacionamento, o Tipo Nove pode assumir o papel de cuidador ou facilitador, bem como se deixar dominar por completo, perdendo toda a noção de si mesmo e tornando-se uma pessoa frustrantemente sem graça e até chata para alguns, conforme descreve um representante desse tipo:

> *O estranho era que eu estava sustentando a família e cuidando de praticamente toda a criação de nossos filhos, mas saíamos para jantar onde ele queria, passávamos férias onde ele queria, comíamos nos horários que ele queria. [...] A lista de conivências é interminável, mas eu nunca enxerguei essa situação de outra forma além dessa, é assim que as coisas deviam ser para funcionar. Mas, por dentro, eu me roía de ressentimento. E ocultei isso de mim durante anos. Quem, eu com raiva? Só pode ser brincadeira, né?*

Isso constitui uma receita para um desastre, pois as pessoas podem acabar explorando (financeiramente ou de outras maneiras) o temperamento complacente do Tipo Nove. Quando você se considera inferior aos demais, eles o tratam à altura de sua expectativa. Quando finalmente começar a dizer "Presente!", o Tipo Nove pode descobrir que sua voz continua não sendo ouvida ou que passou a pecar por excesso e se tornou estranhamente franco.

Talvez o mais sensato seja lembrar que a integração exige que olhemos para dentro de nós em busca de pistas para o desenvolvimento, e não para fora, em direção aos outros. Quando você não está sendo você mesmo, a integração é impossível. Se um representante do Tipo Nove se funde a um parceiro integrado, de quem é, de fato, o crescimento?

Tomar (ou Não Tomar) Decisões

Peça a alguém do Tipo Nove que tome uma decisão, mesmo que pequena, como: "O que mais excitaria você agora?", e é provável que ele reaja com ar de quem não entendeu nada. É possível que o parceiro de um representante desse tipo se veja obrigado a tomar as decisões por ele. O Tipo Nove demora muito a agir e pode ficar em um casamento infeliz durante cinquenta anos até decidir ir embora.

É difícil discernir o que ele quer. Ele pode dizer "Sim" quando pressionado, mas depois você descobre que ele queria dizer "Não". Se você lhe pedir que decida se quer mudar algo a que está acostumado ("O que você acha de usarmos um vibrador desta vez?"), a resposta raramente será direta. Se for, talvez seja só a resposta que ele imagina que o parceiro deseja ouvir, e não sua verdadeira opinião a respeito do assunto.

Se o parceiro de um representante do Tipo Nove também for indeciso, pode haver muita frustração quando ambos esperarem que o outro dê o primeiro passo. É possível que esse tipo tenha um modo habitual de iniciar o sexo, como:

1. É terça-feira?
2. Tomar um drinque com o parceiro.
3. Estender a mão e acariciar joelho.

Embora possa ser confortável para as pessoas desse tipo, essa "rotina" digna de um *software* provavelmente parecerá pouco inspiradora a parceiros mais aventureiros.

As Pulsões dos Instintos

O Tipo Nove Autopreservacionista: a resposta de um representante desse tipo a uma pergunta sobre amor e sexo foi: "Minha vida sexual é boa; não tenho problemas".[16] Seria interessante perguntar a seu parceiro se concorda.

O Tipo Nove busca maneiras de desligar tudo que for desconfortável em seu mundo e misturar-se a tudo que for confortável.

Desconectado, mas aparentando satisfação, ele usa a distração como fuga agradável. O lar torna-se o foco do Autopreservacionista do Tipo Nove, que ama o conforto.

O trabalho, se for interessante e não estressar, pode ser também a trégua bem-vinda em uma vida agitada. Como o "sal da terra", esse subtipo é bom, honesto e fincado no agora. O sexo pode ser uma boa ideia, mas ler um livro ou assistir TV pode ser melhor por ser mais fácil (a menos que não ter sexo ameace deixar o parceiro com raiva, caso em que ele pode acabar concordando).

Seu pragmatismo torna esse Autopreservacionista mais parecido com o Tipo Oito, e ele geralmente tem a sensualidade de alguém desse tipo, só que sem a assertividade e o desejo de ação que o caracterizam. A comida também propicia conforto fácil: quando o cupido não ajuda, um hambúrguer com batatas fritas pode acalmar um coração solitário. Por mais gentil e amoroso que possa ser com o parceiro, o Tipo Nove consegue viver com muito pouco amor em troca (segundo Chestnut, esse tipo é capaz de substituir amor por diversão).[17]

Como a aparência física não o preocupa muito, esse subtipo do Nove pode acabar se desleixando. À medida que os vícios[18] surgem para compensar a monotonia da vida, ele pode decidir deixar o sexo de lado: se ele próprio não se ama, então por que alguém mais o amaria?

O Tipo Nove Social (*contrafóbico*): esses representantes do Tipo Nove fundem-se a grupos. O desejo de pertencer (algo que, na maioria das vezes, eles não sentem) pode levá-los a mostrar-se excessivamente tolerantes e generosos. Por sentir-se um tanto isolados, eles se esforçam muito para ser aceitos, negando os próprios sentimentos e necessidades para não representar um fardo para o grupo.

Eles são contrafóbicos porque lutam contra a preguiça para ser mais ativos e extrovertidos: os representantes do subtipo Social do

Tipo Nove são extrovertidos altruístas que fazem enormes sacrifícios para fazer parte de alguma coisa.[19]

Além disso, são extremamente trabalhadores e podem ser bastante ativos em seus grupos e comunidades, além de generosos, divertidos e engraçados, como palhaços que mascaram a tristeza interior e negam o próprio sofrimento. "Você nunca fica triste?", é a pergunta que o parceiro ou os amigos podem fazer a um representante desse subtipo. A resposta dele à pergunta sobre amor e sexo é caracteristicamente otimista e divertida: "[O amor e o sexo] estão cheios de todos os tipos de aventuras, complicações e conexões maravilhosas".[20]

O subtipo Social do Tipo Nove pode achar difícil dizer não a uma investida sexual, mesmo que não esteja com vontade de chegar às vias de fato. Ele tem medo de ficar só e, como é capaz de sacrifícios incondicionais pelo parceiro, acaba tornando-se alvo de abusos, em vez de terminar o relacionamento. Além disso, pode trabalhar duro para sustentar a família ou o cônjuge, não se incomodando em ficar com pouco tempo ou dinheiro sobrando para si mesmo. Apesar de supostamente levar uma vida cheia, pode acabar descobrindo que seu eu interior continua neglegenciado e vazio.

O Tipo Nove Sexual: quando penso nesse subtipo do Tipo Nove, lembro-me do poema "Sobre o Casamento", de Khalil Gibran.

> *Enchei a taça um do outro,*
> *mas não bebais de uma só taça.*
> *Partilhai o pão,*
> *mas não comais do mesmo bocado.*
> *Cantai e dançai juntos, sede alegres,*
> *mas permaneça cada um de vós sozinho,*
> *como sozinhas estão as cordas do alaúde,*
> *embora nelas vibre a mesma música.*

O subtipo Sexual do Tipo Nove poderia aprender muito com as palavras desse sábio porque, se pudesse, beberia alegremente da mesma taça, comeria do mesmo pão e dançaria ao som de um alaúde monocórdico, como se ele e o parceiro fossem irmãos siameses unidos pelo quadril. Ele precisa aprender que a verdadeira união requer dois seres distintos, e não que um seja o outro.

Se o Autopreservacionista se funde ao conforto e o Social a grupos, o subtipo Sexual do Tipo Nove funde-se ao parceiro (ou a outra pessoa importante, como um dos pais, um filho ou um amigo). Se o sexo é a fusão entre corpo e mente, então esse subtipo representa sua essência: em outra pessoa, ele perde seu senso de individualidade. E tem no outro a condição para sua própria existência: "Você é, logo eu sou". Para ele, é difícil lidar com um parceiro que se dedica ao trabalho (que coloca o trabalho acima dele) porque, se faz do parceiro sua razão de viver, esse subtipo quer o mesmo em troca. A finalidade da vida passa a ser "nós".

Por isso, os limites pessoais podem distorcer-se. Ele é capaz de sacrificar os próprios desejos para alimentar os do parceiro, já que conexão e intimidade se tornam sua principal preocupação. Para mantê-las, ele se mostra um bom ouvinte, altera os próprios horários para que você não precise mudar os seus e é facilmente influenciável para concordar com suas decisões e com seu estilo de vida, sem sequer perceber que é isso que está fazendo. Com todo esse foco nos relacionamentos, sua falta de autoafirmação e a jovialidade dos outros dois subtipos, ele pode dar a impressão de ser do Tipo Quatro. Seus parceiros se sentirão compreendidos, amados e fortalecidos, enquanto o Tipo Nove afirma compartilhar de suas opiniões, sentimentos e convicções.[21]

Esse subtipo tentará evitar qualquer coisa que lhe pareça perturbadora, mesmo que o custo pessoal seja grande. Com o tempo, esse pode se tornar o modo oficial como o relacionamento funciona, e ele pode começar a se sentir subestimado. Em vez de dar vazão à própria raiva, ele começa a se esquivar, muitas vezes sem perceber a origem dessa raiva. Acostumados a ser nutridos, os parceiros podem se sentir abandonados quando um representante do subtipo Sexual se retrai para remoer a raiva. Mesmo assim, continua sendo difícil para ele deixar um relacionamento: "Melhor o diabo que você conhece do que o anjo que você desconhece", pensará.

Em busca de um vínculo especial, o subtipo Sexual do Tipo Nove quer derrubar suas barreiras e vivenciar uma conexão profunda, mas justamente o que ele deseja será uma ilusão se lhe faltar o senso de individualidade. E essa experiência pode ser frustrante, pois ele pode chegar ao orgasmo, mas ainda assim sentir-se só.

É provável que ele goste mais de explorar o sexo do que os outros dois subtipos. Porém a raiva lhe abafa o desejo e, por isso, o subtipo Sexual pode ter frigidez ou impotência (comportamento passivo-agressivo). Também é possível que, na tentativa de manter ou atrair um relacionamento, ele caia no extremo oposto e se dedique ao sexo até beirar as raias da promiscuidade.

As Asas

Tipo Nove com Asa Oito (*Amor Maternal e Erótico*): nesse subtipo, a paz do Tipo Nove encontra a força do Tipo Oito. As pessoas do Tipo Nove com Asa Oito são excelentes líderes, pois contam com a força e a ação do Tipo Oito e com a gentileza e a inclusão do Tipo Nove. Muitas vezes, elas são CEOs ou líderes empresariais. Nos relacionamentos, elas são menos propensas a se deixar dominar, adotando uma postura mais firme e mais forte, própria do Tipo Oito. A necessidade de ação e confronto do Tipo Oito pode criar um paradoxo para o pacificador e preguiçoso Nove: ele diz "Não mexa comigo", embora se esquive rapidamente se confrontado.

Tipo Nove com Asa Um (*Amor Maternal e Paternal*): aqui, a paz do Tipo Nove encontra a perfeição do Tipo Um. Mais propensos à fusão do que os representantes do subtipo que tem a outra asa, estes podem ficar presos em relacionamentos que não os alimentam. Além disso, são menos extrovertidos e mais inclinados a ser críticos e moralistas. Nos relacionamentos, eles fazem a coisa certa (mesmo que dissimuladamente pressionem o parceiro a ser o vilão). Dado que a mente é o maior órgão sexual, eles podem levar criatividade e imaginação fértil para a cama, embora a necessidade que o Tipo Um tem de ser respeitável possa torná-los menos dispostos a explorar sexualmente.

Como Desfrutar da Presença Sexual

O Que Dificulta a Satisfação Sexual do Tipo Nove

O parceiro pode estar esperando no quarto, todo animado para uma noite de sexo quente, mas o Tipo Nove não aparece. Contrariado, ele se levanta e o encontra dando comida ao gato, lavando a louça, respondendo a um *e-mail* ou limpando um armário na cozinha. Essas tarefas triviais e aparentemente sem relação umas com as outras o Tipo Nove considera importantes, mas podem afetar desfavoravelmente o desejo de intimidade do parceiro:[22] "Já, já estarei aí…".

Na adolescência e na juventude, o trabalho vinha antes do prazer, ou o dever de casa vinha antes da brincadeira, especialmente se um dos pais for ou tiver sido do Tipo Um. Mais tarde, isso se traduz em trabalho doméstico/profissional antes do sexo, ou seja, suas necessidades (inclusive as sexuais) não têm importância, mas a faxina, sim. (E quando termina as tarefas, o Tipo Nove pode estar cansado demais para o sexo.) Essas coisas podem fazer o parceiro achar que o amante está inventando desculpas, que não quer sexo, que não tem libido ou que seu próprio poder de atração não é suficiente – tudo isso pode magoar o parceiro que não entender a dinâmica do Tipo Nove.[23] Superficialmente, ele pode parecer o amante perfeito: ele considera as necessidades do parceiro mais importantes que as suas, não valoriza os próprios sentimentos e emoções e pode negar seus impulsos sexuais. No extremo da autonegação, o Tipo Nove acha que não é importante o suficiente para que se preocupem com ele e que todo mundo tem mais o que fazer.

Sandra Maitri afirma que esse tipo precisa sentir o corpo, em vez de simplesmente ocupá-lo.[24] Para ser ótimo, o sexo implica conexão com todos os três aspectos do eu (o mental, o emocional e o físico). Talvez o parceiro precise acender o fogo sexual dentro de seu amante do Tipo Nove para ajudá-lo a entrar no próprio corpo e, assim, criar a excitação.

Como o Tipo Nove Pode se Tornar Sexualmente Presente

Una-se a si mesmo: para o Tipo Nove, a cura não se processa pela fusão com o parceiro, com um grupo nem com seus vários confortos, mas, sim, pela fusão consigo mesmo, no reconhecimento de suas próprias opiniões, seus desejos e suas necessidades sexuais. Ele precisa manter a própria identidade, mesmo quando tiver intimidade com outra pessoa. O caminho para a integração está na autenticidade, não em viver por meio de uma versão idealizada do parceiro.

Trate suas necessidades como iguais: a autorrealização se processa quando o Tipo Nove vê as próprias necessidades como iguais às do parceiro; não como maiores nem como menores. É um processo de lembrar-se de si mesmo e perceber que também conta (e muito mais do que ele imagina).

Abra-se para a mudança: quando integrado, o Tipo Nove se dispõe a explorar e a fazer as coisas de maneira diferente. E, se não funcionar, tudo bem. O importante é tentar. Se usar sua imaginação fértil, ele conseguirá colocar um pouco mais de pimenta no sexo.

Abra-se para a realidade: esse tipo precisa aceitar um paradoxo universal: quem se apega apenas às partes "boas" de um relacionamento perde o potencial de profundidade e equilíbrio. Às vezes, os momentos felizes também exigem momentos menos satisfatórios, e tudo bem. As coisas são assim mesmo.

Concentre-se em seus próprios desejos: reconhecer seu direito ao prazer traz o Tipo Nove à Presença – e o mundo não vai parar se a cozinha não estiver limpa. Ele merece desfrutar de sua sexualidade, mas precisa conectar-se com o corpo. Perguntar-se: "Onde, em meu corpo, é que estou sentindo essa dor emocional?" é uma ótima maneira de lembrar (e relembrar) a conexão com o corpo.

O que *você* quer? O Tipo Nove precisa pensar sobre o que quer no sexo e verbalizá-lo para o parceiro. Escrever um diário pode ajudá-lo a consolidar seus pensamentos e sentimentos.

Reconheça e libere a raiva: a raiva cria uma muralha defensiva que bloqueia a intimidade. Em vez de suprimir a raiva que sente do parceiro, conscientizar-se dela para, então, trabalhá-la tem efeitos terapêuticos.

Perguntas para o Diário

OBSERVAÇÃO: Vale a pena responder a estas perguntas, seja qual for o seu tipo.

- De que modo a necessidade de preservar a paz afeta sua capacidade de conectar-se com seus desejos e sua expressão sexual?
- Que efeito isso pode ter sobre o parceiro? E sobre você?
- Como a tendência a fundir-se com o parceiro o afeta?
- O sexo é um espaço de intimidade e cura para você e para o parceiro ou destina-se a satisfazer as necessidades dele e, com isso, manter a harmonia?
- Quais são suas necessidades e seus desejos sexuais?

O Tipo que Você Ama

Por que sentimos atração por diferentes tipos, como interagir com diferentes tipos e o que esperar quando as coisas dão errado

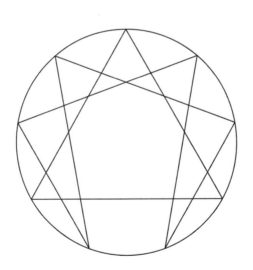

Por Que Sentimos Atração por Diferentes Tipos 13

Que Tipo Faz os Melhores Amantes?

A resposta é simples: o amante que tiver atingido o maior grau de integração. Quanto mais integrados você e seu parceiro forem, mais abertos e mais presentes vocês serão e mais intimidade no sexo terão. Se seu amante estiver desintegrado, o ego estará no comando, não importa de que tipo ele seja. Porém, não podemos nos esquecer da questão dos grupos Arredio, Atirado e Condicional. Se duas pessoas pertencentes ao grupo dos Arredios entrarem em um relacionamento, pode haver uma compreensão mútua da necessidade de distanciamento, porém haverá menos paixão. No caso de duas pessoas pertencentes ao grupo dos Atirados, a necessidade constante de confronto pode ser demasiado explosiva, embora às vezes seja excitante. Já dois integrantes do grupo dos Condicionais podem estar tão focados em atender a certas condições que o sexo pode se perder ao longo do caminho.

Recapitulando rapidamente cada um dos tipos:

❖ O Tipo Um, se desintegrado, vai criticar seu desempenho, seu corpo, o estado de seu quarto (algo que dificilmente funciona como afrodisíaco). Mas, quando integrado, ele será sereno e receptivo.

- Se desintegrado, o Tipo Dois pode parecer pegajoso e cansativo, fazendo você se sentir culpado por "tudo que fiz por você". Porém, quando integrado, ele é protetor, amoroso e compassivo.
- Se não é saudável, o Tipo Três provavelmente estará ocupado fazendo propaganda de suas proezas como amante, deixando a você o papel de coadjuvante. Quando saudável, ele é autêntico e demostrará por você um interesse genuíno.
- Quando em estado de desintegração, o Tipo Quatro pode concentrar-se tanto em si mesmo que você se sente ignorado ou insignificante. E sua melancolia provavelmente não é um bom afrodisíaco. Porém, se integrado, ele será romântico, sensível às suas necessidades e emocionalmente forte.
- Sexo com um representante desintegrado do Tipo Cinco pode dar-lhe a impressão de estar sendo o objeto de pesquisa em um experimento sexual. Mas, se integrado, ele será um amante inovador, compreensivo, gentil e brincalhão.
- O Tipo Seis que não é emocionalmente saudável pode exauri-lo com seus medos e preocupações antes mesmo que você tenha tirado a roupa. Porém, se for saudável, ele demostrará compaixão e afeto e terá os pés no chão.
- Quando desintegrado, o Tipo Sete pode ficar tão preso na própria mente pensando em futuras possibilidades ou no que vocês farão depois que pode levá-lo a achar que, para ele, o sexo é como uma lista mental que ele vai ticando. Mas, se integrado, ele será atencioso, grato por ter você e demostrará de forma autêntica sua satisfação.
- Quando desintegrado, o Tipo Oito pode abordá-lo com tanta luxúria que você sentirá necessidade de recuar. Entretanto, quando integrado, ele se dispõe a tratá-lo como um igual, demostrando gentileza, força e honradez.

❖ Quando é pouco saudável, o Tipo Nove se dissocia a tal ponto que você pode achar que está fazendo amor com um objeto inanimado. Mas, quando saudável, esse tipo é sensual, sexualmente imaginativo e proativo, além de totalmente engajado.

A escolha de um parceiro também tem a ver com preferência pessoal e com suas próprias necessidades. O desejo de fazer a coisa certa que caracteriza o Tipo Um lhe transmitiria segurança em um relacionamento? O cuidado e a atenção do Tipo Dois lhe agradariam mais? Ou a impetuosidade e a autoconfiança de um amante do Tipo Três? O temperamento romântico do Tipo Quatro? A capacidade de inovação e exploração do Tipo Cinco? A lealdade e a compaixão do Tipo Seis? Você quer a emoção do Tipo Sete? Ou um representante do Tipo Oito que o proteja e assuma o controle? Talvez o delicado desejo de agradar do Tipo Nove?

Talvez a leitura a respeito dos tipos lhe dê uma ideia de qual tem mais probabilidade de inspirar você. (E então, à medida que a vida for passando, você acabará se apaixonando por uma pessoa completamente diferente!)

Por Que Você Sentiria Atração por Alguém do Tipo Um

Quando você conhece alguém do Tipo Um, é bem provável que ele esteja bem-vestido no sentido conservador do termo. Você pode se sentir atraído por seu ideal de criar um mundo melhor. Ele aparenta ser sensato, ético, responsável e disciplinado – e, se você já se envolveu alguma vez com um irresponsável viciado em trair, a estabilidade deste tipo lhe parecerá muito atraente. É possível que admire sua disposição a lutar em nome dos outros ou pelo que ele acredita ser o certo (e, nesse aspecto, ele pode mesmo ser uma inspiração).

Em seu desejo de ser "bons", os representantes desse tipo constituem excelente "material" para casamento, pois são provedores e donos de casa dedicados que propiciam uma vida doméstica estável e segura. Resumindo, eles são o tipo de cara ou garota que você gostaria de apresentar a seus pais.

Na cama, o Tipo Um assume o comando e, quando se apaixona, pode ser passional e até um pouco romântico. Ele não vai se esquecer de seu aniversário nem do aniversário de namoro ou de casamento e fará o que se espera para comemorá-los. Como raramente está acima do peso e, em geral, gosta de se exercitar, ele deve estar em forma e é sempre um ótimo colírio para os olhos!

Por Que Você Sentiria Atração por Alguém do Tipo Dois

O Tipo Dois é conhecido como o sedutor do Eneagrama porque sabe exatamente o que fazer para agradar o parceiro: por ter passado a vida inteira atentando para as necessidades alheias, ele pode se transformar facilmente em tudo que você deseja em um parceiro. Ele não faz isso para qualquer um, mas sim para uma pessoa ou um grupo especial. Quando menos integrado, ele é a personalidade histriônica[1] do Eneagrama, cuja arte é a sedução.

Esse tipo é aquele que vai lhe oferecer tudo o que você sempre quis: é o príncipe montado num cavalo branco ou a adorável donzela indefesa. Principalmente se você tiver um histórico de desatenção ou infelicidade nos relacionamentos, o Tipo Dois pode parecer um sonho que se torna realidade: ele colocará sua marca favorita de xampu no banheiro pela manhã, lhe oferecerá suco de laranja feito na hora, lhe fará uma massagem e o convidará para fazer aquele programa perfeito. "Finalmente, conheci uma pessoa empática que me dá apoio emocional e entende minhas necessidades", pensará você.

Para alguém do Tipo Dois, a necessidade de apego e atenção chega a ponto de transformar a ideia de passar uma noite sozinho difícil de suportar. Já que encontrar um companheiro está no topo de sua lista, ele se esforça muito para parecer atraente: além de bem-vestido, vai usar perfumes ou loções pós-barba caros e se exercitar em uma academia. Quando ele sente que o relacionamento se estabilizou, alguns desses hábitos podem cair no esquecimento.

Por Que Você Sentiria Atração por Alguém do Tipo Três

As pessoas desse tipo são cativantes e ambiciosas. Por serem fálicas[2] (arrogantes e autoconfiantes), elas exalam segurança, o que é um excelente afrodisíaco. Alguém que parece ter tudo pode nos levar a querer fazer parte de algo que sentimos que não somos. Por isso, ao lado de alguém do Tipo Três, estaremos sempre esperando que um pouco do seu pó de ouro caia sobre nós. Além de contar com seu encanto natural, o Tipo Três geralmente tem muito cuidado quando se trata de criar uma imagem desejável: pense em óculos de grife, creme para a pele da La Prairie, bolsa Dior... Ele exala brilho, *glamour* e estilo.

Como geralmente se interessa por moda e sabe o que usar para se valorizar, esse tipo sempre sai bem na fita e costuma causar sensação como acompanhante. (Só o seu círculo mais íntimo já o viu arrastando-se de pijama ao meio-dia de um domingo, quando bate o esgotamento.) Muitas vezes, ele também é fisicamente atraente, atributo em que investe muito para realçar (com a possível exceção do tipo contrafóbico): pense em abdominoplastia, implantes de silicone e outros tipos de cirurgia estética. Por isso, se entrar em uma sala de braço dado com uma pessoa do Tipo Três, você verá muitas cabeças se virando em sua direção para admirá-la.

Os representantes desse tipo atraem amantes como uma lâmpada atrai mariposas: sexo, poder, sucesso e fama podem compensar qualquer deficiência em termos de aparência. Eles vão fazer você rir, bajulá-lo, lhe oferecer ajuda em seu projeto e levá-lo a festas e jantares de alto estilo. Como querem ser considerados divertidos, inteligentes, espirituosos e agradáveis, farão o impossível para que você goste de sua companhia. Interessados em aparecer sob a melhor luz, eles geralmente conseguem conversar sobre muitos temas diferentes, ainda que apenas de modo superficial.

Com muita habilidade para "vender" sua atmosfera desejável, as pessoas desse tipo satisfazem suas exigências sexuais brilhando: elas são as estrelas.

Por Que Você Sentiria Atração por Alguém do Tipo Quatro

Quando você está naquele *vernissage* chique e alguém entra na sala vestido na moda, mas parecendo "diferente", há uma boa chance de você estar diante de uma pessoa do Tipo Quatro. Esse tipo geralmente se apresenta como intrigante e misterioso, o que é um afrodisíaco fascinante. Ele pode dar a impressão de estar à margem da festa, mas o atrai para si como uma joia exótica. Quando você está com ele, ele só tem olhos para você.

Intenso e atraente, é dotado de um toque sensual carregado de eletricidade. "Esta pessoa não é como as outras", diz você, já tentado a descobrir por quê. Esse tipo é capaz de expor com entusiasmo sua última criação e, neste mundo de insensibilidade robótica, você adora sua paixão. Sua fragilidade e vulnerabilidade o induzem a querer salvá-lo.

Juntos, vocês lerão livros esparramando-se em frente à lareira; viajarão mentalmente pelo mundo ou namorarão tomando vinho e escutando poesia. Passarão horas se acariciando, para logo em seguida terem uma briga feia e depois fazerem as pazes com toda a paixão. Seu amante do Tipo Quatro pode escrever canções para você com bilhetinhos de amor escondidos, mandar flores ou criar uma obra de arte ou uma história inspirada em você. Ele será o que toda história de amor já prometeu.

Por Que Você Sentiria Atração por Alguém do Tipo Cinco

Os representantes desse tipo são inteligentes. Eles sabem muito sobre muitas coisas e, por isso, interagir com eles é fascinante. Lembro-me de uma mulher que se apaixonou por um deles porque:

> *Conversávamos longamente até altas horas da noite. Suas ideias eram originais e instigantes.*
>
> *Embora eu não tivesse atração física por ele, ele era engraçado e inteligente, e essa combinação me seduzia.*

Se ele for seu professor ou um cientista renomado que está orientando sua pesquisa de doutorado, você pode se sentir atraído por sua sabedoria e seu conhecimento.

O Tipo Cinco vê a vida de uma maneira diferente e, por isso, suas observações em geral são penetrantes e peculiares. Ele tem a profundidade que falta a alguns dos outros tipos. Se você entender sua necessidade de privacidade, não for exigente e não o pressionar a revelar coisas contra a própria vontade, ele pode ser um parceiro incrivelmente leal e atencioso. Às vezes, sua estranheza e sua intensidade o tornam especialmente atraente e vulnerável.

Embora muitas vezes não seja atlético (a menos que ele goste de um esporte que possa praticar sozinho, como o ciclismo), costuma ser ectomorfo,[3] tendo uma constituição esguia e ligeiramente musculosa, o que lhe confere um corpo ágil e em forma.

Por Que Você Sentiria Atração por Alguém do Tipo Seis

Quando integrado, esse tipo o ama pelo que você é; não por sua herança, seu cargo importante ou sua aparência. Ele enxerga seu verdadeiro eu, e isso pode contar muito.[4] Por não querer se sentir ameaçado, ele não quer parecer ameaçador aos outros e, em geral, é simpático.

Assim, acaba desenvolvendo um senso de humor autodepreciativo, como se para dizer: "Veja, se eu consigo rir de mim mesmo, então ninguém precisa ter medo de mim". Muitas vezes, gosta de receber e é um anfitrião hospitaleiro.[5] Responsável, ele cuida das finanças e paga as contas para garantir que tudo funcione bem. Isso representa um grande bônus para os parceiros que não gostam desse aspecto da vida!

Prepare-se para assistir a filmes de terror nos encontros a dois, pois às vezes o Tipo Seis tenta controlar seus medos observando os piores cenários. Ninguém pode dizer que não seja uma maneira segura de sentir medo! Apesar de seu baixo senso de individualidade (ou talvez por causa disso), esse tipo gosta de assumir o comando, o que pode implicar assumir um papel mais dominador na cama.

O Tipo Seis pode apoiar incondicionalmente a causa de seu parceiro e apreciar de coração suas conquistas. Para tanto, ele não se importa em ficar em segundo plano e fazer sacrifícios pessoais para que o parceiro possa alcançar um objetivo.

Se alguém do Tipo Seis o aceitar como parceiro, ele verá essa parceria como um compromisso para toda a vida. Se você tiver problemas ao longo do caminho (como inevitavelmente acontece com todos nós), ele se concentrará no problema a ser resolvido, não no parceiro. Se você estiver com ele para o que der e vier, ele lhe retribuirá na mesma moeda.

Por Que Você Sentiria Atração por Alguém do Tipo Sete

O Tipo Sete seduz com charme, animação, brincadeiras e inteligência. Sua presença alegre ilumina até mesmo a atmosfera mais sombria e carregada. É compreensível que se sinta atraído por essa pessoa intuitiva, perspicaz e espirituosa que faz você se sentir tão de bem com a vida.

Esse tipo se caracteriza por ser boa companhia; um festeiro que sempre anima o ambiente. Em sua recusa em envelhecer, ele pode ser uma espécie de Peter Pan. Ele quer fazer de tudo e terá prazer em levá-lo nesse passeio (desde que você tenha fôlego para acompanhá-lo!).

Se tentar prendê-lo ou acabar com sua diversão, ele não tardará em seguir adiante. Esse tipo é também muito independente e, embora possa tolerar uma certa quantidade de restrições, a liberdade é fundamental para sua felicidade. Ele não vai gostar nada se você ficar pegando no pé dele ou se estiver sempre mal-humorado e triste.

A autoconfiança é o maior afrodisíaco, e o Tipo Sete geralmente a tem de sobra. Ele é "descolado": se veste bem, conhece pessoas interessantes e, como o Tipo Três, conhece todos os bons novos lugares para frequentar. Além de saber conversar, ele gosta de parceiros que acompanhem seu ritmo.

A vida com alguém desse tipo não é monótona. Seus representantes costumam viajar muito e são cosmopolitas. Prepare-se para passear de montanha-russa pela vida: seu parceiro do Tipo Sete quer visitar (ainda mais) terras estrangeiras, novos restaurantes badalados e maravilhas da natureza.

Ele está ansioso para fazer diferença no mundo (especialmente se for do subtipo Social) e, por isso, atrairá aqueles que compartilham dos mesmos ideais.

Por Que Você Sentiria Atração por Alguém do Tipo Oito

Quando alguém desse tipo entra em uma sala, você quase consegue sentir o cheiro do poder. Ele transpira carisma e autoconfiança por todos os poros. Além disso, costuma ser inspirador – e não há quem consiga deixar de notá-lo. Ele geralmente tem uma pitada de arrogância, e sua atitude de "Deixe que eu cuido disso" promete ao parceiro segurança e proteção. A generosidade e o grande coração dele o deixarão com vontade de pular sobre a mesa, dizendo: "Leve-me com você agora!".

Os representantes do Tipo Oito em geral são líderes ou trabalham em administração na área de sua escolha. Para eles, o sexo costuma ser uma questão de poder, e o poder pode levar rapidamente à paixão. Sua assertividade é uma característica que lhe pressagia uma série de conquistas sexuais.[6]

Esse tipo gosta de socializar. Ele adora se sentar à cabeceira de uma grande mesa com a família ou os amigos, ou ir a casas noturnas com os amigos para fazer farras que duram a noite inteira. Por ser impulsivo, é capaz de deixar o local assim que fisgar alguém que lhe interesse. Sem pensar duas vezes, ele deixará de lado todos os planos anteriores e atravessará o salão com uma espirituosa frase de impacto.

Se conseguir romper as barreiras de uma pessoa do Tipo Oito, sob a armadura pesada você encontrará alguém surpreendentemente delicado, compassivo e sentimental.

Por Que Você Sentiria Atração por Alguém do Tipo Nove

São poucas as pessoas que não gostam desse tipo. Seu desejo de agradar, sua disposição afetuosa e afável, sua solidariedade e seu alegre contentamento em geral o tornam alguém que dificilmente inspira antipatia. Em sua companhia, você se sente seguro, calmo e relaxado: com suas brincadeiras, ele deixa qualquer pretendente nervoso à vontade.

O Tipo Nove é despretensioso e não se leva muito a sério. Mesmo que tenha conquistado muito na vida, em geral ele hesita em fazer estardalhaço disso. Adora participar de eventos familiares e socializar com amigos, pois gosta de se sentir membro de um grupo, mas costuma dizer que nunca se sente realmente incluído.

Ele é gentil, prestativo, tolerante e generoso até demais. Ele quer agradar você. Os representantes desse tipo, em especial os que têm Asa Oito, são também amantes sensuais. Alguns deles podem perseguir um parceiro sexual com cobiça e ímpeto dignos do Tipo Três, usando o sexo para provar sua autonomia ou para fundir-se ao forte desejo do parceiro.

Você tem alguma coisa contra?

Como Interagir com Diferentes Tipos

14

Flertando com os Tipos

Você encontrou a pessoa com quem sonhava. Agora, precisa se aproximar dela. Por suas próprias observações e pelas observações de terceiros, você suspeita qual é o tipo dela, mas o que deve fazer para se entrosar melhor com essa pessoa? É aqui que o Eneagrama pode ser extremamente útil. Mesmo que você esteja errado quanto ao tipo em si, sua abordagem pode muito bem interessar a um dos tipos que integram a constituição geral dessa pessoa (sua asa, seu ponto de extensão ou seu ponto de liberação). Experimente e veja se isso faz alguma diferença em sua maneira habitual de abordar alguém.

Como se Entrosar com o Tipo Um

Sua prioridade? Chegue na hora marcada! Esse tipo odeia falta de pontualidade. Ele sentirá atração pelas pessoas que considerar mais divertidas e relaxadas do que ele próprio ou, então, pelas que acreditar que comungam de suas convicções e seus princípios. Talvez você não precise falar muito, pois, em geral, ele é razoavelmente confiante e tagarela. E vai adorar se você o ouvir e concordar com seus pontos de vista. Abster-se de sexo demonstrará que você também tem moral e códigos de conduta.

Se garantir a seu paquera do Tipo Um que valoriza tudo que ele faz para tornar a vida melhor, você contribuirá muito para aliviar as restrições e recriminações que ele mesmo se impõe. Oferecer ajuda pode operar milagres; ficar sentado lendo uma revista enquanto ele faz as tarefas, não. Se você estragar as coisas chegando atrasado, ele o perdoará com relativa facilidade, contanto que você faça um pedido formal de desculpas.

Como se Entrosar com o Tipo Dois

Devido à tendência a definir-se por meio do parceiro, o Tipo Dois costuma sentir atração por pessoas que se enquadrem nos seguintes grupos:

- Os oprimidos: parceiros que sofreram abusos ou que se sentem vítimas. O Tipo Dois gosta de assumir o papel de salvador ou facilitador.
- Os que precisam de ajuda: parceiros com alguma deficiência ou limitação de ordem física, que precisam de apoio para superar dependências ou de alguma outra forma de ajuda (uma apresentação, um emprego, dinheiro). Esse tipo gosta de ajudar em qualquer lugar onde sua benevolência faça falta. Ele é capaz de amar tão bem que nem vê o "defeito".
- Os belos: como o Tipo Quatro (em cuja direção se move), o Tipo Dois gosta de colírios para os olhos, pessoas atraentes para pendurar a tiracolo, reafirmando assim seu senso de identidade. Como também costuma ser atraente de uma forma delicada e curvilínea, ele quer um parceiro à altura da sua própria aparência.

❖ Os bem-sucedidos: o Tipo Dois (particularmente se for do subtipo Social) gosta de associar-se a pessoas com potencial para "vencer" na vida: o autor em ascensão, o cara criativo e ambicioso da *startup*, o apresentador de *talk-shows* que está na mira de emissoras maiores ou o desenvolvedor de um aplicativo muito promissor.[1] Ele está presente quando o crescimento/sucesso/fama acontece e pode reivindicar para si pelo menos parte disso: "Você nunca teria conseguido isso sem meu apoio". Além disso, pode preferir apoiar alguém que já tenha sucesso.

Para conquistar alguém do Tipo Dois, crie um cenário romântico, faça-o se sentir indispensável e valorizado, encha a bola dele (principalmente quando vocês estiverem em companhia de outras pessoas) e promova diversão e emoção no relacionamento. Retribuir seus gestos pode operar milagres (um almoço imprevisto, um presentinho ou um *e-mail* carinhoso), contanto que não o faça pensar que precisa dar a você algo maior em troca. No fundo, ele acha que manifestar as próprias necessidades é uma receita infalível para a rejeição. Vez ou outra, focar no Tipo Dois em vez de focar em si mesmo é uma ótima maneira de lembrar-lhe que ele conta. O toque físico também é importante, assim como a garantia constante de que você o adora. Ele passa boa parte da própria vida ouvindo você e demonstrando todo o seu interesse. Portanto, retribua fazendo-o sentir que merece ser ouvido. Diga-lhe o quanto se preocupa com ele e que se orgulha por ele ter um relacionamento com você.

Como se Entrosar com o Tipo Três

Esse é um tipo que domina o salão (principalmente quando há nele pessoas bem relacionadas). Depois de puxar conversa com ele, é fácil: basta deixá-lo falar e, de vez em quando, dizer "Nossa, sério?" ou

"Incrível!" para manter o interesse dele. Você o deixará fascinado citando nomes de pessoas conhecidas e deixando-o entrever algumas de suas relações sociais importantes. Ele também se animará se você aparentar ser um cidadão do mundo e ter habilidades ou informações interessantes (e privilegiadas) para compartilhar. Ser inteligente e espirituoso também vai ajudar.

Já que o sexo, para ele, é mais uma questão de desempenho, diga-lhe se a experiência foi agradável. Esse tipo dá duro para se aprimorar e precisa sentir que seus esforços na cama e fora dela estão sendo devidamente apreciados. Ele geralmente não tem muito tempo livre. Por isso, prepare-se para fins de semana agitados e cheios de atividades (e para ficar em segundo plano, depois da carreira ou do esporte preferido dele).

A princípio, seu novo amante do Tipo Três vai querer parecer o parceiro perfeito,[2] mas essa fachada acabará caindo com a convivência. Procure meios de trazer o brilho de volta para o relacionamento.

Deixe claro que você tem atração por ele; não por suas realizações nem por sua imagem externa. Desfrute do dinheiro que ele é capaz de ganhar e das festas e dos jantares que o acompanham, mas diga-lhe que você está com ele para o que der e vier, seja ele príncipe ou mendigo.

O Tipo Três está preso numa armadilha: por achar que precisa ganhar a estima das pessoas, fica confuso quando o tempo que ele passa no trabalho deixa o parceiro negligenciado ressentido e com raiva. Mostre-lhe que não tem problema em apenas ser; que não precisa fazer mais nada. Observe que, nesse espaço, ele pode se sentir vulnerável e precisará de sua reafirmação e de seu apoio. Embora possa parecer não ter levado sua crítica a sério, sozinho ele ficará triste. Lembre-se de que ele acha que o amor deve ser exigido, não recebido de forma espontânea.

A segurança dele provém do movimento, e isso pode ser extenuante para você. Por isso, mostre-lhe que o fato de não o acompanhar em todos os eventos não é rejeição; que é só porque você precisa relaxar. Aceite que trabalhar até tarde é parte da vida dele (e será da sua, a não ser que ele seja do subtipo Sexual). Talvez vocês tenham que planejar as férias juntos, caso contrário ele sempre estará sobrecarregado de trabalho. Descubra atividades de lazer que agradem a ambos. Como o Tipo Três adora aprimorar as próprias habilidades, convide-o para degustar vinhos, fazer um curso de culinária, ir a uma clínica de medicina esportiva, a um *workshop* de arte ou qualquer outra coisa que inspire vocês.

Deixe que o ato sexual seja lento e ardente, e não apenas um item a ticar em uma lista de tarefas. Com delicadeza, faça-o compreender que o orgasmo não é o objetivo, mas sim parte da viagem. Se ele conseguir ver que o orgasmo não é essencial a um ato prazeroso de amor, aliviará a ansiedade do desempenho e a necessidade de estar sempre a pleno vapor.

Se você conseguir fazer o Tipo Três diminuir o ritmo (boa sorte!), dê-lhe espaço para conectar-se com os próprios sentimentos – para sentir, em vez de pensar no que sente. Isso talvez o deixe confuso, pois ele pode não saber se o que está sentindo é real.

Ter um parceiro pegajoso raramente funciona para esse tipo, pois ele gostará mais de você se você também for independente. Elogiá-lo por seus sucessos funciona bem; concentrar-se em suas falhas, não.

Como se Entrosar com o Tipo Quatro

Não seria aconselhável apresentar-se a alguém do Tipo Quatro e ir logo dizendo que ele é do Tipo Quatro (na verdade, não seria aconselhável fazer isso com nenhum tipo), mesmo porque ele jamais admitirá ser visto como nada a não ser uma pessoa única no mundo. Quando dou *workshops*, sei que provavelmente estarei falando com um representante desse tipo se as primeiras palavras que ele disser forem: "Não gosto que me coloquem dentro de uma caixa".

Por outro lado, fazer o oposto funciona às mil maravilhas. Experimente algo mais ou menos assim: "Uau, na hora em que entrou na sala, percebi que você tinha algo diferente. Vamos abandonar a multidão e ir para um lugar intimista que conheço, de um mauriciano que prepara os coquetéis mais incríveis. Quero descobrir mais a seu respeito".

Já que o Tipo Quatro não quer parecer chato nem comum, reconheça seus traços exóticos e incomuns. Aprecie sua sensibilidade à flor da pele e acenda a chama da intensidade criativa que o faz florescer: "Sexo casual, ou sexo sem uma conexão profunda, não é o que eu busco. Acho que sou viciado em intimidade. Quero você todo: seu corpo nu e seus pensamentos nus".

Deixe-o expressar a profundidade de seus sentimentos. Estimule sua criatividade (esse tipo precisa dela para se sentir vivo). Saiba que aquilo que ele busca é intimidade profunda, não diversão e um bom momento. Não deixe que suas lembranças de ex-amantes o afetem. Em vez disso, traga-o delicadamente de volta ao presente com você.

Bom gosto é algo importante para o artístico Tipo Quatro. Portanto, lembre-se disso quando se arrumar para um encontro com ele. Talvez outros tipos não gostem de seu visual retrô inspirado em Audrey Hepburn ou de sua aposta em James Dean, mas um representante desse tipo acharia isso sedutor!

Como se Entrosar com o Tipo Cinco

O Tipo Cinco não gosta de se sentir sufocado. Portanto, martelar coisas em sua cabeça e entediá-lo com conversa mole com certeza o fará correr para a porta (algo que, sendo desse tipo, ele fará por precaução, justamente com esse intuito). É improvável que ele dê o primeiro passo. Uma boa maneira de puxar conversa seria colocar-se a seu lado (não cara a cara, pois ele consideraria isso demasiado invasivo e confrontador) e perguntar-lhe sobre seus atuais projetos ou interesses. Dê-lhe corda e procure, aos poucos, deixá-lo à vontade. Esse tipo geralmente é péssimo paquerador, de modo que você não deve confundir falta de paquera com falta de interesse.

Boa parte dos representantes do Tipo Cinco se acha socialmente inepta. Eles não entendem nada do jogo e dos sinais sutis do namoro e preferem manter uma conversa intelectual a entrar em conversinhas superficiais ou em qualquer coisa que lhes pareça demasiado emocional.

Esse tipo tem dificuldade em administrar as preliminares de um relacionamento. Embora possa querer estabelecer contato, não sabe ao certo como abordar a pessoa que deseja. Escrever mensagens de *e-mail* e SMS é uma forma não ameaçadora de criar entrosamento e dá a ele a oportunidade de mostrar seu intelecto e sua inteligência. Pessoalmente, ele pode tentar parecer intelectualmente arrogante (como se estivesse dizendo: "É pegar ou largar") ou diminuir os parceiros ("Você não entenderia este conceito..."). Seja como for, é provável que ele tente impressioná-lo com seus conhecimentos. Se você não o encurralar num canto emocional, ele demonstrará gentileza e emoções que deixam entrever sua perspicácia.

Como se sente dissociado do próprio corpo, ele pode ver no sexo um meio de se sentir mais conectado. É possível que escolha os parceiros não tanto pelo temperamento agradável, mas sim porque por acaso estavam disponíveis no momento. Se estiver se relacionando com alguém, ele pode ser sexualmente ativo, mas com o tempo o desempenho pode se tornar "mecânico".[3]

Você também pode pensar que seu amante do Tipo Cinco se distanciou dos sentimentos, mas muitos dos representantes desse tipo relatam que voltam às suas "cavernas" quando querem refletir sobre um relacionamento. Não é nada pessoal; é só uma recarga necessária de suas baterias. O que você pode sentir como indiferença pode ser apenas inadequação: estar com gente é desgastante (a menos que seja para discutir um tema interessante com especialistas na área), mas estar só é energizante.

Quando vocês estão nos braços um do outro, é mais provável que ele discuta a teoria da relatividade do que o quanto você significa para ele. Se aceitar que essa é a maneira que ele tem de se conectar, você ficará bem.

Apesar de poderem ser parceiros de vida dedicados, os representantes desse tipo sempre vão achar que estar em um relacionamento lhes exige que paguem um custo pessoal. Desistindo de focar no que querem (e sentindo-se privados por causa disso), eles demonstram seu compromisso com o relacionamento.

Alguns representantes do Tipo Cinco podem ter fases assexuadas. Certos sacerdotes ou místicos desse tipo podem dizer a si mesmos que conseguiram se colocar acima dos desejos do corpo (e, de fato, alguns podem ter conseguido isso). Porém, para muitos, trata-se simplesmente de uma necessidade de refugiar-se na segurança da própria cabeça, em vez de uma verdadeira libertação da luxúria.

Não caia na besteira de bater à sua porta sem avisar, pois esse tipo detesta intromissões. Deixe-o sozinho e não o obrigue a interações sociais (principalmente coquetéis e festinhas!). Procure ouvi-lo porque ele odeia ter que repetir informações cuidadosamente pensadas. O Tipo Cinco vai expressar emoções se e quando se sentir à vontade para fazer isso. Colocá-lo numa situação delicada só servirá para fazê--lo enterrar seus sentimentos ainda mais fundo.

Como se Entrosar com o Tipo Seis

Segundo Claudio Naranjo, o Tipo Seis tem vontade de se aproximar de possíveis parceiros, mas tem medo porque não se sente seguro de si. Nisso ele difere do Tipo Cinco, que não tem esse conflito e simplesmente é indiferente quando se trata de tomar a iniciativa.[4] O Tipo Seis gosta de ser abordado (isso o livra da necessidade de criar coragem para dar o primeiro passo), mas também pode ficar desconfiado: "O que ele *realmente* quer de mim?; Por que *ele* se sentiria atraído por *mim*?".

O Tipo Seis pode achar que aquela sua frase de efeito, que você planejou com toda sua inteligência, esconde segundas intenções: "O que é mesmo que está sendo dito aqui? Será que devo me preocupar?". Extremamente sensível à rejeição, para conseguir relaxar em um relacionamento, ele precisa sentir que é totalmente aceito. Além disso, é muito suscetível à solidão e à alienação e anseia fazer parte da cena social, por uma questão tanto de segurança quanto de aceitação.[5]

Esse tipo também pode parecer volúvel, de modo que você talvez tenha a impressão de que num dia ele gosta de você, mas não no outro. Entenda que isso se deve a suas incertezas e seus medos: "Será que isso vai dar certo? Será que eu quero mesmo um relacionamento agora? Ele teve mais parceiros do que eu. Será que isso significa que não devo confiar nele?". Com tantos "será", para ele é difícil ter certeza.

As suspeitas do Tipo Seis criam um mundo no qual poucos são dignos de confiança, incluindo ele próprio. Que conselho ele deve seguir?[6] Talvez precise da opinião de um parceiro, amigo ou colega para confirmar suas decisões, mas, ao pedir isso, ele se deslegitima. É por essa razão que a palavra "ambivalência" acabou ficando associada ao Tipo Seis.[7] Ele receberá com gratidão o parceiro que conseguir falar sobre os próprios medos e preocupações com ele e incutir-lhe segurança suficiente para confiar nas próprias decisões; alguém que o encoraje a entrar no desconhecido segurando sua mão.

Caso seu parceiro do Tipo Seis acredite que pode confiar em você, você estará diante do início de um ótimo relacionamento. Curiosamente, se tentar controlar ou manipular alguém desse tipo, você bem pode encontrar um rebelde.

Como se Entrosar com o Tipo Sete

Esse tipo gosta de falar sobre seus planos e façanhas e bem pode exagerar: o peixe que pescou cresce vários centímetros a cada vez que ele conta a história. Só que não faz isso para se gabar, e sim para tornar as coisas mais interessantes. Para inspirar um representante do Tipo Sete, ser bom ouvinte ajuda, mas também vale ser capaz de ter tanto entusiasmo quanto ele.

Lembre-se de que ele não é tão confiante quanto gostaria que você acreditasse. Por isso, quando ele o impressionar ou o fizer rir, procure reconhecer isso, pois lhe valerá muitos pontos. Como o Tipo Cinco, o Sete gosta de trocadilhos espirituosos e, portanto, se você rir ou responder com um deles conquistará seu respeito. É possível também que use os trocadilhos para revelar seus sentimentos: é a emoção disfarçada de humor.

Como esse tipo às vezes choca as pessoas com suas ideias e seus desejos sexuais, você precisará se sentir confortável com isso. (Se num jantar na casa de um amigo ele sugerir uma rapidinha na despensa da cozinha, você terá que aceitar feliz.)

Ele sempre vai procurar o que o relacionamento tem de positivo minimizando todos os aspectos negativos. Apesar da fachada refinada e confiante, o Tipo Sete pode reagir com extrema sensibilidade a qualquer forma de rejeição.

Esse tipo gosta de se deixar levar pela alegre correnteza do amor só para ter o prazer de derivar para outro lugar quando bater a vontade e, depois, retornar feliz. Caso você tente imobilizá-lo com muitos compromissos e muitos horários, ele pode acabar recorrendo a cancelamentos. Às vezes, ele não entende que sua ausência seguida de um reaparecimento entusiasmado não funciona para o parceiro, que pode se sentir usado e abandonado. Deixar que se movimente e tenha seus próprios interesses é crucial: "Estou saindo para surfar, querida. Vejo você depois de sua pedalada".

Como se Entrosar com o Tipo Oito

Como esse tipo adora papos diretos, se você for até ele e disser algo como: "Quais são minhas chances de ver você sem roupa esta noite?", não se espante se ele apreciar a abordagem, desde que se sinta no controle do desfecho. Ele gosta de conversas atrevidas e de parceiros que consigam reagir à altura de seu humor direto. Nem tente estabelecer regras, controlá-lo ou dominá-lo – deixe que ele faça os planos.

Ele está em seu elemento quando pode dar vazão à sua assertividade. Além disso, como acha a luta estimulante, ele não vai recuar (a menos que a coisa acabe na cama). O Tipo Oito considera irritante a gentileza melosa, e isso também vale para a adulação. Ele consegue detectar o que está por trás dessas coisas, então é melhor ser 100% autêntico.

Como gosta de emoção, sugerir uma noite tranquila em casa para assistir um filme na Netflix (a menos que envolva sexo indecente) não lhe parecerá muito convidativo. Deixe-o animado com brincadeiras. Massagear seu ego também não fará mal! E pode esperar sinceridade curta e grossa: "Você é uma mulher muito *sexy*, mas essas roupas de ginástica não funcionam comigo".

Já que sua paixão pode ser mal-interpretada como raiva, convém que você aprenda a discernir entre as duas. Além disso, lembre-se de que ele pode estar louco agora, mas daqui a pouco tudo terá se dissipado por completo. Se enxergar o lado mais delicado do Tipo Oito e lhe der um espaço seguro para expressá-lo, você já o terá conquistado.

Como se Entrosar com o Tipo Nove

O Tipo Nove é um abnegado. Se você o notar e demonstrar interesse por sua vida ou seus passatempos, atrairá sua atenção. Esse tipo muitas vezes se sente excluído de tudo. Fazê-lo sentir-se parte do seu grupo é uma boa maneira de se aproximar dele: "Vamos todos assistir ao jogo juntos no sábado. Quer vir comigo?". O Nove é um tipo alegre e, embora alguns de seus representantes possam ser tímidos, ele gosta de socializar (se não tiver que fazer todo o trabalho). Como faz amizade com qualquer pessoa com quem se identifica, é fácil conversar com ele. Invariavelmente, porém, você é quem precisará dar o primeiro passo. A menos que ele esteja desintegrado e entorpecido, geralmente você conseguirá puxar conversa. Contanto que não queira confrontos, ele terá o maior prazer em ouvi-lo.

Mas saiba que, no início, o Tipo Nove pode ser indiferente e até mesmo desdenhoso diante de estranhos. Caso não sinta que se estabeleceu alguma conexão entre vocês, ele precisará começar por saber que você é confiável.[8] E, não, ele não vai querer rejeitá-lo sem mais nem menos e correr o risco de ofendê-lo.

Ele quer que você relaxe e se divirta e fará de tudo para agradá-lo. Esse tipo gosta de se sentir parte de um grupo familiar e participa muito da vida do parceiro. Por serem de comportamento mais feminino/fluido, seus representantes podem não ter paixão. O fogo os atrai: ser inspirado, criativo, expressivo e atirado é excitante para o Tipo Nove.

Lembre-se de que esse tipo costuma dizer o que você quer ouvir, não o que ele de fato sente ou deseja. Se estiver interessado, ele tentará adivinhar o que você preferiria: "Você quer sair para jantar? Indiano ou tailandês?". Suas necessidades parecem ter mais importância que as dele. Se entender isso, você pode induzi-lo a revelar seus verdadeiros desejos dizendo: "Você disse que, desde que foi à Tailândia, adora comida tailandesa. Que tal experimentarmos o novo restaurante no fim da rua?". Para o Tipo Nove, o simples fato de ser reconhecido por ter necessidades é extremamente cativante.

O que Esperar Quando as Coisas Dão Errado 15

Quando chegamos aos níveis de integração mais baixos, é compreensível que o divórcio fique confuso para todos os tipos. O divórcio, experiência que nunca é agradável para ninguém, tende a nos empurrar para os aspectos menos integrados de nós mesmos. Com sorte, ele constitui uma mudança temporária que, uma vez resolvida, nos permite passar a níveis mais saudáveis da existência. Tomara que, com as percepções e reflexões que vêm a seguir, consigamos nos manter em um nível mais integrado e transitar entre as polaridades do "eu estou certo, você está errado" para transcender a necessidade de adotar qualquer dessas posturas. Isso é o que eu espero.

O Tipo Um no Divórcio

Os representantes desse tipo não querem ser vistos como o "vilão" no relacionamento. Para eles, é difícil seguir em frente porque geralmente não veem o divórcio como a opção "certa": eles vão duvidar de si mesmos e se preocupar secretamente com os próprios defeitos, condenando o parceiro o tempo todo por deixá-los ou fazer o relacionamento fracassar.

"Mas vocês eram infelizes juntos", disse eu a uma mulher do Tipo Um cujo marido havia desfeito o casamento. "Você sempre se queixava dele e nada do que ele fazia era o certo, então não acha que foi bom ele ter resolvido terminar o relacionamento? Não é hora de começar de novo e encontrar alguém que esteja mais próximo do que você julga um bom parceiro?"

Sabe o que ela respondeu? "Mas ele nunca deveria ter me deixado. Não é *certo*. Ele deveria ter ficado!"

Pelo fato de ter como missão tornar o mundo um lugar melhor, as pessoas do Tipo Um não se veem criticando os outros, mas sim ajudando-os a ser melhores. Além disso, elas têm muita dificuldade para aceitar críticas. Por isso, podem deixar de aceitar qualquer responsabilidade por seu papel no rompimento de um relacionamento. Conseguir abrir-se para a ideia de que ambas as partes podem ter causado o colapso da comunicação no relacionamento será extremamente terapêutico para elas.

O Tipo Dois no Divórcio

Talvez o amante de uma pessoa do Tipo Dois tenha deixado de precisar da atenção dela. Talvez, como o rei Henrique VIII,[1] essa pessoa tenha se cansado da novidade do atual parceiro e esteja buscando um novo estímulo (Naranjo usa a palavra "caprichoso"[2]). Ou talvez o Tipo Dois ache que não está recebendo os elogios e a gratidão que deseja. Se alguém desse tipo perder o interesse pelo parceiro, será capaz de mudar logo de afeições e seguir em frente, tomando decisões rápidas e até mesmo irracionais. O parceiro pode ficar se perguntando se o relacionamento realmente era tão profundo e íntimo quanto parecia.

Seu afeto pode evoluir rapidamente para a indiferença e para comportamentos menos saudáveis do Tipo Oito, como vingança e destruição. O parceiro pode ficar muito confuso ao ver que a pessoa amorosa e afável que conheceu tenha se tornado dura e fria num piscar de olhos.

Depois que a sedução excitante de um novo amante termina, o Tipo Dois pode começar a achar frustrante ficar preso. Talvez deseje a liberdade da solteirice, apesar de querer um relacionamento quando está solteiro. De repente, a estabilidade do relacionamento pode parecer-lhe confinante, e seus olhos podem derivar até a mais recente contratação da empresa, perguntando-se se essa potencial conquista saciará seu desejo de ser um salvador. Ele gosta de independência para si, mas não para o parceiro.

Quando se desintegra, o Tipo Dois pode ficar carente e pegajoso.[3] Isso pode fazer o parceiro se cansar dele, principalmente se for de um dos tipos mais frios, que consideram o controle constante e a necessidade de atenção extenuantes e invasivos. Os que conseguem ver através das tentativas arrogantes desse tipo de fazer-se passar por um bom partido podem considerá-lo dissimulado, principalmente quando percebem que tudo que ele deu foi apenas um estratagema para receber.

Se lhe passarem a perna num divórcio, o Tipo Dois pode se queixar para ganhar simpatia ou, a depender da situação, minimizar a perda para parecer generoso ou senhor de si aos olhos do próximo parceiro em potencial.

O Tipo Três no Divórcio

Divórcio é uma coisa que pode apertar os botões do abandono e da vergonha do Tipo Três. A tendência desse tipo à competitividade e ao gosto pela vitória quando se desintegra, aliada à sua propensão ao "triunfo vingativo",[4] cria as condições para uma batalha ferrenha e prolongada, na qual o foco estará na vitória a qualquer preço.

Vendo-se como vítima, mesmo que tenha ignorado solenemente seus votos de casamento e por mais razoável que tenha sido o acordo do divórcio, esse tipo dirá que saiu perdendo. Seus representantes estão acostumados a vencer as probabilidades, e muitos têm atrás de si sucesso financeiro, o que implica que podem pagar advogados caros e qualificados. E podem tentar desgastar o parceiro com acusações e atrasos intermináveis, transmitidos ao juiz com seu proverbial carisma. Os filhos podem acabar no meio do fogo cruzado e, no processo, virar moeda de troca. Quando está com muita raiva, o Tipo Três só vê suas próprias necessidades e sua compulsão de vencer.

Por mais que o parceiro queira traçar um limite para chegar ao fim de todo esse drama, para o Tipo Três desintegrado, o encerramento importa menos que o controle e a vitória total. Ele pode até mesmo distorcer a verdade para atingir seus fins, pois fechar um acordo não está entre suas opções. Se os honorários dos advogados ficarem caros demais para seu bolso, ele vai acreditar que ganhará a causa e não terá que pagar os custos. Calúnias e esgotamento podem levar o parceiro a aceitar um acordo injusto. Caso fique com muito pouco ao encerrar-se o processo, esse tipo estará confiante na própria capacidade de recriar riqueza rapidamente.

Para os representantes integrados do Tipo Três, não há necessidade de tais táticas. Eles entenderão que a questão não é "vencer", mas, sim, obter o melhor resultado para todos os envolvidos.

O Tipo Quatro no Divórcio

Como o Tipo Três, este também tem medo de ser abandonado – se a iniciativa não partir dele, o divórcio será devastador. Tendo vislumbrado em você sua adorada alma gêmea, ele pode se tornar vingativo se ameaçar partir (mesmo que o comportamento impossível dele tenha sido a causa).

Ele se sentirá muito injustiçado, pouco importa que possa ter levado o parceiro ao desespero ao se recusar a fazer alguma coisa construtiva com a própria vida, que tenha sido egocêntrico demais para ver as lutas do parceiro, que tenha tido casos ou que tenha sido extremamente temperamental... Por causa do ciclo que ele cria (atração, relacionamento, buscar defeitos e, por fim, rejeitar ou ser rejeitado), o Tipo Quatro pode ter uma série de relacionamentos ou mesmo casamentos entre períodos de solidão.

Esse tipo pode inicialmente idolatrar o parceiro, mas, quando descobre que os traços que projetou nesse parceiro não existem, ele não hesita em apontar seus "defeitos", transformando a decepção em ataque. Sentindo-se uma vítima trágica, ele nutre um sentimento mais profundo de vergonha por não ser capaz de manter um relacionamento até que recomece a busca de um redentor. Se alguém o ama, deve haver algo errado com essa pessoa porque, se ela o julga digno de ser amado, é só por não o conhecer de perto. E o fato de ser abandonado aumenta sua sensação de ser inútil.

É possível que ele se veja como um santo arrastado à ruína por um pecador (o parceiro): "Você me obrigou a ter um caso para encontrar o amor que não estava me dando!".

Se o Tipo Quatro não for uma pessoa integrada, logo o amor se transforma em guerra. O divórcio passa a ser uma competição que ela precisa ganhar para vencer o parceiro ofensor na humilhação que ela sente. Quando se trata de um acordo, ela pode ver no próprio "sofrimento" algo que lhe dá o direito de exigir o que não é dela: ela já sofreu; agora é a sua vez de sofrer.

O Tipo Quatro pode arrastar consigo o trauma de um relacionamento do passado ou os detalhes sórdidos de um divórcio como se tudo tivesse acontecido um mês antes. Se o ex encontrar um novo parceiro, o volume de agressividade pode aumentar: ele pode fazer acusações falsas, contratar diferentes equipes de advogados, tentar obter o apoio de familiares ou fazer o que for preciso para destruir o novo relacionamento.

Se for do subtipo Autopreservacionista, é possível que o botão da dependência do Tipo Quatro seja pressionado e, por isso, ele sinta raiva: "Quem vai cuidar de mim agora?". Se for do subtipo Social, ele pode ver o divórcio como uma queda de *status* se for casado com alguém rico ou famoso. Se for do subtipo Sexual, talvez ele se sinta um fracasso ainda maior do que normalmente já se sente.[5]

O Tipo Cinco no divórcio

É provável que esse tipo seja o que mais à vontade se sente com sua solteirice. Ele até pode continuar casado, contanto que possa embarcar numa longa viagem de aventura ou numa série de viagens para ficar só. Como me disse um representante do Tipo Cinco que cruzou a África de bicicleta: "Se estou em casa com minha esposa e meu filho, quero estar na estrada. No entanto, quando estou pedalando, sinto falta deles".

Como acontece com muitas outras coisas em sua vida, o Tipo Cinco pode "passar", em vez de enfrentar, os momentos difíceis.[6] Romper o relacionamento pode parecer-lhe o caminho mais óbvio e seguro a seguir. Já o parceiro, por sua vez, pode achar que seu amante na verdade não se importa com ele e, por isso, talvez se sinta rejeitado.

Esse tipo é bem capaz de se resignar: "De qualquer modo, ela provavelmente está melhor com ele". Para ele, em vez de ser uma expressão de alegria, o amor rapidamente pode se tornar um fardo. Para o parceiro, ele pode parecer frio, distante e indiferente, uma pessoa com quem é difícil se relacionar intimamente. Ele teme que, se exprimir seus sentimentos, outros possam usar esse conhecimento à sua revelia.

Embora possa ser muito argumentativo quando se trata de atacar crenças e teorias, em situações de conflito nos relacionamentos pessoais o Tipo Cinco tende mais a dissociar-se. Ele pode adotar uma atitude de desprezo, do tipo "Isso realmente está muito aquém de mim; não dou a mínima". É possível também que ache mais fácil concordar com as pessoas do que desperdiçar energia para confrontá-las. Por isso, ele pode ser facilmente dominado ou, como o Tipo Oito, pode guardar rancor e buscar vingança.

Ele bem pode sentir o divórcio como uma forma de libertação; como um fim para o sofrimento de se sentir tão consumido por outra pessoa. Claro, ele pode ficar chateado, mas outra parte dele diz: "*Yes!* Agora posso me concentrar em minhas próprias coisas!" sem interrupções e sem sentir que seus recursos estão sendo exauridos.

O Tipo Seis no Divórcio

Um casamento envolve votos. Romper esses votos vai contra a convicção desse tipo de que sempre se deve manter a própria palavra.[7] Ele obedeceu às regras do relacionamento: cumpriu suas responsabilidades e deveres conjugais. Só que você, não. É improvável que um representante do Tipo Seis, sempre tão responsável, deixe os filhos desassistidos financeiramente. Além disso, ele costuma levar a sério seu papel de pai ou mãe, inclusive depois de um divórcio.

Ao longo do processo de divórcio, o Tipo Seis pode ter sentimentos ambivalentes: um dia, ele pode sentir necessidade de resolver as coisas amigavelmente, mesmo que isso signifique dar mais do que gostaria; no outro, com muita raiva, ele pode frustrar todas as tentativas de uma separação civilizada e acabar ficando paranoico. É possível que adote uma abordagem do tipo "lutar ou fugir", seja fugindo do trauma ou enfrentando de maneira direta e contrafóbica a ameaça jurídica. Caso se sinta perseguido por advogados, talvez tome alguma atitude imprevisível para mostrar que não se deve mexer com ele. Você se tornará o inimigo.

O Tipo Sete no Divórcio

Esse tipo corre o risco de agir depressa demais ao primeiro sinal de dificuldade no relacionamento. Além disso, pode dar a impressão de se recuperar de um divórcio com relativa rapidez, escondendo sua insegurança e seus sentimentos de inferioridade por trás de uma máscara de aparente satisfação. Usando seu pensamento voltado para o futuro, ele já consegue imaginar um novo relacionamento, o que é desconcertante para o cônjuge tão facilmente abandonado.

Se amor e diversão forem vistos como uma só coisa, é compreensível que esse tipo veja o amor como algo que se perde quando confrontado com as responsabilidades do dia a dia. Uma conhecida minha que é do Tipo Sete divorciou-se do marido e fez planos de viajar para o exterior com uma amiga, mas amarelou quando já estava no aeroporto e acabou se casando novamente com o então ex-marido. Seu desejo de segurança acabou superando o desejo de novas experiências que caracteriza seu tipo.

O Tipo Sete é um exímio manipulador verbal, e você precisa ser astuto para não sair mal de um divórcio dele. Mas também é possível que, para superar a dor dos trâmites o mais rápido possível, ele seja generoso até demais no acordo que aceitar, jogando para o alto tudo aquilo pelo que trabalhou com a confiança de que em breve recuperará suas perdas. Como disse um de seus representantes: "Saí pela porta com a roupa do corpo e as chaves do meu carro. E nunca mais voltei".

Esse tipo pode ter uma reação muito forte a qualquer implicação de que agiu de forma errada, porque isso macula a visão que ele tem de seu eu idealizado.[8] Mesmo que tenha sido o comportamento precipitado dele o que levou você ao divórcio, ele proclamará inocência (e o julgará em troca).

Como acreditam que estão em uma missão de autodesenvolvimento (o conceito do assim chamado movimento da "Nova Era" sem dúvida foi obra de alguém do Tipo Sete), muitos representantes desse tipo veem seu relacionamento como parte desse avanço: "Pense no que aprendemos um com o outro e como crescemos juntos". Para eles, o divórcio indica que está na hora de passar para a curva seguinte da aprendizagem, com outra pessoa. Nem sempre eles entendem por que isso poderia ser um problema e por que seu ex pode não aceitar a mudança com a mesma facilidade, o mesmo entusiasmo e a mesma ausência de culpa que eles.

O Tipo Oito no Divórcio

Se um representante desse tipo se divorciar de você porque *ele* teve um caso, você poderá obter um acordo justo, especialmente se tiverem filhos. Mas se o divórcio for iniciado porque *você* foi infiel, se sente intimidado ou está cansado de ser controlado ou solapado, pode esperar um processo complicado. O Tipo Oito não aceita bem que o deixem de lado. O fato de ele exigir retribuição, apreciar o conflito e não se permitir perder não é bom presságio para um divórcio. Caso você saia vitorioso, prepare-se para atos de vingança (que ele chamará de "justiça") em alguma curva da estrada.

Ordens judiciais incisivas pouco farão para intimidá-lo e podem despertar-lhe um desejo de retaliação. Desabrochando nas batalhas, ele precisa dominar e pode recorrer a intimidação, ataque físico e ameaças para garantir a vitória. Cheio de si, ele faz promessas para aliciar quem possa levar seus planos a cabo: "Se você ganhar este divórcio para mim, garanto que você nunca mais vai precisar procurar trabalho".

Quando desintegrado, o Tipo Oito vê o (ex-)parceiro como um objeto irritante e acha que é seu único dono. Ele considera ser explorado ou sair perdendo em um divórcio uma fraqueza pessoal que precisa ser evitada, não importa qual o custo ou a consequência.

O Tipo Nove no Divórcio

Esse tipo raramente toma a iniciativa de encerrar um relacionamento. Na verdade, muitas vezes ele prefere permanecer anos e anos em relacionamentos que são tóxicos ou mesmo abusivos a desorganizar a própria vida decidindo partir. Por se sentir desamparado ou infeliz sozinho,[9] o Tipo Nove pode acabar ficando com o diabo que conhece, em vez de correr o risco de enfrentar seus próprios demônios. Seus problemas para iniciar uma ação também podem impedi-lo de entrar com um pedido de divórcio, não importa o quanto ele esteja infeliz.

Ele dirá a si mesmo que as coisas não estão tão mal quanto dizem os outros, que é melhor esperar os momentos difíceis passarem. E pode arquitetar um rompimento por baixo do pano, na esperança de que o parceiro tome a decisão de terminar (e seja visto como o culpado), em vez de assumir ele mesmo uma posição.[10]

O divórcio inteiro pode transcorrer sem que uma palavra de raiva seja dita; tudo pode ser "terrivelmente" civilizado. Durante a guerra silenciosa dos anos que antecedem o divórcio, o Tipo Nove esquiva-se à interação recorrendo a desculpas como o *laptop* (muito comum), o celular, jornais e revistas, televisão, amigos, trabalho, palavras cruzadas, jogos de tabuleiro, esportes, trabalhos domésticos ou o cuidado com os filhos. Seu isolamento e sua ausência emocional (e, muitas vezes, também física) podem ter feito o parceiro se sentir extremamente só, mas com muito pouco de concreto que possa ser usado contra ele.

Durante o divórcio, todos os anos em que concordou com o parceiro ou o acompanhou (contra seus próprios desejos não verbalizados) cobrarão seu preço, e ele pode dar vazão à raiva longamente reprimida. Como não se valoriza, pode acabar achando que o divórcio era inevitável: "Quem é que haveria de se dispor a ficar comigo?"

Quando mais integrado, o Tipo Nove não consegue entender que haja quem possa querer tirar vantagem dele ou mentir sobre o próprio patrimônio. Ele confia implicitamente nos outros e pode ficar confuso quando o parceiro falha nesse departamento.[11] Sendo no Eneagrama ele mesmo o responsável por manter a paz, convém designar um mediador de confiança para evitar longos trâmites e taxas e honorários advocatícios caros.

Perguntas e Respostas

Que tipos têm maior probabilidade de ser pansexuais, gays/lésbicas ou bissexuais?

Há divergência entre as pesquisas de diferentes fontes, mas com base na pesquisa de Myers-Briggs e na correlação entre sua tipologia e os tipos do Eneagrama, aparentemente os Tipos Quatro e Nove têm um maior percentual de mulheres *lésbicas*, ao passo que os Tipos Dois, Três e Quatro, de homens *gays*. Encontraram-se mulheres bissexuais mais comumente nos Tipos Quatro e Cinco e, no caso dos homens, nos Tipos Quatro e Sete.[1] Os pansexuais tendem a ser dos Tipos Quatro, Cinco e, particularmente, Nove. Em muitos tipos, no entanto, a diferença percentual é pequena, e é preciso que haja mais pesquisas para chegarmos a resultados conclusivos.

    Curiosamente, os tipos classificados como de Introversão, Intuição, Sentimento e Percepção (225) e de Introversão, Intuição, Sentimento e Julgamento (280) pontuaram mais alto na pesquisa de Myers-Briggs quando se tratava de julgar-se bissexuais ou pansexuais (24% e 19%, respectivamente).[2] Esses dois tipos são considerados os que mais correspondem aos Tipos Quatro e Nove do Eneagrama, respectivamente, segundo um estudo com 4.703 pessoas que conheciam seus tipos tanto na classificação de Myers-Briggs quanto na do Eneagrama, realizado em 2015 para estabelecimento de uma correlação entre o Eneagrama e a tipologia de Myers-Briggs.[3]

Uma pesquisa do OkCupid, um *site* de namoro *on-line*, descobriu que 33,03% das mulheres classificadas como de Introversão, Intuição, Razão e Percepção (predominantemente do Tipo Cinco) eram bissexuais. No sexo masculino, o percentual foi bem menor: 4,63%, embora tenha sido o terceiro maior. Portanto, isso corrobora os achados de Priebe.[4]

Por que incluir o divórcio entre os temas do livro?

Aproximadamente entre 40% e 50% dos casamentos nos Estados Unidos terminam em divórcio,[5] estatísticas difíceis de ignorar em um livro que fala de sexo e de relacionamentos. Sem dúvida, algo está errado (ou, então, os relacionamentos estão mudando). Entender por que você e seu parceiro reagiram a um divórcio da maneira como fizeram no passado pode ajudá-lo a resolver as questões que causaram o conflito e evitar trilhar esse caminho novamente.

Por que você decidiu incluir fantasias no livro?

Eu estava num jantar na casa de amigos quando meu marido tocou no assunto das fantasias sexuais. Fez-se um silêncio desconcertante na mesa, e a maioria dos convidados negou que algum dia já tivera fantasias. Será mesmo? Sem dúvida, meu marido acabara tocando num ponto sensível. E as pessoas não se dispuseram a maiores discussões.

Brett Kahr, psicólogo radicado no Reino Unido, entrevistou 18 mil pessoas na Grã-Bretanha e nos Estados Unidos a respeito da frequência e do conteúdo de suas fantasias. Ele descobriu que 9 em cada 10 pessoas têm fantasias sexuais e propôs que, na verdade, 100% têm, só que os 10% que afirmaram não ter eram inibidos demais para admitir que tinham.[6]

Assistir a filmes pornográficos pode ser interpretado como um meio de aproximar nossas fantasias da realidade: se fantasiarmos estar na cama com duas loiras, a internet pode transformar essa fantasia em uma realidade visual. Ao que parece, a maioria de nós consegue conversar tranquilamente sobre sexo, mas as fantasias ainda são, em grande parte, um tabu. Apesar disso, todos nós temos fantasias sexuais.

Segundo Freud a motivação para as fantasias sexuais seriam nossos desejos não satisfeitos. Mas outros discordam, dizendo que as fantasias são uma parte normal da sexualidade cotidiana. Desde então, estudos têm mostrado que as suposições de Freud estavam erradas.[7] Aparentemente, as pessoas que têm dificuldades sexuais raramente fantasiam quando se masturbam ou fazem sexo. Por outro lado, as que têm uma vida sexual ativa e satisfatória tendem a fantasiar mais, o que implica que as fantasias não compensam a ausência de vida sexual, mas sim que a melhoram.[8]

Descobriu-se que as mulheres mais jovens e solteiras fantasiam mais frequentemente com seus atuais parceiros, diferentemente das casadas, que são mais propensas a relatar fantasias com pessoas alheias ao relacionamento.[9] Na medida em que o relacionamento vai se alongando e, presumivelmente, a convivência e o tédio invadem a cama, tanto os homens quanto as mulheres fantasiam com pessoas que não seus parceiros, as quais podem ter como base experiências reais no passado ou relacionamentos ilícitos no presente.

Homens e mulheres parecem sentir as fantasias sexuais de maneira diferente.[10] Não por acaso, as mulheres tendem a assumir um papel mais passivo em seus encontros eróticos e emocionais fantasiosos, com ênfase nos sentimentos, no romance, na intimidade e nos relacionamentos, ao passo que as fantasias dos homens se concentram mais em sua gratificação e suas necessidades sexuais imediatas. Os homens também fantasiam mais que as mulheres e gostam de papéis mais dominadores e de imagens mais explícitas.[11]

Entre as mulheres, o número das que tinham fantasias de submissão (embora poucas quisessem encená-las na vida real) equivalia ao dobro do número de homens. Porém, os homens, em geral, desejavam muito mais que suas fantasias se concretizassem. Além disso, eles gostavam mais de imaginar-se observando suas parceiras fazendo sexo com outro homem.[12]

Atribuir fantasias aos tipos do Eneagrama é meio complicado porque podemos saltar das fantasias de nosso eu consciente para as fantasias de nossa sombra, que podem ser muito diferentes. Por exemplo, nem todas as fantasias de dominação são atributo do Tipo Oito, e é comum que as pessoas que têm fantasias de submissão também tenham fantasias em que são dominadoras. Esse dado provém de um estudo com 1.517 adultos de Quebec (799 homens e 718 mulheres), a quem se pediu que classificassem 55 diferentes fantasias sexuais e descrevessem em detalhes sua própria fantasia favorita. Os resultados foram classificados com base numa escala que varia de 2,3% ou menos da amostra (raro), 15,9% ou menos (incomum), mais de 50% (comum) e mais de 84,1% (típico). E eles variaram imensamente, o que significa que poucos puderam ser considerados raros ou incomuns. De modo que, na fantasia, certamente vale tudo![13]

A associação das fantasias ao Eneagrama é um tema rico que aguarda exploração mais profunda.

Por que existem tantos nomes diferentes para os tipos e outros aspectos do Eneagrama? Isso cria confusão.

À medida que o Eneagrama foi-se desenvolvendo, foram surgindo novos professores e escritores. Seja por questões de direitos autorais, de novos avanços ou de sua própria compreensão, eles optaram por dar nomes diferentes aos mesmos conceitos. Portanto, o Tipo Um pode ser chamado de O Reformador, O Perfeccionista, O Purista, O

Organizador, O Idealista, O Perspectivo, O Cruzado e, sem dúvida, também com outros termos.[14]

Como posso saber de que tipo eu sou?

Se antes de ler o livro você não sabia qual era o seu tipo e não o descobriu enquanto lia estas páginas, pode recorrer a um dos muitos recursos *on-line* disponíveis. Como alguns são mais precisos que outros, sugiro que você use alguns e depois veja qual combina mais com você. Eu também pediria ajuda a meu parceiro, a amigos, familiares e colegas, pois eles conseguem ver coisas suas que você mesmo não enxerga. Descobrir qual é seu tipo no Eneagrama pode demorar mais para algumas pessoas, mas abra sua mente para o que surgir e lembre-se de que essa descoberta é apenas o início de sua jornada.

Agradecimentos

Este livro foi para mim uma viagem que não empreendi sozinha. Muitos me acompanharam ao longo do percurso, alguns fisicamente e outros que não conheço. Recebi a opinião de todos com gratidão.

A primeira parte da jornada, a da aceitação, ficou a cargo de Sabine Weeke, da Findhorn Press. Foi ela quem, juntamente com a Inner Traditions, enviou aquele *e-mail* com a palavra mágica: "Sim". Sou imensamente grata por seu apoio durante todo o processo. Sabine, seus toques de humor foram um bem-vindo deleite em meio a meses de pesquisa séria, e seu apoio gentil foi uma alegria.

Apesar de não ter conhecido Oscar Ichazo, Hameed Ali (A. H. Almaas), Helen Palmer, Beatrice Chestnut, Sandra Maitri nem o falecido Don Riso, sou imensamente grata pelos ensinamentos deles e de outros, pois ajudaram-me a chegar a uma compreensão muito mais profunda dos Eneagramas em geral. Gostaria de agradecer particularmente a Claudio Naranjo. Seu livro *Character and Neurosis* foi extremamente útil neste projeto, assim como os escritos de Avodah Offit sobre tipos sexuais. A conversa calorosa e perspicaz entre o falecido dr. Daniel e o dr. Ron Levine sobre sexualidade e a pesquisa da organização de treinamento em liderança Aephoria sobre sexo e amor, generosamente compartilhada comigo, foram um imenso bônus. Russ Hudson, agradeço profundamente à generosidade universal que me permitiu o privilégio de fazer *workshops* com você.

A Nicola Rijsdijk, meu editor, agradeço muito por sua abordagem aberta e sempre entusiástica deste tema. Suas perguntas penetrantes levaram-me a respostas melhores e mais claras do que aquelas que eu propunha inicialmente. Você preparou o livro com todo o amor para torná-lo muito melhor que o "compêndio" que chegou à sua caixa de entrada. (Aproveito para pedir-lhe desculpas pelo excesso de pontos e vírgulas!)

A John Luckovitch, habitante daquela pequena ilha onde o rio Hudson encontra o oceano Atlântico, que recebeu de forma tão calorosa e humilde o pedido de uma estranha, saída dos cafundós da África, para escrever o Prefácio. Seu *feedback* aberto, honesto e perspicaz instigou-me com delicadeza a fazer algumas mudanças necessárias, especialmente na nomenclatura dos três grupos. Obrigada.

Monika Adelfang, minha colega de tipo (Nove), que apesar de uma agenda lotada encontrou tempo e gentileza para ler o manuscrito e discuti-lo comigo. É sua a sabedoria que porventura transparece em minhas palavras. Sou imensamente grata a você por ter-me colocado em contato com John e outras personalidades ligadas ao Eneagrama. Sua generosidade é uma verdadeira dádiva.

Àqueles que foram meus alunos e clientes, digo que, sem dúvida, cometi inúmeros erros, mas agradeço-lhes pela gentileza que tiveram ao apontá-los e por terem permanecido comigo. Suas percepções e suas histórias pessoais, juntamente com as de amigos psicólogos, contribuíram para tornar este livro mais rico.

Gostaria de dizer aos membros da minha família que, embora vocês possam estar confusos sobre a razão de eu precisar escrever este livro, agradeço o apoio que me deram ao me mostrar que estavam ao meu lado, mesmo que, em meu entusiasmo, eu mal tenha conseguido parar de falar em nossos encontros familiares.

A meus queridos amigos, agradeço pelo café e pelas risadas que ajudaram a tornar mais leve a carga da pesquisa. (Só que acabamos não discutindo suas fantasias.)

Finalmente, para Anthony, meu parceiro na vida: as experiências que tivemos juntos levaram-nos abaixo e acima no espectro de integração, mas eu não teria desejado de outra forma. Sou grata por sua alegria e seu incentivo diante de minha escolha deste tema, por nossas discussões sobre minha abordagem, por você fazer as compras na minha ausência para escrever e pela maneira como você renunciou a seu pincel para agir como caixa de ressonância para mim.

Obrigada, a todos vocês, por consciente e inconscientemente trilharem esta estrada comigo. Espero que, juntos, façamos uma diferença positiva.

Notas

Introdução: Algumas Preliminares

1. Clellan S. Ford e Frank A. Beach. *Patterns of Sexual Behavior*. Nova York: Harper & Brothers, 1951, pp. 22-4.
2. Dr. David Daniels e Dr. Ron Levin. "Sexuality, Sensuousness and the Enneagram". Disponível em: http://drdaviddaniels.com/products. Aquisição e acesso em: maio de 2018.
3. Comentário de Russ Hudson no Enneagram Global Summit de 2018, "Instincts Panel, Part 1".
4. Jeff Logue. Disponível em: https://www.sagu.edu/thoughthub/pornography-statistics-who-uses-pornography. Acesso em: novembro de 2018.
5. Disponível em: https://www.pornhub.com/insights/2018-year-in-review. Acesso em: março de 2019.
6. Disponível em: https://www.pornhub.com/insights/2017-year-in-review. Acesso em: julho de 2018.
7. Dr. Dan Siegal. Enneagram Global Summit de 2018. Entrevista com Jessica Dibb, intitulada "The Three Centers, the Essence of Life, and the Plane of Possibility: Expanding the Journey for Ourselves, Others, and the World".
8. A. H. Almaas e Karen Johnson. *The Power of Divine Eros*. Boston: Shambhala Publications, 2013, pp.137-138.

9. Brian Mustansk. Disponível em: https://www.psychologytoday.com/intl/blog/the-sexual-continuum/201112/how-often-do-men-and-women-think-about-sex. Acesso em: agosto de 2018.
10. Steven Stack, Ira Wasserman e Roger Kern. "Adult social bonds and use of Internet pornography". *Social Science Quarterly 85* (março de 2004), pp. 75-88. Acesso em: março de 2018. Covenant Eyes. *Porn Stats*. 2015. Disponível em: http://covenant eyes.com/pornstats.
11. Ogi Ogasa e Sai Gaddam. *A Billion Wicked Thoughts: What the Internet Tells Us About Sexual Relationships*. Nova York: Plume, 2011. Acesso em: março de 2018. Covenant Eyes. *Porn Stats*, 2015. Disponível em: http://covenanteyes.com/pornstats.

1. Então, o que É Exatamente o Eneagrama?

1. P. D. Ouspensky. *In Search of the Miraculous.* Aqui ele cita Gurdjieff. Extraído de Claudio Naranjo. *Character and Neurosis.* p. 13. [*Fragmentos de um Ensinamento Desconhecido: Em Busca do Milagroso*, publicado pela Editora Pensamento, São Paulo, 1982.]
2. George I. Gurdjieff foi um filósofo e mestre espiritual de meados do século XX. O Símbolo do Eneagrama de *The Fourth Way* (*O Quarto Caminho*, publicado pela Editora Pensamento, São Paulo, 1987 – fora de catálogo) foi publicado em 1949 em *Fragmentos de um Ensinamento Desconhecido*, de P. D. Ouspensky, e é parte integrante do sistema esotérico de *O Quarto Caminho*, associado a George Gurdjieff. A Lei do Três determina o caráter e a natureza de uma vibração: ativo(a), passivo(a) e neutralizante. Disponível em: https://www.ouspenskytoday.org/wp/about-teaching-today/the-law-of-three. Acesso em: setembro de 2018.
3. A Lei do Sete de Gurdjieff, relacionada à escala musical, determina como as vibrações se desenvolvem, interagem e mudam. Disponível em: https://www.ouspenskytoday.org/wp/about-teaching-today/the-law-of-seven. Acesso em: setembro de 2018.
4. Disponível em: https://www.enneagraminstitute.com/how-the-enneagram-system-works. Acesso em: outubro de 2019.
5. Oscar Ichazo. *Interviews with Oscar Ichazo*. Nova York: Arica Institute Press, 1982, p. 19.

6. Disponível em: https://www.etymonline.com/word/passion. Acesso em: agosto de 2018.
7. Claudio Naranjo, M.D. *Character and Neurosis*. Nevada City: Gateways/IDHHB, Inc., 2003, p. 25.
8. Disponível em: https://www.etymonline.com/word/passion. Acesso em: agosto de 2018.
9. Don Riso e Russ Hudson. *RH Enneagram At-A-Glance Chart 1 Personality Elements*. The Enneagram Institute.
10. Terminologia usada pela Integrative 9 Enneagram Solutions (iEQ9).
11. Don Riso e Russ Hudson. *Understanding the Enneagram*. Ed. rev. Boston, MA: Houghton Mifflin Company, 2000, p. 29.

2. Criando Intimidade com o Eneagrama

1. Do treinamento para certificação da iEQ9 na iEQ9.
2. Do treinamento para certificação da iEQ9, *Understanding the Integrative Enneagram Workbook*, p. 168. Jerome Wagner. *Dialectics*: "Cada núcleo é a síntese de seus dois vizinhos".
3. John Luckovich. Disponível em: https://ieaninepoints.com/2018/09/21/instinctual-excitement-passion-and-intensity/#!biz/id/5817cd71178f4e-845c57e97c. E o New York Enneagram, Eneagrama de Nova York. Disponível em: https://newyorkenneagram.com. Acesso em: novembro de 2018.
4. John Luckovich. Disponível em: https://ieaninepoints.com/2018/09/21/instinctual-excitement-passion-and-intensity/#!biz/id/5817cd71178f4e-845c57e97c. Acesso em: novembro de 2018.
5. Gloria Davenport, Ph.D. Disponível em: http://www.enneagram-monthly.com/subtypes-revisited.html. Acesso em: 20 de maio de 2018.
6. John Luckovich. Disponível em: https://ieaninepoints.com/2018/09/21/instinctual-excitement-passion-and-intensity/#!biz/id/5817cd71178f4e-845c57e97c. Acesso em: novembro de 2018.
7. *Ibid*.

3. Tríades: Um Tipo Diferente de *Ménage à Trois*
1. Karen Horney. *The Distrust Between the Sexes*, Feminine Psychology. 1931b/1967, p. 117.
2. John Luckovich. Disponível em: https://ieaninepoints.com/2018/09/21/instinctual-excitement-passion-and-intensity/#!biz/id/5817cd71178f4e-845c57e97c. Acesso em: novembro de 2018. E o New York Enneagram, Eneagrama de Nova York. Disponível em: https://newyorkenneagram.com.
3. Don Riso e Russ Hudson. *The Wisdom of the Enneagram*. Nova York: Bantam Books, 1999, p. 51. [*A Sabedoria do Eneagrama*, publicado pela Editora Cultrix, São Paulo, 7ª edição, 2003, pp. 63-4.]
4. Claudio Naranjo. 2017 Enneagram Global Summit: *Trinity & Multiplicity*. p. 8.
5. Don Riso e Russ Hudson. *Understanding the Enneagram*. Boston: Houghton Mifflin, 2000, p. 254.
6. Don Riso e Russ Hudson. *The Wisdom of Enneagram*, p. 3. [*A Sabedoria do Eneagrama*, publicado pela Editora Cultrix, São Paulo, 7ª edição, 2003, pp. 59-64.]
7. Gilbert Schacter e Daniel Wegner. *Psychology*, 3ª ed. Cambridge: Worth Publishers, 2011, p. 180.
8. Naranjo. *Character and Neurosis*, p. xxvii. E Don Riso e Russ Hudson. *The Wisdom of Enneagram*, pp. 60-3. [*A Sabedoria do Eneagrama*, publicado pela Editora Cultrix, São Paulo, 7ª edição, 2003, p. 70.]
9. Correspondência com John Luckovitch.
10. Correspondência com John Luckovitch.
11. Naranjo, 2017 Enneagram Global Summit: *Trinity & Multiplicity*. p. 8.
12. *Ibid.*, pp. 8-10.
13. *Ibid.*
14. *Ibid.*, pp. 8-9.

4. Tipo Um: o Santo Pecador
1. Naranjo. *Character and Neurosis*. Introduction: *A Theoretical Panorama*.
2. Helen Palmer. *The Enneagram in Love and Work*. Nova York: Harper One, 2007, p. 36.

3. Michael Ryan. *Prostitution in London, with a comparative view of that in Paris, New York, etc.* Londres: H. Balliere, 1839.
4. Por exemplo, o assim chamado dispositivo de Bowden era uma peça que tinha várias correntinhas presas aos pelos pubianos e era colocada na glande. Se o pobre infeliz tivesse uma ereção (que Deus não permitisse!) acordaria com a dor da "depilação forçada". Do mesmo modo, o dispositivo de Jugnum era um anel cheio de pontas aguçadas na parte interna, feito para acordar o sonhador que tivesse o azar de ter uma ereção.
5. Disponível em: https://en.wikipedia.org/wiki/History_of_masturbation. Acesso em: março de 2018.
6. Dra. Marlene Wasserman ("Drª Eve"). *Pillowbook*. Cidade do Cabo: Oshun Books, 2007, p. 104.
7. *Ibid.*, p. 39.
8. Claudio Naranjo. *Character and Neurosis*. Nevada City, Gateways/IDHHB, Inc., 1994, p. 41.
9. Estudo com 457 casais e seus parceiros no Eneagrama. Disponível em: http://www.9types.com/writeup/enneagram_relationships.php. Acesso em: agosto de 2018.
10. Avodah Offit. *The Sexual Self: How Character Shapes Sexual Experience*. Silver Spring: Beckham Publications Group Inc., 2016. Edição para Kindle. Location 981-1051.
11. Disponível em: http://www.9types.com/writeup/enneagram_relationships.php. Acesso em: junho de 2018.
12. Naranjo. *Character and Neurosis*, p. 61.
13. Offit. *The Sexual Self*. Location 981-1051.
14. Naranjo. *Character and Neurosis*, p. 47.
15. Naranjo. *Trinity and Multiplicity*, 2017 Enneagram Global Summit. Anotações de palestra, pp. 8-9.
16. Palmer. *The Enneagram in Love and Work*, p. 44.
17. Naranjo. *Character and Neurosis*, p. 59.
18. *Ibid.*, p. 46.
19. Palmer. *The Enneagram in Love and Work*, p. 43.

20. *Ibid.*, p. 43.
21. Do questionário de uma pesquisa feita pela Aephoria (http://aephoria.co.za/), na qual os entrevistados tinham que escrever o que pensavam do amor e do sexo.
22. *Ibid.*
23. *Ibid.*
24. Don Riso e Russ Hudson. *Discovering Your Personality Type*. Nova York: Houghton Mifflin Company, 2007, p. 91.
25. Daniels e Levine. "Sexuality, Sensuousness and the Enneagram", Parte 2. O Dr. Daniels usou a palavra "artificial" em relação ao Tipo Um, embora eu normalmente a use em relação ao Tipo Três. Entretanto, quando não estamos sendo nós mesmos (no sexo ou em qualquer outra interação), pareceremos artificiais e, no caso do Tipo Um, daremos a impressão de estar tentando ser parceiros bons e dignos. Como ele explica, o resultado será artificial.

5. Tipo Dois: o Sedutor *Sexy*

1. Naranjo. *Character and Neurosis*, p. 180.
2. Don Riso e Russ Hudson. *Personality Types*. Boston, MA: Houghton Mifflin Company, 1996, p. 85.
3. C. S. Lewis. *Mere Christianity*. Nova York: Simon & Schuster, 1996, pp. 109 e 111.
4. Naranjo. *Character and Neurosis*, p. 175.
5. Beatrice Chestnut. *The Complete Enneagram*, p. 352. Também Naranjo. *Character and Neurosis*, p. 184.
6. Naranjo. *Character and Neurosis*, p. 181.
7. David Bienenfeld. Disponível em: https://en.wikipedia.org/wiki/Histrionic_personality_disorder. Acesso em: julho de 2018. Fonte das informações sobre os grupos de comportamentos: *Personality Disorders*. Medscape Reference. WebMD, 2006. Acesso em: abril de 2018.
8. Offit. *The Sexual Self*. Location 792. Edição para Kindle.
9. Naranjo. *Character and Neurosis*, p. 27.

10. Carl Gustav Jung. *Psychological Types*. Eastford: Martino Fine Books, 2016. Cap. 10.
11. Disponível em: http://www.9types.com/writeup/enneagram_relationships.php. No estudo com 457 casais, o percentual de homens do Tipo Dois foi o mais baixo de todos os tipos (4%). Acesso em: agosto de 2018.
12. Naranjo. *Character and Neurosis*, p. 192.
13. A maioria dos homens do Tipo Dois escolheu esposas do Tipo Quatro e, logo em seguida, do Tipo Um. Disponível em: http://drpetermilhado.com/hysterical. Acesso em: julho de 2018.
14. Disponível em: http://drpetermilhado.com/hysterical. Acesso em: julho de 2018.
15. Offit. *The Sexual Self*. Location 792.
16. Judith Searle. "Sexuality, Gender Roles and the Enneagram". Publicado na edição de maio de 1996 do *Enneagram Monthly*. Disponível em: http://www.judithsearle.com/articles/sexuality-gender-roles.html. Acesso em: junho de 2018.
17. *In:* Marie-Louise Von Franz. *Process*, pp. 205-06.
18. Offit. *The Sexual Self*. Location 808.
19. *Ibid*. Location 866.
20. Naranjo. *Character and Neurosis*, p. 182.
21. Questionário da Aephoria.
22. *Ibid*.
23. Palmer. *The Enneagram in Love and Work*, p. 72.
24. Searle. "Sexuality, Gender Roles and the Enneagram".
25. Naranjo. *Character and Neurosis*. p. 33.
26. Palmer. *The Enneagram in Love and Work*, p. 65.
27. Searle. "Sexuality, Gender Roles and the Enneagram".
28. "Principais características: os tipos reativos adoram fazer dos parceiros o centro de suas atenções. Pertot divide essa categoria em dois subtipos: os que de fato gostam de colocar os parceiros no centro das atenções quando o assunto é sexo e os que sacrificam o próprio prazer para manter os parceiros satisfeitos. Há uma grande diferença!" Disponível em: https://

lifehacker.com/how-to-identify-your-partners-libido-type-and-get-bet-1692431142. Acesso em: março de 2018.
29. Chestnut. *The Complete Enneagram*, pp. 367-8.
30. iEQ9, *Understanding the Integrative Enneagram Workbook*, p. 142. E Helen Palmer, *The Enneagram*, p. 132.
31. Questionário da Aephoria.
32. Chestnut. *The Complete Enneagram*, p. 368.
33. *Ibid.*, p. 371.
34. Don Riso e Russ Hudson. *The Wisdom of Enneagram*, p. 133. [*A Sabedoria do Eneagrama*, publicado pela Editora Cultrix, São Paulo, 7ª edição, 2003, p. 144].
35. Chestnut. *The Complete Enneagram*, p. 372.
36. Questionário da Aephoria.
37. Chestnut. *The Complete Enneagram*, p. 375.
38. Naranjo. *Character and Neurosis*, p. 186.
39. Questionário da Aephoria.
40. *Ibid.*
41. *Ibid.*
42. Don Riso e Russ Hudson. *Personality Types*, p. 91.
43. Naranjo. *Character and Neurosis*, p. 176.

6. Tipo Seis: o Amante Leal
1. Palmer. *The Enneagram in Love and Work*, p. 159.
2. *Ibid.*, p. 164.
3. Expressão budista que designa um estado mental inquieto, ocupado, indeciso, caprichoso.
4. Don Riso e Russ Hudson. *The Wisdom of Enneagram*, p. 250. [*A Sabedoria do Eneagrama*, publicado pela Editora Cultrix, São Paulo, 7ª edição, 2003, p. 244].
5. Jerome Wagner. *The Enneagram Spectrum*. Portland: Metamorphous Press, 1996, p. 90.

6. Sigmund Freud. *On Psychopathology*. Middlesex: Penguin, 1987, p. 198.
7. Offit. *The Sexual Self.* Location 1204.
8. *Ibid*. Location 1251.
9. G. E. Birnbaum, M. Mikulincer e O. Gillath. "In and out of a daydream: Attachment orientations, daily couple interactions, and sexual fantasies". *Personality and Social Psychology Bulletin*, 37(10), 2011, pp. 1398-1410. DOI:10.1177/0146167211410986.
10. B. Edelman. "Red light states: Who buys online adult entertainment?" *Journal of Economic Perspectives*, 23, 2009, pp. 209-20. Também Nigel Berber, Ph.D. "The Sexual Obsession". Disponível em: https://www.psychologytoday.com/us/blog/the-human-beast/201206/the-sexual-obsession. "Um novo estudo revelou que os estados norte-americanos com maior grau de religiosidade têm maior probabilidade de procurar sexo na internet. Esse estudo, compilado por pesquisadores da Brock University, em Ontário, no Canadá, baseou-se em dois anos de dados do Google Trends nos estados dos EUA". E, finalmente, https://www.christiantoday.com/article/americas-bible-belt-states-indulge-in-more-online-porn-than-other-less-religious-states/42045.htm. Acesso de ambos os URLs em: agosto de 2018.
11. Disponível em: https://www.9types.com/writeup/enneagram_relationships.php, após uma pesquisa com 457 casais e suas opções no casamento. Acesso em: agosto de 2018.
12. Offit. *The Sexual Self.* Location 1235-1251.
13. Palmer. *The Enneagram in Love and Work*, p. 163.
14. Naranjo. 2017 Enneagram Global Summit: *Trinity & Multiplicity*. Anotações de palestra, p. 7.
15. Wagner. *The Enneagram Spectrum*, pp. 93-4.
16. Offit. *The Sexual Self.* Location 1204.
17. Don Riso e Russ Hudson. *Personality Types*, p. 252.
18. Palmer. *The Enneagram in Love and Work*, p. 167.
19. Gert Holstege, professor da Universidade de Groningen, na Holanda. Disponível em: https://www.newscientist.com/article/dn7548-orgasms-a-real-turn-off-for-women. Acesso em: setembro de 2018.

20. Daniels e Levine. "Sexuality, Sensuousness and the Enneagram". Parte 4.
21. Don Riso e Russ Hudson. *The Wisdom of Enneagram*, p. 39. [*A Sabedoria do Eneagrama*, publicado pela Editora Cultrix, São Paulo, 7ª edição, 2003, p. 250.]
22. Naranjo. *Character and Neurosis*, p. 243.
23. Questionário da Aephoria.
24. Palmer. *The Enneagram in Love and Work*, p. 153.
25. Naranjo. 2017 Enneagram Global Summit: *Trinity & Multiplicity*. Anotações de palestra, p. 8.
26. Udit Patel. Disponível em: https://sites.google.com/site/upatel8/personalitytype6. Acesso em: agosto de 2018.
27. Palmer. *The Enneagram in Love and Work*, p. 153.
28. Offit. *The Sexual Self*. Location 1251.

7. Tipo Três: o Incrivelmente Orgástico

1. Naranjo. *Character and Neurosis*. p.199. A expressão foi originalmente usada por Eric Fromm em *Man for Himself*. Nova York: Holt, Rinehart and Winston, 1964.
2. Naranjo. *Character and Neurosis*, p. 214.
3. *Ibid.*, p. 210.
4. Naranjo. De uma entrevista a Jessica Dibb no Enneagram Global Summit de 2017. Na página 6 da transcrição, ele menciona uma conversa com Oscar Ichazo sobre os três centros, aos quais se refere como os grupos do Ser (8, 9, 1, centro do Corpo), do Fazer (5, 6, 7, centro da Cabeça) e do Viver (2, 3, 4, centro do Coração). Cada tipo tem um problema em Ser, Fazer ou Viver.
5. Don Riso e Russ Hudson. *RH Enneagram At-A-Glance Chart 1 Personality Elements*.
6. Horney. *Neurosis and Human Growth*. Nova York: W. W. Norton & Company, 1991.
7. Don Riso e Russ Hudson. *Personality Types*, pp. 126-27.
8. Don Riso e Russ Hudson. *The Wisdom of Enneagram*, p. 55. [*A Sabedoria do Eneagrama*, publicado pela Editora Cultrix, São Paulo, 7ª edição, 2003, p. 61.]
9. Horney. *Neurosis and Human Growth*, pp. 198-208.

10. Horney. Disponível em: https://en.wikipedia.org/wiki/Karen_Horney.
11. William Strauss e Neil Howe. *Millennials Rising: The Next Great Generation*. Nova York: Vintage Originam, 2000, p. 370.
12. Jean Twenge, Ph.D. *Generation Me*. Nova York: Simon & Schuster, 2006.
13. Peter Loffredo. Disponível em: http://fullpermissionliving.blogspot.com/2008/09/rigid-character-structure-we-are.html. Acesso em: julho de 2018.
14. Don Riso e Russ Hudson. *The Wisdom of Enneagram*, pp. 155-56. [*A Sabedoria do Eneagrama*, publicado pela Editora Cultrix, São Paulo, 7ª edição, 2003, pp. 165-66.]
15. Karen Horney. *Neurosis and Human Growth*. Disponível em: http://donemmerichnotes.blogspot.com/2011/09/neurosis-and-human-growth-by-karen.html?view=classic. Acesso em: junho de 2018.
16. Questionário da Aephoria.
17. Horney. *Neurosis and Human Growth*. Disponível em: http://donemmerichnotes.blogspot.com/2011/09/neurosis-and-human-growth-by-karen.html? view=classic. Acesso em: julho de 2018.
18. Offit. *The Sexual Self*. Location 906.
19. Horney. *Neurosis and Human Growth*. Disponível em: http://donemmerichnotes.blogspot.com/2011/09/neurosis-and-human-growth-by-karen.html?view=classic. Acesso em: julho de 2018.
20. Horney. *Neurosis and Human Growth*, pp. 254-55.
21. Don Riso e Russ Hudson. *Personality Types*, p. 123.
22. Don Riso e Russ Hudson. *The Wisdom of Enneagram*, p. 163. [*A Sabedoria do Eneagrama*, publicado pela Editora Cultrix, São Paulo, 7ª edição, 2003, p. 169.]
23. Marie Robinson. *The Power of Sexual Surrender*. Nova York: Signet, 1963, p. 158.
24. Horney. *Neurosis and Human Growth*, p. 17.
25. Robinson. *The Power of Sexual Surrender*, pp. 53-55.
26. *Ibid.*, p. 11.
27. *Ibid.*, p. 53.
28. *Ibid.*, p. 158.

29. Peter Loffredo, LCSW. Disponível em: http://fullpermissionliving.blogspot.com/2008/09/rigid-character-structure-we-are.html. Acesso em: julho de 2018.
30. Offit. *The Sexual Self.* Location 966.
31. *Ibid.* Location 970.
32. Naranjo, 2017 Enneagram Global Summit: *Trinity & Multiplicity.* Anotações de palestra, p. 8.
33. Horney. *Neurosis and Human Growth.* (Numa tradução literal, "Vulnerabilidade nas relações humanas. O desprezo por si mesmo torna o neurótico hipersensível à crítica e à rejeição".)
34. Naranjo. *Character and Neurosis*, p. 209.
35. Offit. *The Sexual Self.* Location 890.
36. Cerca de 6% da população tem transtorno de personalidade narcisista (7,7% são homens e 4,8% são mulheres). Disponível em: http://uk.businessinsider.com/the-main-difference-between-narcissistic-men-and-women-2017-10?IR=T. Acesso em: julho de 2018.
37. Donald L. Nathanson. *Shame and Pride: Affect, Sex, and the Birth of the Self.* Nova York: W. W. Norton & Company, 1994, p. 235.
38. Donald L. Nathanson. "Compass of Shame". Disponível em: http://www5.esc13.net/thescoop/behavior/files/2017/10/compassofshame.pdf.
39. Nathanson. *Shame and Pride*, pp. 305-77.
40. Chestnut. *The Complete Enneagram*, p. 355. Beatrice fala da seguinte forma sobre esse recurso do Tipo Três Sexual à evasão: "[...] eles usam a 'desconexão' de si mesmos como meio de esquecer, de compensar ou de minimizar abusos passados".
41. *Ibid.*, p. 328. "Diante de um senso de segurança comprometido, eles criaram um foco especial na autonomia."
42. *Ibid.*, p. 331. "O Tipo Três Social, o mais agressivo dos três subtipos, tem caráter forte e assertivo."
43. Jeff Elison, Randy Lennon e Steven Pulos. "Investigating the Compass of Shame: The Development of the Compass of Shame Scale". *Social Behavior and Personality: An International Journal*, 2006, 34(3): 221-38. Disponível em: https://www.researchgate.net/publication/233600755_Investigating_

the_Compass_of_Shame_The_development_of_the_Compass_of_Shame_Scale.

44. Nathanson. *Shame and Pride*, pp. 340-41.
45. Donal Dorr, M. A., D. D. *Time for a Change*. Capítulo 5: "Shame, Intimacy, and Spirituality". Dorr é um conhecido facilitador, consultor, treinador, teólogo e escritor considerado referência no assunto.
46. Horney. *Neurosis and Human Growth*: "Uma mulher atraente pode considerar-se feia por não estar à altura da imagem idealizada que tem de si. Ela pode reagir a isso dedicando energia excessiva ao próprio embelezamento ou adotando uma atitude de indiferença ('Pouco me importa')".
47. Chestnut. *The Complete Enneagram*, p. 329.
48. *Ibid.*, pp. 328-29.
49. Naranjo. *Character and Neurosis*, p. 205. (O falecido médico e psicoterapeuta americano Alexander Lowen foi quem fundou a Bioenergética.)
50. Naranjo. *Character and Neurosis*, p. 205. Também Beatrice Chestnut. *The Complete Enneagram*, p. 329.
51. Questionário da Aephoria.
52. Naranjo. *Character and Neurosis*, p. 217.
53. Chestnut. *The Complete Enneagram*, p. 331.
54. Jess Feist. *Theories of Personality*, 3ª ed. Fort Worth: Harcourt Brace, 1994, c.1985, p. 254.
55. Questionário da Aephoria.
56. Chestnut. *The Complete Enneagram*, p. 334.
57. Questionário da Aephoria.

8. Tipo Sete: o Pretendente Espontâneo

1. Sigmund Freud. *Introductory Lectures*. 16.357.
2. Naranjo. *Character and Neurosis*, p. 163.
3. Karen Horney. *Our Inner Conflicts*. Disponível em: http://davesenneagram.com/blog/the-idealized-image-and-enneagram-types-1-4-and-7. Acesso em: setembro de 2018.
4. Naranjo. *Character and Neurosis*, p. 152.

5. *Ibid.*, p. 162. Naranjo fala da postura de "playboy" adotada pelo Tipo Sete diante da vida.
6. Von Franz. Disponível em: https://en.wikipedia.org/wiki/Anima_and_animus. *Process*, pp. 205-6.
7. Don Riso e Russ Hudson. *The Wisdom of Enneagram*, p. 265. [*A Sabedoria do Eneagrama*, publicado pela Editora Cultrix, São Paulo, 7ª edição, 2003, pp. 274-75.]
8. Naranjo. *Character and Neurosis*, p.168.
9. *Ibid.*, p.166.
10. Don Riso e Russ Hudson. *Personality Types*, p. 268.
11. Don Riso e Russ Hudson. *The Wisdom of Enneagram*, p. 266. [*A Sabedoria do Eneagrama*, publicado pela Editora Cultrix, São Paulo, 7ª edição, 2003, p. 276.]
12. Naranjo. *Character and Neurosis*, p. 164. Também Palmer. *The Enneagram in Love and Work*, p. 176.
13. Don Riso e Russ Hudson. *Personality Types*, p. 275.
14. Naranjo. *Character and Neurosis*, p. 155.
15. *Ibid.*, p. 156.
16. Don Riso e Russ Hudson. *Personality Types*, p. 281.
17. Naranjo. *Character and Neurosis*, p. 164.
18. Don Riso e Russ Hudson. *Personality Types*, p. 286.
19. Offit. *The Sexual Self.* Location 1511.
20. No quadro de "Elementos da Personalidade", Ichazo viu a Fixação do Tipo Sete como Planejamento; Riso e Hudson, como Expectativa.
21. Disponível em: https://www.livescience.com/47023-sexy-thoughts-mind-female-orgasm.html. Acesso em: setembro de 2018.
22. Offit. *The Sexual Self.* Location 1495.
23. Questionário da Aephoria.
24. Palmer. *The Enneagram in Love and Work*, p. 191.
25. Naranjo. *Character and Neurosis*, p. 153.

26. Emily C. Durbin, Benjamin D. Schalet, Elizabeth P. Hayden, Jennifer Simpson, Patricia L. Jordan. "Hypomanic personality traits: A multi-method exploration of their association with normal and abnormal dimensions of personality". *Journal of Research in Personality*. 43 (2009) 898-905. Disponível *on-line* em: 3 de maio de 2009.
27. Michael Bader, D. M. H. Disponível em: https://www.psychologytoday.com/intl/blog/what-is-he-thinking/201712/why-do-some-men-engage-in-sexual-exhibitionism. Acesso em: outubro de 2018.
28. Naranjo. *Character and Neurosis*, p. 163.
29. Chestnut. *The Complete Enneagram*, pp. 156-57.
30. *Ibid.*, p. 159. Além disso, no que se refere ao veganismo, Naranjo é citado por Chestnut (2013).
31. *Ibid.*, p. 160.
32. *Ibid.*, p. 163.
33. Questionário da Aephoria.
34. Don Riso e Russ Hudson. *The Wisdom of Enneagram*, p. 269. [*A Sabedoria do Eneagrama*, publicado pela Editora Cultrix, São Paulo, 7ª edição, 2003, p. 279.]
35. *Ibid.*, p. 276.
36. *Ibid.*
37. Riso, Hudson. *RH Enneagram At-A-Glance Chart 1 Personality Elements*.

9. Tipo Oito: o Amante Voluptuoso

1. Naranjo. *Character and Neurosis*, p. 129.
2. *Ibid.*, p. 128.
3. Daniels e Levine. "Sexuality, Sensuousness and the Enneagram". Parte 2.
4. Palmer. *The Enneagram in Love and Work*, p. 336.
5. Katherine Fauvre. Disponível em: http://www.katherinefauvre.com/blog/2017/7/20/karen-horney-and-the-enneagram. Acesso em: 22.05.2018.
6. Robinson. *The Power of Sexual Surrender*, p. 123.
7. Palmer. *The Enneagram: Understanding Yourself and Others in Your Life*. Nova York: Harper One, 1991, p. 316.

8. Russel E. Geen e Edward Donnerstein. *Human Aggression* (Academic Press, 1ª ed, 25.08.1998) com base em pesquisas de Wilson e Herrnstein (1985), Berkowitz (1978) e Scully (1990). p. 112.

9. C. C. Joyal, A. Cossette e V. Lapierre. 2015. "What exactly is an unusual sexual fantasy?". Journal of Sexual Medicine, 12, 328-340. Christian Joyal e colegas entrevistaram mais de 1.500 homens e mulheres acerca de suas fantasias sexuais. Desses, 64,6% das mulheres e 53,3% dos homens relataram fantasias em que eram sexualmente dominados e 46,7% das mulheres e 59,6% dos homens relataram fantasias em que dominavam alguém sexualmente. Também J. Richters, R. O. de Visser, C. E. Rissel, A. E. Grulich e A. M. A. Smith. 2008. *Journal of Sexual Medicine*, 5, 1660-1668. Juliet Richters e colegas perguntaram a uma grande amostragem de australianos se haviam "se envolvido em práticas de B&D ou S&M" nos doze meses precedentes. Apenas 1,3% das mulheres e 2,2% dos homens responderam que sim.

10. Don Riso e Russ Hudson. *Personality Types*, p. 318.

11. Vejo o caráter fálico narcisista de Reich e o caráter inspirador (psicopata) de Lowen como semelhantes em muitos aspectos ao dos representantes do Tipo Oito. Disponível em: https://reichandlowentherapy.org/Content/Character/Psychopathic/psychopathic_inspirer.html. Acesso em: maio de 2018.

12. De um *workshop* com Russ Hudson na Cidade do Cabo em 2014.

13. Don Riso e Russ Hudson. *Personality Types*, p. 318.

14. Disponível em: https://reichandlowentherapy.org/Content/Character/Psychopathic/psychopathic_inspirer.html. Acesso em: maio de 2018.

15. Naranjo. 2017 Enneagram Global Summit: *Trinity & Multiplicity*. Anotações de palestra, p. 8.

16. Naranjo. *Character and Neurosis*, p. 128.

17. Disponível em: http://www.medilexicon.com/dictionary/24201.Acesso em: maio de 2018.

18. Naranjo. *Character and Neurosis*, p. 128.

19. Andreas Wismeijer e Marcel van Assen. *Study of Dutch BDSM practitioners*, 2013. Os resultados obtidos pelos autores de um estudo que comparou os principais traços da personalidade de praticantes e não praticantes de

BDSM na Holanda demonstraram que os primeiros tinham níveis mais altos de extroversão, conscienciosidade, abertura para a experiência e bem-estar subjetivo que os últimos. Além disso, os praticantes de BDSM apresentaram níveis mais baixos de neurose e sensibilidade à rejeição. E qual foi o único traço negativo detectado? Os adeptos de BDSM apresentaram níveis mais baixos de afabilidade que os não praticantes.

20. Wismeijer e Van Assen. *Study of Dutch BDSM practitioners.*
21. Scott McGreal. MSc. Disponível em: www.psychologytoday.com/blog/unique-everybody-else/201502/personality-traits-bdsm-practitioners-another-look; https://www.psychologytoday.com/blog/unique-everybody-else/201307/ bdsm-personality-and-mental-health.
22. Joris Lammers e Roland Imhoff. "Understanding the Antecedents of a Knotty Relationship". Departamento de Psicologia, Universidade de Colônia, Colônia, Alemanha. Disponível em: http://journals.sagepub.com/doi/pdf/10.1177/1948550615604452 17/4/2018.
23. Wilhelm Reich. *Character Analysis.* pp. 217-18.
24. Reich. *Character Analysis.* Extraído de: Naranjo. *Character and Neurosis*, p. 131.
25. Michael Samsel. *Finding Feeling and Purpose.* Disponível em: https://www.scribd.com/document/328233179/Finding-Feeling-and-Purpose-by-Michael-Samsel. E "The Male Achiever Character in Relationship". Disponível em: https://reichandlowentherapy.org/Content/Character/Rigid/Phallic/phallic_achiever.html. Acesso em: maio de 2018.
26. Michael Samsel. *Finding Feeling and Purpose.* Disponível em: https://www.scribd.com/document/328233179/Finding-Feeling-and-Purpose-by-Michael-Samsel.
27. Chestnut. *The Complete Enneagram*, p. 13.
28. Don Riso e Russ Hudson. *Personality Types*, p. 79.
29. Chestnut. *The Complete Enneagram*, p. 114.
30. Questionário da Aephoria.
31. Chestnut. *The Complete Enneagram*, p. 116.
32. Disponível em: https://www.enneagraminstitute.com/type-8. Acesso em: março de 2019.
33. Daniels e Levine. "Sexuality, Sensuousness and the Enneagram". Parte 2.

10. Tipo Quatro: o Romantismo de Romeu (ou de Julieta)

1. Naranjo. *Character and Neurosis*, p. 34.
2. Dos 457 casais testados, a dupla formada por mulher do Tipo Quatro e homem do Tipo Nove foi a mais frequente (16 ocorrências), seguida pela dupla formada por homem do Tipo Nove e mulher do Tipo Um (15 ocorrências). O par oposto (homem do Tipo Quatro e mulher do Tipo Nove) totalizou cinco ocorrências. Disponível em: http://www.9types.com/writeup/enneagram_relationships.php.
3. Naranjo. *Character and Neurosis*, p. 103.
4. *Ibid.* Naranjo cita por intermédio de Eric Berne, *Games People Play*. Nova York: Ballantine Books, 1985.
5. Don Riso e Russ Hudson. *The Wisdom of Enneagram*, p. 192. [*A Sabedoria do Eneagrama*, publicado pela Editora Cultrix, São Paulo, 7ª edição, 2003, p. 202.]
6. *Ibid.* p. 191. *The Wisdom of Enneagram*, p. 3. [*A Sabedoria do Eneagrama*, publicado pela Editora Cultrix, São Paulo, 7ª edição, 2003, p. 201.]
7. Naranjo. *Character and Neurosis*, p. 98.
8. Riso e Hudson denominam "Fantasiar" a Fixação do Tipo Quatro. Riso e Hudson. *RH Enneagram At-a-Glance Chart 1 Personality Elements*.
9. Tracey Cox. Disponível em: http://www.dailymail.co.uk/femail/article-3894882/What-does-sex-fantasy-say-threesomes-dreaming-sleeping-raunchy-dreams-unravelled. html#ixzz5EdiStprD. Acesso em: agosto de 2018.
10. Don Riso e Russ Hudson. *The Wisdom of Enneagram*, p. 193. [*A Sabedoria do Eneagrama*, publicado pela Editora Cultrix, São Paulo, 7ª edição, 2003, pp. 202-03.]
11. *Enneagram Institute Pocket Guide:* Type Four, Delusion and Compulsion, Level 8 Security Point.
12. Disponível em: https://www.psychologytoday.com/us/blog/in-excess/201401/survival-the-fetish. Acesso em: agosto de 2018. Pesquisa conduzida por dr. G. Scorolli (Universidade de Bolonha, Itália) em 2007.
13. C. Gosselin e G. Wilson. *Sexual variations*. Londres: Faber & Faber, 1980.

14. Disponível em: https://www.sovhealth.com/health-and-wellness/the-psychology-behind-sexual-fetishes/. Acesso em: agosto de 2018. Do livro *The Quick-Reference Guide to Sexuality & Relationship Counselling*. Tim Clinton e Mark Laaser. Wyoming: Baker Books, 2010.
15. Naranjo. *Character and Neurosis*, p. 112.
16. Searle. http://www.judithsearle.com/articles/sexuality-gender-roles.html. Acesso em: julho de 2018.
17. Naranjo. *Character and Neurosis*, p. 97.
18. *Ibid.*, p. 110.
19. *Ibid.*, p. 105.
20. *Ibid.*, p. 114.
21. Offit. *The Sexual Self*. Location 624.
22. Arnold Mitchell e Harold Kelman, "Masochism: Horney's View". *In*: *International Encyclopedia of Psychiatry, Psychology, Psychanalysis, and Neurology*, Vol. 7, pp. 34-35. Nova York: Van Nostrand/Reinhold, 1977. Extraído de: Naranjo. *Character and Neurosis*, p. 108.
23. *Ibid.*
24. Disponível em: http://www.9types.com/writeup/enneagram_relationships.php. Acesso em: julho de 2018.
25. Chestnut. *The Complete Enneagram*, pp. 285-87.
26. Questionário da Aephoria.
27. Naranjo. *Character and Neurosis*, p. 115.
28. *Ibid.*, p. 114.
29. Chestnut. *The Complete Enneagram*, p. 289.
30. Don Riso e Russ Hudson. *The Wisdom of Enneagram*, p. 185. [*A Sabedoria do Eneagrama*, publicado pela Editora Cultrix, São Paulo, pp. 195-96.]
31. Chestnut. *The Complete Enneagram*, pp. 289-90.
32. Don Riso e Russ Hudson. *The Wisdom of Enneagram*, p. 185. [*A Sabedoria do Eneagrama*, publicado pela Editora Cultrix, São Paulo, 7ª edição, 2003, p. 196.]
33. Chestnut. *The Complete Enneagram*, p. 292. Chestnut refere-se a esse tipo como "Competição".

34. Sandra Maitri. *The Enneagram of Passions and Virtues*. Nova York: Penguin, 2005, p. 195.
35. Chestnut. *The Complete Enneagram*, p. 31.
36. Disponível em: https://www.etymonline.com/word/passion. Acesso em: agosto de 2018.
37. Chestnut. *The Complete Enneagram*, p. 293.
38. Questionário da Aephoria.
39. Don Riso e Russ Hudson. *The Wisdom of Enneagram*, p. 186. [*A Sabedoria do Eneagrama*, publicado pela Editora Cultrix, São Paulo, 7ª edição, 2003, p. 196.]
40. Palmer. *The Enneagram in Love and Work*, p. 115.
41. Daniels e Levine. "Sexuality, Sensuousness and the Enneagram", Parte 3.

11. Tipo Cinco: o Amante Solitário

1. Maitri. *The Enneagram of Passions and Virtues*, p. 135.
2. Maitri. *The Spiritual Dimension of the Enneagram*. Nova York: Penguin, 2001, p. 205.
3. *Ibid*.
4. Disponível em: https://origemdapalavra.com.br/?s=avareza.
5. Daniels e Levine. "Sexuality, Sensuousness and the Enneagram", Parte 4.
6. *Ibid*.
7. Don Riso e Russ Hudson. *Personality Types*, p. 174.
8. Disponível em: https://www.pornhub.com/insights/2017-year-in-review. Acesso em: maio de 2018.
9. Ogi Ogasa e Sai Gaddam. *A Billion Wicked Thoughts: What the Internet Tell Us About Sexual Relationships*. Nova York: Plume, 2011.
10. Disponível em: https://www.pornhub.com/insights/2017-year-in-review. Acesso em: maio de 2018.
11. "Understanding the Enneagram". Workshop da IEQ9. Maio de 2018.
12. $D = 8 + .5An - .2P + .9Hh + .3Dm + Hr - .3Ap - .5(Sh - Sm)2 + C + 1.5F$
    D: A duração (em anos) prevista para o relacionamento.

An: Quantos anos antes de o relacionamento ficar sério as duas pessoas já se conheciam.
P: A soma dos totais de parceiros anteriores de ambas as pessoas.
Hh: A importância que o homem atribui à honestidade no relacionamento.
Dm: A importância que a mulher atribui ao dinheiro no relacionamento.
Hr: A soma da importância que cada um atribui ao humor.
Ap: A soma da importância que ambos atribuem à boa aparência.
Sh e Sm: A importância que o homem e a mulher atribuem ao sexo.
C: A soma da importância que cada um atribui a ter bons contraparentes.
F: A soma da importância que cada um atribui aos filhos no relacionamento.
Observação: Todas as medidas de "importância" obedecem a uma escala que vai de 1 a 5 (1 não é importante e 5 é muito importante).

13. Dr. Amir Levine e Rachel Heller. *Attached*. Londres: Rodale, 2011. p. 24, e https://vle.stvincent.ac.uk/2014/pluginfile.php/33670/.../The%20 Love%20quiz.docx. Acesso em: abril de 2018.

14. *Ibid.*

15. *Ibid.* Também E. Birnbaum, M. Mikulincer e O. Gillath. *In and out of a daydream: Attachment orientations, daily couple interactions, and sexual fantasies.* Personality and Social Psychology Bulletin, 37(10), 2011, pp. 1398-410. DOI:10.1177/0146167211410986

16. Heidi Priebe. Disponível em: https://thoughtcatalog.com/heidi-priebe/2016/08/mbti-sexuality/5/. Acesso em: novembro de 2018.

17. Naranjo. *Character and Neurosis*, p. 75.

18. The Enneagram Institute.

19. Palmer. *The Enneagram in Love and Work*, p. 127. O nome dado por Helen Palmer ao Tipo Cinco é "O Observador".

20. Disponível em: https://www.psychologytoday.com/us/conditions/voyeuristic-disorder. Acesso em: abril de 2018.

21. Simon Le Vay, Janice I. Baldwin e John D. Baldwin. *Discovering Human Sexuality*. 2ª ed. Sunderland: Sinauer Associates, 2012.

22. Chestnut. *The Complete Enneagram*, p. 246.

23. Covenant Eyes.

24. Eric Johnston. "Kyoto law puts 'upskirt' photography in focus". *The Japan Times*, 25 de maio de 2014.

25. James H. Jones. *Alfred C. Kinsey: A Public/Private Life*. Nova York: Norton, 1997.
26. Disponível em: https://www.nytimes.com/1994/03/24/garden/an-afternoon-with-masters-and-johnson-divorced-yes-but-not-split.html.
27. iEQ9. *Understanding the Integrative Enneagram Workbook*.
28. Naranjo. *Character and Neurosis*, p. 92.
29. Chestnut. *The Complete Enneagram*, p. 252.
30. *Ibid.*, p. 246.
31. *Ibid.*
32. Questionário da Aephoria.
33. Disponível em: https://www.psychologytoday.com/us/conditions/voyeuristic-disorder. Acesso em: abril de 2018.
34. Questionário da Aephoria.
35. Questionário da Aephoria.
36. Disponível em: https://www.vanityfair.com/hollywood/2018/03/fx-trust-john-paul-getty-girlfriends e https://life.spectator.co.uk/2018/01/john-paul-getty-a-life-of-miserliness-mistresses-and-hotel-hopping. Acesso de ambos os URLs em: março de 2018.
37. Don Riso e Russ Hudson. *The Wisdom of Enneagram*, p. 212. [*A Sabedoria do Eneagrama*, publicado pela Editora Cultrix, São Paulo, 7ª edição, 2003, p. 222.]
38. Don Riso e Russ Hudson. *Personality Types*, p. 213.
39. Naranjo. Character and Neurosis, p. 85.

12. Tipo Nove: o Queridinho Sensual

1. Naranjo. *Character and Neurosis*, p. 265.
2. Don Riso e Russ Hudson. *Personality Types*, p. 349.
3. *Ibid.*, p. 355.
4. Palmer. *The Enneagram in Love and Work*, p. 231.
5. Naranjo. *Character and Neurosis*, p. 258.
6. D. Moreault e D. R. Follingstad. "Sexual fantasies of females as a function of sex guilt and experimental response cues". *Journal of Consulting and Clinical*

Psychology, 46(6), 1978, 1385-93. Disponível em: http://dx.doi.org/10.1037/0022-006X.46.6.1385.
7. Disponível em: https://www.9types.com/writeup/enneagram_relationships.php. Acesso em: outubro de 2018.
8. Disponível em: https://www.enneagraminstitute.com/relationship-type-6-with-type-9. Acesso em: outubro de 2018.
9. Disponível em: http://www.9types.com/writeup/enneagram_relationships.php. Acesso em: outubro de 2018.
10. iEQ9. *Understanding the Integrative Enneagram Workbook*, p. 140.
11. Offit. *The Sexual Self: How Character Shapes Sexual Experience*. Location 1161-77.
12. *Ibid*. Location 1193.
13. Don Riso e Russ Hudson. *A Sabedoria do Eneagrama*, pp. 324 e 335-36.
14. Jean Adeler. Disponível em: http://structuralenneagram.com/?p=37. Acesso em: outubro de 2018.
15. Don Riso e Russ Hudson. *A Sabedoria do Eneagrama*, pp. 338-39.
16. Questionário da Aephoria.
17. Chestnut. *The Complete Enneagram*, p. 72.
18. Don Riso e Russ Hudson. *The Wisdom of Enneagram*, p. 320. [*A Sabedoria do Eneagrama*, publicado pela Editora Cultrix, São Paulo, 7ª edição, 2003, pp. 330-31.]
19. Chestnut. *The Complete Enneagram*, pp. 74-5.
20. Questionário da Aephoria.
21. Chestnut. *The Complete Enneagram*, p. 77.
22. Naranjo. *Character and Neurosis*, p. 254.
23. Daniels e Levine. "Sexuality, Sensuousness and the Enneagram", Parte 2.
24. Maitri. *The Enneagram of Passions and Virtues*, p. 46.

13. Por que Sentimos Atração por Diferentes Tipos

1. Offit. "Histrionic Display: Sexual Theatre". Capítulo 4. *In: The Sexual Self.* A personalidade descrita por Offit em "Histrionic Display: Sexual Theatre" corresponde à do Tipo Dois. A personalidade histriônica também é descrita

por Claudio Naranjo como sendo a do Tipo Dois do Eneagrama (*Character and Neurosis*, pp. 174-98). Em *Character Analysis*, Wilhelm Reich descreve o caráter histérico de uma maneira que corresponde ao do Tipo Dois.

2. O estágio fálico é o terceiro dos cinco estágios freudianos de desenvolvimento psicossexual.
3. Naranjo. *Character and Neurosis*, p. 70.
4. Palmer. *The Enneagram in Love and Work*, p. 167.
5. Naranjo. Character and Neurosis, p. 235.
6. J. S. Bourdage, K. Lee, M. C. Ashton e A. Perry. 2007. "Big Five and HEXACO model personality correlates of sexuality". *In: Personality and Individual Differences, 43*(6), pp. 1506-516.

14. Como Interagir com Diferentes Tipos

1. Helen Palmer. *The Enneagram in Love and Work*, p. 73. Conforme meus estudos, Helen Palmer foi a primeira a identificar essas três áreas de atração no Tipo Dois. Desde que li isso, notei como os elementos dessas três áreas aparecem repetidamente nos relacionamentos das pessoas desse tipo: as do subtipo Sexual talvez sejam mais atraídas pela beleza, as do subtipo Social, pelos que estão em ascensão e as do subtipo Autopreservacionista, pelas vítimas.
2. Palmer. *The Personality Types in Love and Work.*, p. 94.
3. Disponível em: https://reichandlowentherapy.org/Content/Character/Schizoid/schizoid_dreamer.html. Acesso em: abril de 2018.
4. Naranjo. *Character and Neurosis*, p. 227.
5. *Ibid.*
6. Palmer. *The Enneagram in Love and Work*, p. 167.
7. Naranjo. *Character and Neurosis*, p. 237.
8. *Ibid*, p. 251.

15. O que Esperar Quando as Coisas Dão Errado

1. Eu me arriscaria a dizer que Henrique VIII era do Tipo Oito. Isso faria do Tipo Dois seu ponto de liberação – daí a capacidade de dispensar suas seis esposas com tanta facilidade quando elas deixaram de agradá-lo.

2. Naranjo. *Character and Neurosis*, pp. 182 e 184.
3. *Ibid*, p. 195.
4. Horney. *Neurosis and Human Growth*, pp. 254-55.
5. Marika Dentai. "Instinctual Types: Self-Preservation, Social and Sexual". In: *Enneagram Monthly n° 7*. Setembro de 1995.
6. Naranjo. *Character and Neurosis*, p. 18.
7. Wagner. *The Enneagram Spectrum*, p. 90.
8. Palmer. *The Enneagram in Love and Work*, p. 184.
9. Naranjo. *Character and Neurosis*, p. 250.
10. Offit. *The Sexual Self*. Location 1161.
11. Don Riso e Russ Hudson. *Personality Types*, p. 349.

Perguntas e Respostas

1. Disponível em: https://www.typologycentral.com/forums/myers-briggs-and-jungian-cognitive-functions/73348-type-lesbian-gay-bisexual.html, https://personalityjunkie.com/07/myers-briggs-enneagram-mbti-types-correlations-relationship/ e https://www.typologycentral.com/wiki/index.php/Enneagram_and_MBTI_Correlation. Acesso em: novembro de 2018.
2. Disponível em: https://thoughtcatalog.com/heidi-priebe/2016/08/mbti-sexuality/14/. Acesso em: outubro de 2018.
3. Disponível em: https://www.typologycentral.com/wiki/index.php/Enneagram_and_MBTI_Correlation. Acesso em: outubro de 2018.
4. Disponível em: https://www.typologycentral.com/forums/myers-briggs-and-jungian-cognitive-functions/73348-type-lesbian-gay-bisexual.html. Acesso em: novembro de 2018.
5. American Psychological Association. Disponível em: https://www.apa.org/topics/divorce. Acesso em: agosto de 2018.
6. Brett Kahr. *Who's Been Sleeping in Your Head: The Secret World of Sexual Fantasies*. Nova York: Basic Books, 2008. Primeira edição.
7. W. B. Arndt, J. C. Foehl e F. E. Good. "Specific sexual fantasy themes: A multidimensional study". In: *Journal of Personality and Social Psychology*, 48, 1985, pp. 472-80. Também S. L. Lentz e A. M. Zeiss. "Fantasy and sexual

arousal in college women: An empirical investigation". *In: Imagination, Cognition and Personality*, 3, 1983, pp. 185-202

8. Para uma ampla revisão do trabalho empírico sobre a fantasia sexual, consulte H. Leitenberg e K. Henning. "Sexual fantasy". *In: Psychological Bulletin*, 117, 1995, pp. 469-96.

9. Lisa A. Pelletier e Edward S. Herold. "The Relationship of Age, Sex Guilt, and Sexual Experience with Female Sexual Fantasies." *In: The Journal of Sex Research*, Vol. 24, 1988, pp. 250-56.

10. Thomas V. Hicks e Harold Leitenberg. "Sexual fantasies about one's partner versus someone else: Gender differences in incidence and frequency". *In: The Journal of Sex Research*, Vol. 38, 2001, pp. 43-50, D. Knafo e Y. Jaffe. "Sexual fantasizing in males and females." *In: Journal of Research in Personality*, *18(4)*, 1984, pp. 451-62 e Glenn Wilson. "Gender Differences in Sexual Fantasy: An Evolutionary Analysis". *In: Personality and Individual Differences*, Vol. 22(1), 1997, pp. 27-31.

11. B. J. Ellis e D. Symons. (1990). "Sex differences in sexual fantasy: An evolutionary psychological approach". *In: The Journal of Sex Research*, Vol. 27, pp. 527-55. Ellis e Symons; E. O. Laumann, J. H. Gagnon, R. T. Michael e S. Michaels. *The social organization of sexuality*. Chicago: University of Chicago Press, 1994. Leitenberg e Henning. "Sexual fantasy."

12. C. C. Joyal, A. Cossette e V. Lapierre. "What exactly is an unusual sexual fantasy?", pp. 328-40. Christian Joyal, da Universidade de Montreal, observou que "Por exemplo, as pessoas que têm fantasias de submissão também costumam relatar fantasias de dominação. Portanto, esses dois temas não se excluem, muito pelo contrário".

13. Disponível em: http://blogs.discovermagazine.com/seriouslyscience/2014/11/10/sexual-fantasies-least-popular-science-finally-weighs/#.XFb5C-Fwzapo. Acesso em: setembro de 2018.

14. iEQ9. *Understanding the Integrative Enneagram*, p. 27.

Bibliografia

Aldridge, Susan. *Seeing Red and Feeling Blue*. Londres: Arrow Books, 2001.

Almaas, A. H. e Karen Johnson. *The Divine Eros*. Boulder: Shambhala, 2017.

Anand, Margo. *The Art of Sexual Ecstasy*. Londres: Thorsons, 1999.

Bays, Brandon. *The Journey*. Londres: Thorsons, 1999.

Borysenko, Joan. *A Woman's Spiritual Journey*. Londres: Piatkus, 2000.

Campling, Matthew. *The 12-Type Enneagram*. Londres: Watkins, 2015.

Caplan, Mariana. *Do You Need a Guru?* Londres: Thorsons, 2002.

Chestnut, Beatrice, Ph.D. *The Complete Enneagram*. Berkeley: She Writes Press, 2013.

Daniels, David, Dr. e Dr. Ron Levin. "Sexuality, Sensuousness and the Enneagram". Disponível em: http://drdaviddaniels.com/products.

Deida, David. *The Way of the Superior Man*. Louisville: Sounds True, 2017.

Enneagram Global Summit 2016-2018: 9 Essential Pathways for Transformation. The Shift Network. Disponível em: https://enneagramglobalsummit.com.

Eve, Dr. (Dr Marlene Wasserman) *Pillowbook*. Cidade do Cabo: Oshun Books, 2007.

Ford, Clellan S. e Frank A. Beach. *Patterns of Sexual Behavior*. Nova York: Harper & Brothers, 1951.

Fortune, Dion. *The Mystical Qabalah*. Wellingborough: The Aquarian Press, 1987.

Ford, Debbie. *The Dark Side of the Light Chasers*. Londres: Hodder & Stoughton, 2001.

Friday, Nancy. *Forbidden Flowers*. Londres: Arrow Books, 1993.

Freud, Sigmund. *On Psychopathology*. Middlesex: Penguin, 1987.

Hanh, Thich Nhat. *The Heart of the Buddha's Teachings*. Berkeley: Broadway Books, 1998.

Hay, Louise. *Heal Your Body*. Cidade do Cabo: Hay House/Paradigm Press, 1993.

Horney, Karen, M. D. *Neurosis and Human Growth*. Nova York: W. W. Norton & Company, 1991.

Horsley, Mary. *The Enneagram for the Spirit*. Nova York: Barron's Educational Series Inc., 2005.

iEQ9. *Understanding the Integrative Enneagram Workbook*. Disponível em: www.integrative9.com.

Johnson, Robert A. *Owning Your Own Shadow*. São Francisco: HarperCollins, 1993.

Judith, Anodea. *Eastern Body, Western Mind*. Berkeley: Celestial Arts, 1996.

Jung, Carl. *Psychology of the Unconscious*. Londres: Kegan Paul Trench Trubner, 1916.

_____. *Psychological Types*. Eastford: Martino Fine Books, 2016.

Kahr, Brett. *Who's Been Sleeping in Your Head: The Secret World of Sexual Fantasies*. Nova York: Basic Books, 2008.

Kornfield, Jack. *A Path with a Heart*. Nova York: Bantam, 1993.

Levine, Dr. Amir e Rachel Heller. *Attached*. Londres: Pan Macmillan. 2011.

Lipton, Bruce H. *The Biology of Belief*. Santa Rosa: Mountain of Love/Elite Books, 2005.

Lytton, Edward Bulwer. *Zanoni: A Rosicrucian Tale*. Whitefish: Kessinger Publishing.

Kamphuis, Albert. *Egowise Leadership & the Nine Creating Forces of the Innovation Circle*. Publicação independente. Holanda: Egowise Leadership Academy, 2011.

Maitri, Sandra. *The Spiritual Dimension of the Enneagram*. Nova York: Penguin Putnam Inc., 2001.

_____. *The Enneagram of Passions and Virtues*. Nova York: Penguin Random House, 2009.

Millman, Dan. *The Life You Were Born to Live*. Novato: HJ Kramer em *joint venture* com a New World Library, 1993.

Murphy, Joseph. *The Power of Your Subconscious Mind*. Nova York: The Penguin Group, 2008.

Myss, Caroline. *Anatomy of the Spirit*. Londres: Bantam, 1998.

_____. *Why People Don't Heal and How They Can*. Londres. Bantam, 1998.

Naranjo, Claudio, M. D. *Character and Neurosis*. Nevada City: Gateways/IDHHB, Inc., 2003.

Nathanson, Donald L. *Shame and Pride: Affect, Sex, and the Birth of the Self*. Nova York: W. W. Norton & Company, 1994.

_____. *Ennea-type Structures – Self-Analysis for the Seeker*. Nevada City: Gateways/IDHHB, Inc., 1990.

Offit, Avodah. *The Sexual Self: How Character Shapes Sexual Experience*. Memorial Series Book 3: Kindle Version, 2016.

Palmer, Helen. *The Enneagram in Love and Work*. Nova York: Harper One, 1995.

_____. *The Enneagram: Understanding Yourself and Others in Your Life*. Nova York: Harper One, 1991.

Pearson, Carol S. *Awakening the Heroes Within*. Nova York: HarperCollins, 1991. [*O Despertar do Herói Interior*, publicado pela Editora Pensamento, São, Paulo, 1994.] (fora de catálogo)

_____. *The Heroes Within*. Nova York: HarperCollins, 1998. [*O Herói Interior*, publicado pela Editora Cultrix, São, Paulo, 1992.] (fora de catálogo)

Perel, Esther. *Mating in Captivity*. Nova York: Harper Paperbacks, 1997.

Reich, Wilhelm. *Character Analysis*. Nova York: Farrar, Straus & Giroux, 1990. Trad. Vincent R. Carfagno.

Reich, Wilhelm. *The Function of Orgasm*. Londres: Souvenir Press, 2016.

Riso, Don Richard e Russ Hudson. *The Wisdom of the Enneagram*. Nova York: Bantam Books, 1999. [*A Sabedoria do Eneagrama*, publicado pela Editora Cultrix, 7ª edição, 2003.]

_____. *Understanding the Enneagram*. Boston: Houghton Mifflin Company, 2000. Ed. rev.

_____. *Discovering Your Personality Type*. Boston: Houghton Mifflin Company, 2003.

_____. *Personality Types*. Boston: Houghton Mifflin Company, 1996.

Robinson, Marie N. *The Power of Sexual Surrender*. Nova York: Signet, 1963.

Searle, Judith. "Sexuality, Gender Roles and the Enneagram." *In: Enneagram Monthly*, maio de 1996.

Shealy, Norman C. e Caroline Myss. *The Creation of Health*. Walpole: Stillpoint Publishing, 1998.

Shapiro, Debbie. *Your Body Speaks Your Mind*. Londres: Piatkus, 1996.

Spiegelhalter, David. *Sex by Numbers*. Londres: Profile Books, 2015.

Stone, Joshua David. *Soul Psychology*. Nova York: Ballantine Wellspring, 1999.

Surya Das, Lama. *Awakening to the Sacred*. Nova York: Broadway Books, 1999.

Tannahill, Reay. *Sex in History*. Londres: ABACUS, 1981.

Thondup, Tukulu. *The Healing Power of the Mind*. Boston: Shambhala Publications, 1996.

Tolle, Eckhart. *The Power of Now*. Londres: Hodder & Stoughton, 2005.

Trees, Andrew. *Decoding Love*. Londres: Hay House, 2009.

Von Franz, Marie-Louise. "The Individuation Process". *In: Archetypal Dimensions of the Psyche*. Londres: Shambhala,1997.

Wagner, Jerome, Ph.D. *The Enneagram Spectrum of Personality Styles*. Portland: Metamorphous Press, 1996.

Wasserman, Marlene. *Pillowbook*. Cidade do Cabo: Oshun Books, 2007.

Zuercher, Suzanne. *Enneagram Spirituality*. Notre Dame: Ave Maria Press, 1992.

Impresso por :

gráfica e editora
Tel.:11 2769-9056